브라이언 트레이시

성공 불변의 법칙

브라이언 트레이시

성공 불변의 법칙

모든 일은 가능하다고 생각하면 해낼 수 있다

The Laws of Power

브라이언 트레이시 지음 · 김정혜 옮김

미래지식

─────── 인류 역사는 인간이 우주를 이해하고, 지적 능력에 도전하는 수수께끼를 풀고, 실마리조차 보이지 않는 문제의 해법들을 찾는 과정이다. 시인, 사상가, 철학자, 과학자들은 진리를 추구하고 종종 진리에 의문을 제기하면서 우리 인류 역사에 막대한 영향을 미쳤다. 그들의 손에서 탄생한 의학적 혁신, 과학의 발전, 물리의 법칙, 수학 원리는 한때 무작위적이고 무차별적이며 무법처럼 보였던 세상에 질서와 일관성, 명확성을 부여했다.

이러한 위대한 사상가를 움직였던 원동력은 대부분 성공을 향한 원초적인 욕망, 즉 물음에 집중하고 끈질기게 노력해 기어코 답을 찾겠다는 타고난 욕망이었다. 이제 우리는 그들의 풍부한 지혜 속에서 잠재력을 극대화하기 위해 사용할 수 있는 성공과 성취에 관한 보편적인 원리를 발견해야만 한다.

성공의 원리는 우주를 다스리는 물리의 법칙처럼 시공을 초월하는 불변의 진리이다. 그러니 삶의 거의 모든 영역에 적용할 수 있는 이 원리들을 따른다면 누구나 성공과 성취의 주인공이 될 수 있다.

이제까지 이 모든 원리를 한데 모아 인생을 바꾸는 매뉴얼로 만든 사람은 없었다. 다시 말해 이 모든 삶의 설계서를 통섭해 만든 '마법의 성공 공식'을 세상에 내놓은 사람은 없었다는 의미이다. 물론 이 책이 나오기 전까지는 말이다.

브라이언 트레이시는 성공과 개인의 변화와 성장을 연구하는 데 평생을 바쳤으며 자신이 가르치는 실천적 원리의 살아 있는 화신이다. 이 책에서는 위대한 성과를 이룬 사람들이 입증한 성공의 원리를 하나도 빼놓지 않고 만나볼 수 있다. 트레이시는 이러한 원리를 보편의 법칙이라고 부르는데 이는 누구에게나, 어디서나, 언제나 효과가 있기 때문이다.

물론 이 책을 읽고 있는 당신도 예외가 아니다. 목표를 세우고 달성하기 위해 노력하는 과정에서 이러한 법칙을 의식적으로 적용하고 실천하며 따르기만 하면 된다. 그렇게만 한다면 당신이 바라는 비즈니스, 부, 행복, 자아실현, 사랑, 인간관계 등에서 당신이 꿈꾸던 성공은 현실이 될 것이다. 이 책에서 그동안 베일에 싸인 성공의 법칙과 성취에 관한 보편의 법칙들을 배우고 삶에 적용하라. 이로써 삶의 많은 영역이 얼마나 달라지는지도 기대하라.

차례

1장

성공을 부르는
법칙

역사가 시작된 이래 천재라 불리는 사람들은 하나같이 입을 모아 공기보다 무거운 물체가 하늘을 나는 일은 불가능하다고 단언해왔다. 그러던 중 스위스 바젤 대학교의 다니엘 베르누이(Daniel Bernoulli) 교수는 자신이 평생 동안 이루어낸 여러 학문적 성과를 비롯해 유체 역학 원리를 발표했다. 유체 역학이란 공기 저항을 설명하는 다소 난해한 원리로 후에 베르누이 정리라 불리게 되며 이는 항공 공학의 발전에도 큰 기여를 하게 된다. 결국 이 베르누이 정리는 1903년 라이트 형제가 역사적인 인류 최초의 비행을 성공하게 만드는 발판이 되었음은 물론, 오늘날 우리가 누리는 현대 항공 기술들의 대부분은 이 베르누이 정리를 기반으로 발전되어 왔다고 말할 수 있다.

다니엘 베르누이가 항공 공학의 발전을 직접적으로 발전시킨 것은 아니었지만 그의 유체 역학 원리로 인해 인류는 하늘을 정복할 수 있었다. 오늘날에는 비행기가 불과 100년 전에는 상상조차 힘들었던 속도와 효율성을 뽐내면서 시속 수백 킬로미터로 전 세계 거의 모든 하늘을 누빌 수 있게 되었다. 이 모두가 베르누이 정리 덕분이다.

이제는 비행기뿐만 아니라 당신 또한 날 수 있다. 지난 4,000년 동안 인류가 발견해온 성공과 성취의 법칙과 원리를 적용한다면 우리의 잠재력이 상상하던 그 이상에 도달할 수 있다. 그렇게만 된다면 가능하리라 상상만 하던 꿈과 열망이 우리가 생각했던 것보다 더 빨리, 더 멀리 나아갈 수 있다. 이렇게 검증된 성공과 성취의 원칙들을 우리의 삶에서도 적용하게 된다면 그동안 우리가 느끼지 못했던 새로운 도약의 막이 오를 것이다.

자신의 모든 생각과 행동이 인간의 운명을 예견하고 관장하는 여러 보편의 법칙(universal law; 어떤 사건이 일어날 확률이 100퍼센트라고 주장하는 법칙을 말한다. - 옮긴이)과 조화를 이루도록 삶을 재구성한다면 당신의 가능성에 한계가 없을 것이다. 즉, 당신은 바라던 그 누군가가 될 수 있고, 어떠한 것도 가질 수 있으며, 어떠한 일도 할 수 있다.

나는 열아홉 살 때 인생의 화두의 답을 찾아가는 여정을 시작했다. 그 의문은 "왜 특정 사람들만이 성공할까"였다 어릴 적 우리 집은 늘 돈에 쪼들렸다. 요즘 말로 한다면 나는 흙수저였던 셈이다. 젊은 시절의 나는 고등학교를 중퇴해 몇 년 동안 다양한 육체노동 일자리들을 전전했다. 식당에서 접시를 닦거나 우물을 팠고, 건설 현장 인부, 공장과 제재소 노동자, 노르웨이 화물선의 선원으로 일했고 심지어 수확철에는 농촌에서 날품도 팔았다. 수년간 나는 세계 곳곳을 여행하면서 다양한 문화와 철학, 종교와 학파를 공부했다. 그러는 와중에도 언제나 내 평생을 두고 이루어야 할 숙제의 답을 갈구했다. "왜 어떤 사람은 다른 사람보다 더 성공할까?"

세월이 흐르고 삶에도 경험이 쌓이면서 나는 우리가 살아가는 인간 사에 모종의 규칙성과 예측 가능성이 존재한다는 사실을 깨달았다. 세 상에서 벌어지는 거의 모든 일에는 작용 가능한 법칙과 원리가 존재하 는 것만 같았다. 그때부터 지금까지 나는 수십 년 동안 그 주제에 파고 들었고 마침내 누구든 삶의 질을 극적으로 끌어올리기 위해 적용할 수 있는 여러 보편의 법칙이 있다는 결론을 얻었다. 이 책에서 그동안 내 가 발견한 그 모든 법칙을 만나볼 수 있다. 그 법칙들을 실천할 수 있 는 사람이라면 자신이 원하는 모든 것을 이룰 수 있을 것이다.

다시 말해 성공한 사람은 그렇지 못한 사람보다 자연의 법칙들과 훨씬 더 조화로운 삶을 영위한다는 사실을 발견했다. 성공과 행복을 모두 이루어낸 사람들은 의식적이든 무의식적이든 이러한 성공의 법 칙들이 자신의 생각, 감정, 행동들을 이끌어내 도움받는 방식에 익숙 하다. 그리하여 그들은 해야 할 일을 더 많이 하고, 해서는 안 되는 일 을 더 적게 한다는 이유 하나로 단 몇 년 만에 다른 사람들이 평생 이 룬 것보다 더 많이 성취한다. 그들은 옳은 선택과 의사 결정을 내리고 옳은 행동을 실천한다. 그들은 자신의 삶을 풍요롭게 만들어주는 것 들을 쟁취하는 일에 정신적, 감정적, 신체적 에너지를 쏟아붓는다. 그 들은 결다코 실패야 지절로 이이시는 및 날, 몇 년을 허비하게 만드는 목표를 좇거나 가망 없는 일에 매달리며 시간을 낭비하지 않는다.

성공한 사람은 그렇지 못한 사람보다
자연의 법칙들과 훨씬 더 조화로운 삶을 영위한다

성공한 사람들의 삶은 현재 자신의 위치에서 자신이 가고 싶은 곳을 향해 더 효율적으로 나아갈 수 있는 방법을 아는 것처럼 보인다. 그들은 더 빠르고 쉽게 그곳에 도달하고 그 과정에서 더 큰 만족을 얻는 것 같다. 반면 성공하지 못한 사람은 둘 중 하나이다. 첫 번째 부류는 보편의 법칙들을 알지 못하는 사람이다. 두 번째 부류는 당장은 그 법칙들을 무시하기로 선택하면서도 장기적으로는 그 행동에 따른 결과를 피할 수 있을 것이라 기대하는 경우이다. 이 태도는 결국 많은 시간을 허비하게 만들고 채워지지 않는 결핍의 삶으로 귀결될 수 있다. 그래서 우리 주변의 잠재력을 충분히 실현하지 못하는 사람들을 볼 때마다 보편의 법칙들을 위반하는 슬프고도 불필요한 증거를 마주하게 되는 것이다.

보편의 법칙은 중력의 법칙 같은 물리의 법칙과 비슷하기에 이들을 아무 이유 없이 법칙이라고 부르지 않는다. 법칙은 장소를 따지지 않고 어디에서나 존재하고 시간도 관계없이 언제나 성립하기 때문에 법칙이라 부르는 것이다. 이 경우에는 몰랐다는 변명이 통하지 않는다. 중력의 법칙은 뉴욕 한복판의 10층 건물에서 뛰어내리든 런던 중심가의 10층 건물에서 뛰어내리든 똑같이 작용한다. 우리는 중력의 법칙을 거스를 수 없고 이 법칙에 따라 어디에서든 매초 9.8미터씩 가속도가 붙어 땅에 내리꽂히게 된다. 우리가 중력을 알든 알지 못하든,

혹은 믿든 믿지 않든, 중력이 어떻게 작용하는지 배웠든 배우지 못했든 상관없다. 심지어 바로 그 순간 중력이 우리에게 유용한지 아닌지도 중요하지 않다. 어떤 상황에서도 우리는 중력의 영향을 받고 중력의 결과를 감내해야만 한다.

보편의 법칙은 인간이 만든 합의된 규범과는 결이 다르다. 교통 법규 같은 법은 상황에 따라 강제될 수도, 강제되지 않을 수도 있다. 예를 들어 교통 법규를 위반하고도 아무 대가를 치르지 않을 수 있다. 최소한 단기적으로는 가능하다. 그러나 보편의 법칙들은 다르다. 언제 어디서나 작용한다. 그럴 때 우리가 할 일은 자신의 생각과 행동을 보편의 법칙들과 조화를 이루게끔 만들어 그러한 법칙이 도와주는 삶을 사는 것이다.

이 책에서는 내가 경험, 관찰, 성찰을 통해 얻은 일련의 법칙들을 소개한다. 내가 이 법칙들을 만들어냈다고, 하다못해 발견했다고 말하고 싶지만 그래서는 안 된다. 이는 수백 년 전 최초로 기록된 이래 많은 사람이 발견하고 또 발견한 법칙들이기 때문이다.

이러한 법칙은 다양한 방식으로, 다양한 상황에 적용할 수 있다. 같은 법칙도 상황별로 조금씩 달리 적용할 수 있다는 말이다. 끌어당김의 법칙(law of attraction; 인력의 법칙)을 예로 들면 성공하고 싶을 때, 행복한 관계를 만들고 싶을 때, 부자가 되고 싶을 때, 각 상황마다 이 법칙을 약간 변형해 적용하면 된다. 보편의 법칙들은 서로 겹치고 뒤얽혀 있다. 때로는 하나의 법칙이 다른 법칙보다 우선하는 것으로도 보일 수 있지만 그 외 나머지 법칙들과는 모순되는 법칙은 전혀 없다고 봐도 무방하다.

이 책의 각 장에서는 돈, 비즈니스, 판매, 협상은 물론 관계, 행복, 운 같은 주제 각각에 맞춤화된 다수의 법칙을 설명한다. 믿음의 법칙과 상응의 법칙 같은 일부 법칙은 정의가 하나 이상 제시되기에 여러 분야에 적용할 수 있다.

인과의 법칙

————

성공을 부르는 첫 번째 법칙은 모든 법칙의 조상 격으로 인간 운명을 좌우하는 철칙이다. 우리는 이것을 간단히 인과의 법칙(law of cause and effect)이라고 부른다. 이 법칙은 우주를 다스리고, 다른 모든 법칙이 이 법칙에 예속되며 이 법칙과 일치한다. 인과의 법칙을 성경에서는 "뿌린 대로 거두는 파종과 수확의 법칙(law of sowing and reaping)"이라고 한다. 과학의 아버지로 일컬어지는 아이작 뉴턴(Isaac Newton) 경은 이를 작용과 반작용의 법칙이라고 명명했다. 랠프 월도 에머슨(Ralph Waldo Emerson; 미국의 시인이자 사상가이다. – 옮긴이)은 이를 널리 알려진 한 에세이 제목처럼 '보상(compensation)'이라고 불렀다.

인과의 법칙은 우리가 질서정연한 우주에 산다고 단정한다. 다시 말해 일어나는 모든 일에는 다 그만한 이유가 있다는 의미이다. 그렇기에 우연이란 없다. 적어도 장기적으로는 그렇다는 말이다. 이 법칙은 모든 결과에는 하나 이상의 원인이 존재한다고 규정한다.

모든 결과에는 하나 이상의 원인이 존재한다

성공, 부, 건강, 행복같이 우리가 인생을 살아가며 원하는 결과를 얻을 수 있는 확실한 방법이 있다. "그 결과가 만들어진 확실한 원인을 만들어내라." 반대로 이 법칙은 불행, 건강 악화, 경제적 어려움, 갈등과 불화 등 삶에서 원하지 않는 결과를 없앨 수 있는 비결도 가르쳐준다. 이 결과를 역추적해 원인을 찾아내 제거한다면 그 결과는 사라지게 된다.

이 법칙은 무척이나 단순해 모두들 무시하기 마련인데, 아주 흔한 법칙이기에 대다수 사람이 이를 정면으로 거스르는 삶을 살고자 한다. 설령 자신이 성취한 결과에 만족하지 못할지라도 그들은 같은 행동을 반복해 같은 결과를 얻고, 결국 아무것도 변하지 않아 화를 내고 좌절한다. 흥미롭게도 '정신 이상'의 정의 중 하나가 같은 행동을 반복하면서 다른 결과를 얻을 수 있으리라 기대한다는 것이다. 우리 주변을 둘러보면 원하는 결과가 아닌 원치 않는 결과에 이르는 사람이 널려 있다. 그들은 결과를 바꿀 유일한 방법이 원인을 바꾸는 일임을 알지 못하거나 안다 해도 신경 쓰지 않는다.

인과의 법칙은 평생 동안 성공적인 삶을 살도록 만들어주는 환상적인 원리이다. 이 법칙에 따르면 자신이 바라는 결과를 명확히 정의할 수 있을 때 남은 일은 하나뿐이라고 한다. "누가 그 결과를 이루었는지 알아내 당신도 그 결과를 얻을 때까지 그 사람들을 모방하라." 그 순간 마법지팡이 따위는 없다. 성공에 이르는 결과를 얻은 사람이 있다면 당신도 그 사람의 방식을 그대로 따라 함으로써 그 결과를 얻어 내야만 한다.

세상은 이 모든 흐름에 굉장히 중립적이다. 당신이 원하는 결과를 만들어낸다고 입증된 바로 그 원인을 찾아냈다면 세상, 시장, 사람들은 당신이 누구인지, 어떤 사람인지, 어떤 배경을 가지는지 전혀 상관하지 않는다. 나이, 피부색, 성별, 외모도 중요하지 않다. 자연은 편애하지 않는다. 흔히 하는 말로 밀림은 사람을 가리지 않고, 운동장은 평평하다. 성공한 사람들의 방식을 그대로 따라 한다면 결국에는 그들과 같은 결과를 얻는 것이 세상 이치이다. 물론 출발점을 어디에서 시작하는지에 따라 많은 부분이 달라지겠지만 그러한 조건은 시간과 끈기, 강한 의지만 있다면 쉽게 극복할 수 있다.

50년 넘게 성공을 주제로 연구한 내 친구는 자신이 발견한 중요한 결론 중 하나가 검증된 성공 원리들을 실천해야 한다는 스스로의 깨달음이라고 했다. 그 친구는 당신이 진심으로 성공하고 싶은 사람이라면 지금 당장 전문가를 찾아 배워야 한다고 조언했다. 당신이 가려는 그 길을 먼저 걸어간 사람들로부터 배우기 위한 노력이나 비용을 아끼지 마라. 또한 내 친구는 세상의 모든 것을 스스로 배우기에는 우리의 인생이 너무 짧다고도 덧붙였다. 그러니 당신이 바라는 결과를 성취한 사람들을 찾아내 그들이 했던 방식에서 배움을 얻고 그 방식을 계속 실천한다면 당신도 마침내 같은 결과를 성취해낼 것이다. 같은 씨앗을 뿌리면 같은 작물을 수확하지 않겠는가. 콩 심은 데서 팥 나는 법은 없다. 자신이 바라는 결과를 만들어줄 원인을 그대로 모방하고, 누구에게나 필연적으로 찾아오는 낙담에도 굴하지 않고 묵묵히 계속해나가는 일만이 정답이다. 그리하면 애초에 목표로 삼았던 것들을 가질 수 있게 된다. 이것은 바로 법칙이다. 이러한 법칙과 조화를 이루며 사는 사람은 언젠가 스스로를 포함해 모두가 놀랄 성취들을 맛볼 수 있게 된다.

인과의 법칙을 적용하기 위해서는 가장 먼저 자신이 바라는 결과를 명확히 결정해야 한다. 성공의 법칙들을 사용하고 싶다면 자신의 지난 경험, 성격, 능력, 가치관, 신념, 희망, 포부 등을 고려해 자신에게 성공이 어떤 의미인지부터 진지하게 고민할 필요가 있다. 자신의 삶에서 성공이 어떤 의미인지는 오직 자신만이 정의할 수 있다. 성공이란 원하는 것을 얻는 것이라 정의하는 사람도 있고, 누구의 간섭 없이 자신이 원하는 대로 살아갈 수 있는 자유라고 정의 내리는 사람도 있다. 또 어떤 이는 물질적인 면에서 걱정할 필요 없는 삶이 성공이라고 정의할 수도 있다. 또 다른 이는 사랑하는 사람과의 행복한 관계를 중심으로 성공을 정의할지도 모르겠다. 이뿐만 아니라 건강과 정신적, 신체적 웰빙과 성공을 연결시키는 것도 가능하다.

성공을 어떻게 정의한다 해도 자신에 대한 일차적 책임은 언젠가 성공했을 때 자신의 삶에 존재할 부분들을 빠짐없이 목록으로 작성하는 것이다. 그렇게 성취하고 싶은 것들을 정했다면 이제는 이상적인 결과나 미래 비전을 정의할 차례이다. 아무리 짧은 여정이라도 최종 목적지를 결정하는 일에서부터 시작한다. 다시 말하지만 실현하고 싶은 결과부터 아주 명확히 알고 있어야 한다. 그 결과를 얻기 위해 만들어내고 싶은 원인을 선택하는 것은 차후의 일이다.

목표 설정을 주제로 한 내 세미나에 참석했던 한 여성이 그 좋은 사례이다. 어느 날 나를 찾아온 그녀는 백만 달러 상당의 부동산을 매각하는 일을 자신의 주요 목표로 정했다고 말했다. 나는 왜 그러한 목표를 정했는지를 물었다. 그녀는 그래야만 부동산에서 완전히 손을 떼고 자신이 정말로 하고 싶은 무언가를 시작할 만큼 충분한 돈을 벌 수 있기 때문이라고 대답했다. 그녀는 불행했고 좌절감에 시달렸으며 그 목표를 향해 이렇다 할 진전도 없었다. 나는 즐겁지 않은 일을 한다면 절대로 행복하거나 성공하지 못할 것이라 조언했다. 어쩌면 당신은 방향을 수정해 자신이 진심으로 관심을 가질 만한 그 무언가를 당장 시작해야 할 때라고 덧붙였다. 다행히 그녀는 내 조언을 받아들여 직업을 바꾸었다. 내가 마지막으로 그녀를 보았을 때 그녀는 지난 몇 년 만에 가장 행복한 모습이었다. 이 사례는 인과의 법칙을 가장 효과적으로 활용하는 방법 중 하나를 보여준다. 특정 결과를 얻기 위해서는 반드시 특정 원인을 먼저 발생시켜야 한다는 점이다. 더 나아가 삶에서 특정한 결과를 없애기 위해서는 그 결과의 원인이 되는 요소를 반드시 제거해야 한다.

인과의 법칙이 작용하는 가장 중요한 예시는 '생각이 원인'이고 '삶의 조건이 결과'라는 점이다. 특정 주제를 어떻게 생각하느냐가 자신에게 일어나는 모든 일의 시발점이 된다. 삶의 조건은 자신의 가장 내밀한 생각과 신념을 표현한다. 오랫동안 어떤 생각에 깊이 몰두하면 그것은 믿음으로 굳어지고 당신은 그 방식으로 행동하게 된다.

예를 들어 매 순간 성공을 생각하고 삶의 중요한 영역들에서 더 성공하기 위해 할 수 있는 모든 일을 생각한다고 가정해보자. 이러한 생각은 그 성공 가능성을 크게 높여 당신을 성공으로 이끌 것이다. 생각은 삶의 조건을 구성하는 주요 원인이기 때문이다.

마음의 법칙

이번엔 두 번째 성공의 법칙인 마음의 법칙(law of mind)을 이야기해보자. 이 법칙은 단 세 단어로 요약할 수 있다. "생각이 스스로를 객관화한다." 이는 마음속 생각이 같은 종류의 열매를 생산한다는 뜻이다. 즉, 생각이 현실이 된다는 의미이다. 랠프 월도 에머슨의 표현을 빌리자면 사람은 자신이 가장 많이 생각하는 대로 된다. 그만큼 마음의 법칙은 대단히 강력하다. 이 법칙은 마음의 작용과 관련 있는 다른 많은 성공의 법칙을 설명하는 데에도 도움이 된다.

마음 등가의 법칙

마음의 법칙은 자연스럽게 세 번째 성공의 법칙으로 확장하는데 바로 마음 등가의 법칙(law of mental equivalency)이다. 다시 말해 자신에 대한 책임은 '내가 어떤 삶을 살고 싶은가'를 구체적인 그림으로 마음속에 그려보는 데서 시작된다. 그러니 행복하고 싶다면 자신에게 행복이 정확히 어떤 의미인지를 먼저 정의한 뒤 마음속에 이를 투영한 이미지나 그림을 그릴 필요가 있다. 건강이나 장수를 바랄 때도, 행복한 관계나 경제적 성공을 누리고 싶을 때도 마찬가지이다. 항상 자신이 바라는 바를 정확하고 상세하게 마음속에 그려야 한다. 이것이 우리의 꿈과 목표를 실현하는 여정의 중대한 첫걸음이다.

상응의 법칙

성공으로 가는 네 번째 법칙은 상응의 법칙(law of correspondence)이다. 4,000년 동안 꾸준히 회자되고 있는 이 법칙은 인간의 경험을 설명하는 근본적인 법칙 중 하나로 '안에 있는 것만큼 밖으로 표출된다'는 의미이다. 즉, 외적인 삶은 내적인 삶을 거울처럼 비추는 경향이 있는데 우리의 바깥 세계는 대부분 의식과 잠재의식에서 벌어지고 있는 일과 거의 정확히 일치한다.

외적인 삶은 내적인 삶을 거울처럼 비추는 경향이 있다

상응의 법칙이 항상 작동하는 네 가지 주요 영역이 있다. 첫째, 우리의 태도에서 이 법칙을 확인할 수 있다. 당신이 아무런 말도 하지 않았는데 종종 사람들은 당신 마음속 태도와 같은 방식으로 당신에게 말하고 대한다. 당신 안에 있는 것들이 고스란히 밖으로 드러난 까닭이다.

상응의 법칙이 뚜렷하게 드러나는 두 번째 영역은 인간관계로 이는 당신의 태도와 성격을 거의 완벽히 반영한다. 예를 들어 선량하고 행복한 사람은 선량하고 행복한 관계를 맺는다는 의미이다. 더 참고, 더 관대하고, 더 사랑할 때 당신의 인간관계는 거울처럼 이를 그대로 반영할 것이다.

상응의 법칙이 명확히 성립하는 세 번째 영역은 건강이다. 건강 상태는 대부분 역추적해서 크고 작은 질병을 유발하는 특정 행동과 연결시킬 수 있다. 전인의학(全人醫學, holistic medicine) 분야에서 이루어진 광범위한 연구 결과에 따르면 감기와 독감에서부터 생명을 위협하는 심각한 질병에 이르기까지 대부분의 질병에는 이에 상응하는 마음의 태도가 존재한다. 잠깐이라도 불안하고, 속상하거나 불행할 때 우리의 몸은 틀림없이 그러한 감정을 반영한다. 정신신체의학(심신의학, psychosomatic medicine)은 마음(정신, psyche)이 신체(소마, soma)를 병들게 한다는 토대가 전부이다. 요컨대 마음에 품은 것은 결국 몸에서 표현된다.

상응의 법칙을 증명하는 네 번째 사례는 물질적인 성취로 인한 외적 세계가 그 준비 영역인 내적 세계와 정확히 상응한다는 것이다. 이는 일을 더 잘할 수 있는 지식과 기술을 더 많이 습득할수록 더 많은 돈을 벌 것이라는 의미이다. 내면에서 성취한 것보다 외부에서 더 많이 성취하기를 바랄 수는 없다. 이렇듯 우리의 외적 세계와 내적 세계의 관계에서는 상응의 법칙이 절대적이다.

믿음의 법칙

성공을 가져다주는 다섯 번째 법칙은 감정을 실어 믿는 것은 무엇이든 현실로 이루어진다는 믿음의 법칙(law of belief)이다. 우리는 자신의 가장 내밀한 믿음, 신념과 일치하는 방식으로 행동하는 경향이 있다. 믿음은 들어오는 정보를 여과기나 거름망처럼 거르는 역할을 한다. 다시 말해 믿음은 우리가 이미 자신과 세상에 대해 진실이라고 결정한 것들만 의식적으로 우리 마음이 인식하게 한다.

심리학의 거장 윌리엄 제임스(William James)는 "믿음이 실제 사실을 만든다"고 말했다. 성경에는 "대저 그 마음의 생각이 어떠하면 그 위인도 그러한즉(잠언 23장 7절)"이라는 구절이 있다. 쉬운 예로 자신이 크게 성공할 운명이며 어떤 일이 벌어지든 자신이 위대한 성취를 이루는 것을 막을 수 없다고 굳게 믿는다고 하자. 이럴 경우 당신은 그 믿음에 일치하는 방식으로 행동하고 종국에는 그 믿음을 현실로 만들 것이다. 반대의 경우도 마찬가지이다. 이유 여하를 막론하고 성공할 수 있는 자신의 능력을 의심하는 사람은 부정적인 이 믿음을 반영해서 스스로 발목을 잡는 경향이 있다.

믿음의 법칙에서 가장 중요한 것은 자신의 잠재력에 제동을 거는 '자기 제한적인 믿음'에 의문을 제기할 필요가 있다는 점이다. 자신과 자신의 능력을 끊임없이 의심하고 걱정하는 이러한 믿음은 자신을 과소평가하는 결과로 이어진다. 자기 제한적인 믿음을 지닌 사람은 대체로 자신의 잠재력에 훨씬 못 미치는 상태에 안주하게 된다.

우리는 삶의 다양한 영역에서 자신의 능력에 대해 자기 제한적인 믿음을 가질 수도 있다. 살을 빼고, 금연하고, 원하는 만큼 돈을 벌고, 이성의 호감을 사는 것은 물론이고 성공과 행복을 앞당기는 역량을 개발하는 능력도 예외가 아니다. 성공하기 위해 우리가 취할 수 있는 가장 중요한 단계 중 하나는 이처럼 스스로를 제한하는 믿음에 의문을 품는 일이다. 당신을 잘 아는 사람에게 당신을 방해할 만한 자기 제한적인 믿음이 무엇이라고 생각하는지 물어도 좋다.

자기 제한적인 믿음은 종종 변명으로 둔갑하기도 한다. 이 믿음을 시험하는 가장 좋은 방법은 당신이 스스로의 한계라고 생각하는 것을 가진 다른 누군가가 성공했는지 스스로에게 물어보는 일이다. 다른 사람이 그 한계를 극복할 수 있었다면 당신이라고 못 할 이유가 없지 않겠는가. 아주 잠깐만 생각해봐도 당신보나 훨씬 안 좋은 여건에서도 위대한 일을 성취한 사람이 족히 수백, 수천 명에 이른다는 사실을 깨달을 것이다. 자기 제한적인 믿음을 내려놓고 더 큰 가능성에 마음을 열고 커다란 열망을 품는다면 비로소 비상의 날개가 펴지기 시작할 것이다.

가치관의 법칙

성공을 끌어당기는 여섯 번째 법칙은 가치관의 법칙(law of values)이다. 이는 진실로 가치 있게 생각하고 믿는 것은 예외 없이 오직 자신의 행동으로 표출된다는 의미이다. 말이 아닌 행동을 보면 그 사람의 진정한 가치관을 알 수 있다. 자신이 무엇을 진정 가치 있게 생각하는지도 마찬가지이다. 자신의 행동을 살펴보라. 자신의 가치관과 믿음을 진실로 표현하는 것은 말, 희망, 바람, 의도가 아니다. 이는 행동만이 할 수 있다. 아이들은 이를 잘 알고 있어 부모가 "내가 하는 대로 하지 말고 내가 말하는 대로 하렴"이라고 조언할 때 듣지 않는다. 우리 모두는 행동이야말로 그 사람의 가장 깊은 신념을 진실로 반영한다는 사실을 아는 것 같다.

오늘날 세상은 매우 혼란스럽고 불행한 일이 많다. 말이나 글로 무언가를 강하게 주장하면 자신이 그것을 정말 믿는다는 뜻으로 생각하는 사람이 많은 까닭이다. 하지만 이는 오산이다. 우리는 자신이 행동하는 것을 진심으로 믿을 뿐이다. 행동이 말보다 훨씬 큰 소리를 내는 법이다. 예컨대 끈기와 헌신의 가치를 굳게 믿는다면 이러한 믿음은 자신의 일상적인 행동에서 명백히 드러나기 마련이다. 정직, 진실성, 자기 훈련을 진심으로 믿어도 자신의 모든 행동으로 이러한 자질이 표출된다.

그렇기 때문에 과거에 압박감을 받았을 때 어떻게 행동했는지 보면 그 사람이 무엇을 가치 있게 생각하는지 알 수 있다. 선택해야 하는 상황에 몰릴 때에야 비로소 자신이 정말로 무엇을 가치 있게 생각하는지를 알게 된다. 가령 가족과 일 중에서 또는 돈과 정직 중에서 하나를 선택해야만 할 때 자신의 진정한 가치관이 드러난다.

마지막으로 한 가지 더 말하자면 가치 있게 생각하는 무언가가 아직 성품으로 굳어지지 못했을 때라도 그와 일치하게 행동하도록 자신을 훈련함으로써 그것을 가치관으로 만들 수 있다. 이는 정말로 멋진 일이다.

동기부여의 법칙

성공을 낳는 일곱 번째 법칙은 동기부여의 법칙(law of motivation)이다. 우리가 하는 모든 것은 내면의 욕망, 충동, 본능에 의해 촉발되고 이 중 상당수는 무의식적일 수도 있다. 태도와 행동은 자신의 지배적인 동기, 다른 말로 단순히 원한다고 생각하는 것이 아니라 정말로 원하고 필요로 하는 것이 결정한다. 이 법칙은 가치관의 법칙을 확장시킨 것이다.

인간의 동기와 행동에 관한 이른바 ABC 공식이 있다. ABC는 각각 선행 사건(antecedent), 행동(behavior), 결과(consequence)를 가리킨다. 선행 사건은 행동 이전에 일어나는 것, 행동은 지금 하는 것, 결과는 그 행동으로 말미암아 발생하는 것을 의미한다.

심리학적으로 볼 때 동기부여의 대략 15퍼센트만이 선행 사건에서 비롯한다는 사실은 널리 알려져 있다. 우리가 읽거나 배우는 것, 누군가가 우리에게 하라거나 하지 말라고 하는 것이 여기에 해당한다. 나머지 약 85퍼센트의 동기부여는 무언가가 일어날 것이라는 자신의 기대에서 나온다. 결과와 미래에 대한 믿음은 우리가 특정 방식으로 행동하게 만든다. 자신의 행동이 어떤 결과를 초래할지 더 명확히 알고 그 행동의 잠정적인 결과를 더 열렬히 원할수록 동기가 더 크게 부여된다. 최고의 성과를 내려면 목표를 최대한 명확히 하는 것이 매우 중요한 이유가 바로 여기에 있다.

ABC 공식과 관련해 꼭 알아야 하는 것이 있다. 행동한다고 무조건 원하는 결과를 얻는 것은 아니지만, 행동이나 활동은 모두 나름의 결과를 유발한다. 이뿐만 아니라 활동, 심지어 아무런 활동을 하지 않아도 결과를 낳는다. 당신이 하는 것도 하지 않는 것도 미래에 영향을 미치는 결과를 초래하며, 어떤 결과는 극적이고 장기적인 영향을 미칠 수도 있다.

스스로 동기를 부여하는 좋은 방법이 있다. 어떤 사람이 되고 싶고 어떤 삶을 살고 싶은지 글로 상세히 적어라. 우리가 가진 최고의 무기는 생각하는 능력과 이해하는 능력이다. 자신이 어떤 사람이고, 무엇을 성취하고 싶고, 그것을 어떻게 성취할 것인지 더 정확히 생각할수록 우리는 더 유능해지고 더 성공할 것이다.

잠재의식 활동의 법칙

성공으로 가는 여덟 번째 법칙은 잠재의식 활동의 법칙(law of subconscious activity)으로 이는 몇 가지 방식으로 작용한다. 첫째, 의식적으로 마음에 품은 생각이나 아이디어가 감정과 결합할 때 잠재의식적

마음은 그것을 무조건 명령으로 받아들인다. 이러한 이유로 마음속에 꾸준히 품을 수 있는 생각, 아이디어, 목표는 무엇이든 성취할 수 있는 것이다. 잠재의식적 마음이 그것을 현실로 만들기 위해 당신의 생각과 행동을 조율하기 때문이다. 예를 들어 월급이든 목돈이든 목표액이 정해져 그 금액을 밤낮없이 생각하고 그 욕망을 잠재의식적 마음 깊숙이 끌어들이려 가능한 모든 수단을 사용한다고 해보자. 이럴경우 잠재의식적 마음은 이 목표나 욕망을 현실로 만들고자 예비 능력을 더 많이 집중할 것이다.

의식적으로 마음에 품은 생각이나 아이디어가 감정과 결합할 때
잠재의식적 마음은 그것을 무조건 명령으로 받아들인다

둘째, 당신이 잠재의식적 마음에 적절한 명령을 내리고 나면 이 마음이 대뇌의 망상 피질을 자극한다. 망상 활성화계(reticular activating system, RAS)라고도 불리는 망상 피질은 손가락처럼 생긴 뇌의 작은 부분으로 당신의 주된 욕망이나 관심사와 일치하는 주변의 사건과 상황을 당신에게 알려준다. 가령 빨강 스포츠카를 사고 싶다고 생각하면 이 욕망은 빨강 스포츠카가 이제 당신에게 가장 중요하다는 신호를 망상 피질로 보낸다. 이때부터 사방에서, 심지어 한 블록 떨어진 곳에서도 빨강 스포츠카가 눈에 들어온다. 당신은 이제 빨강 스포츠카는 물론이고 그 드림카를 가질 방법에 대해서도 극도로 의식하고 민감해진다.

당신이 경제적 자립을 목표로 정해 이를 열렬히 갈망할 때도 마찬가지이다. 망상 피질은 당신이 더 많은 돈을 벌도록 도와줄 주변 기회에 극도로 예민하게 반응하도록 만든다. 당신은 이 목표를 달성하는 데 도움이 되는 것들을 어디서든 듣고 또 보게 된다. 이 목표를 잠재의식적 마음에 심지 않았더라면 아마 당신은 이를 전혀 인식하지 못할지도 모르겠다.

셋째, 자율 신경계, 근육, 신경, 행동, 반응을 제어하는 잠재의식적 마음이 잠재의식 활동의 법칙에 따라서 신체 언어와 어조까지도 통제한다. 실제로 어떤 심리학자는 진정한 의사소통의 경우 메시지의 55퍼센트는 신체 언어에, 38퍼센트는 어조에 담기고, 말의 내용으로 전달되는 메시지는 7퍼센트에 불과하다고 주장했다(미국 심리학자 앨버트 머레이비언(Albert Mehrabian)이 주장한 것으로 '머레이비언의 법칙' 또는 '7-38-55 법칙'이라고 불린다. ―옮긴이).

이뿐만 아니라 신체 언어와 어조는 당신이 잠재의식적 마음에 보낸 자신에 관한 메시지가 주로 통제한다. 잠재의식적 마음은 당신의 지배적인 '감정적 사고'를 받아들여 온몸과 목소리, 어조를 제어해 그러한 사고와 일치하는 양식을 따르도록 만들 것이다. 예를 들어 당신이 성공했을 때 당신은 잠재의식적 마음에 자신이 승자라고 말하는 감정적 에너지를 보낸다. 이후 한동안 당신은 승자처럼 걷고, 말하고, 행동하고, 생각한다. 걸음걸이는 더 당당해지고, 목소리는 더 힘이 실리고, 눈은 더 집중하고, 신체 언어는 자신에 대한 이 믿음을 드러내게 된다.

기대의 법칙

성공을 보장하는 아홉 번째 법칙은 기대의 법칙(law of expectation)으로 종종 '자기 실현적 예언(self-fulfilling prophecy; 자기 충족적 예언)'의 법칙이라고 불린다. 이는 모든 법칙을 통틀어 가장 강력한 법칙 중 하나인데 단순하면서도 예측가능하기 때문이다. 이 법칙을 간단히 정의하면 당신이 확신을 가지고 기대하는 것은 무엇이든 삶에서도 실현되는 경향이 있다는 것이다. 당신은 단순히 원하는 것이 아니라 가장 간절히 기대하는 바를 얻는다. 이런 까닭에 자신을 긍정적으로 기대하는 태도가 커다란 성공을 부르는 마법처럼 보인다.

이 법칙의 매력은 누구나 스스로 기대를 만들 수 있다는 점이다. 당신은 좋은 일만 일어나기를 기대하겠고 결심할 수 있다. 한 걸음 더 나가 온 세상이 의기투합해 당신이 목표를 이루게 도와준다고 믿는 것처럼 걷고, 말하고, 행동할 수 있다.

보험왕 W. 클레멘트 스톤(William Clement Stone)이 '역 피해의식(inverse paranoid)'이라고 불렀던 개념이 있다. 이는 온 세상이 우리에게 좋은 일을 하고자 음모를 꾸미고 있다는 믿음이다. 이로 인해 세상이 당신을 위해 돌아간다는 자신감을 가질 수 있다. 모든 사람과 모든 상황에서 자신감을 가지고 좋은 것을 찾으려 노력하면 된다. 심지어 좌절에 직면할 때도 그 속에 있을지 모를 귀중한 교훈을 찾는 일은 얼마든지 가능하다. 실망하지 말고 "내 삶에서 일어나는 모든 상황에 완벽한 결과가 있다고 믿는다"고 말해보자. 이런 식의 확언은 매사에 더욱 긍정적이고, 낙관적이며, 열린 태도로 접근하게 만든다.

　가장 강력한 기대는 자신에게 갖는 기대이다. 당신은 차분하고 확신에 찬 자기 기대의 태도로 무장하고 모든 일에 임해야 한다. 실패보다 성공이 더 많을 것이라 기대하라. 패배할 때보다 이길 때가 더 많을 것이라고 기대하라. 포기하지 않고 오랫동안 계속 노력한다면 결국에는 목표를 이룰 것이라 기대하라.

집중의 법칙

성공을 잡아당기는 열 번째 법칙은 집중의 법칙(law of concentration)이다. 사실 이 법칙은 성공만이 아니라 삶의 많은 영역에서 적용된다. 집중하고 감정을 실어 생각하고 또 생각하면 내적인 삶과 외적인 삶에서 원했던 것들이 작게나마 이루어질 가능성이 크다. 어떤 심리학 연구 결과에 따르면 용기, 진실성, 끈기 등 키우고 싶은 자질을 꾸준히 생각하면 대부분은 그 자질이 자신의 성품과 성격의 일부로 차곡차곡 쌓이게 된다고 한다.

　집중의 법칙은 잠재의식 활동의 법칙과 밀접한 관련이 있고 당신이 현재 어떤 사람인지를 잘 설명해준다. 당신이 과거에 집중했던 것과 현재 집중하는 것은 모두 당신의 처신과 행동에 커다란 영향을 미친다. 당신이 집중하는 것이 당신이 얻는 결과와 성공의 질과 양을 크게 좌우한다.

습관의 법칙

성공을 끌어오는 열한 번째 법칙은 습관의 법칙(law of habit)이다. 이는 사람들이 거의 모든 일을 생각하지 않고 습관처럼 자연스럽게 한다는 뜻이다. 우리는 일상을 습관의 노예로 산다. 매일 눈을 뜨는 순간부터 잠이 드는 순간까지 저항이 가장 적은 경로를 따르고 이미 익숙해진 행동을 하는 경향이 있다. 날마다 같은 아침을 먹고, 같은 치약으로 양치하고, 같은 길로 출근하고, 같은 인사말을 건네고, 같은 시간에 점심을 먹고, 같은 방식으로 일을 한다.

오해하지 마시길. 삶을 단순하게 만들어주는 습관을 들이는 일은 잘못된 것이 아니다. 사실 얼마나 성공한 삶을 살지는 운전처럼 초보 운전자 시절과는 달리 점점 집중해야 하는 많은 것을 생각하지 않고도 익숙하게 하는가에 달려 있다. 특정 활동이 습관화되어 무의식적으로 이루어질 때 우리의 마음은 정말로 우리가 원하는 것을 성취하는 데 훨씬 도움이 될 수 있는 다른 일에 집중할 자유가 생긴다.

좋은 습관은 만들기는 힘들어도 삶이 수월해진다. 반대로 나쁜 습관은 만들기는 쉬워도 삶이 고달파진다. 나쁜 습관은 쉽게 바뀌지 않는다. 그렇더라도 나쁜 습관은 목표 달성에 방해가 되므로 자신의 습관을 분석하고 철저하게 따져보는 것이 중요하다. 자신의 습관이 자신이 목표를 달성하는 데 도움이 되는지, 방해가 되는지 결정해야 한다.

당신이 하는 일은 무엇이든 도 아니면 모다. 중립적인 일은 없고 중요하지 않은 일도 없다. 자신에게 도움이 되지 않는 습관은 유해하다.

성공으로 이끌지 않는 습관은 실패로 이끌 위험이 크다. 다행히도 나쁜 습관을 극복하는 효과적인 방법이 있다. 긍정적인 새로운 습관을 길러 기존 습관을 바꿔치기하면 된다. 예를 들어 골프공이 자꾸 러프로 날아가는 사람이라면 강습을 받아 새로운 스윙 자세를 익히면 된다. 늦잠 습관을 고치고 싶을 때는 일찍 일어나는 연습을 반복해서 새로운 습관이 되도록 만들어라.

집중의 법칙을 습관의 법칙과 함께 연습하고 새로운 습관이나 행동하는 자신의 모습을 계속 생각한다면 이 메시지는 잠재의식적 마음에 전달되고 마침내 자신이 원하는 새로운 습관과 일치하는 방식으로 행동하기 시작한다.

끌어당김의 법칙

이는 열두 번째 성공의 법칙이자 가장 중요한 성공의 법칙 중 하나로 이어진다. 바로 끌어당김의 법칙(law of attraction)이다. 이 법칙의 핵심은 당신이 살아 있는 자석이라고 생각해야 한다는 점이다. 즉, 자신의 지배적인 생각과 조화를 이루는 사람, 사건, 상황을 삶으로 끌어당기게끔 되어 있다. 자신의 지배적인 생각과 조화를 이루는 사람, 사건, 상황을 삶으로 끌어당기게끔 되어 있다. 당신이 마음속에 꾸준히 간직할 수 있는 것은 무엇이든 가질 수 있는 이유가 바로 이 때문이다. 마음에 확실하게 뿌리내린 생각이 감정과 결합할 때, 그 목표

를 달성하는 데 필요한 것을 끌어당기는 정신적 에너지의 역장(力場, force field; 힘이 미치는 공간을 말한다. -옮긴이)을 만들게 된다.

끌어당김의 법칙에 관한 글은 수백, 수천 년 동안 인류와 함께했다. "끼리끼리 모인다"거나 "그 아버지에 그 아들" 같은 속담이 이 법칙을 설명한다. 당신은 유유상종이라는 말을 들어보았을 것이다. 내 친구이자 《영혼을 위한 닭고기 수프》 시리즈의 공동 저자인 마크 빅터 한센(Mark Victor Hansen)은 당신이 원하는 것은 무엇이든 당신을 원한다고 주장한다. 이 모든 것들이 표현은 다 달라도 메시지는 같다. "우리의 마음은 대단히 강력하다." 우리가 감정을 이입해서 생각하는 모든 것은 자석처럼 사건과 상황을 우리 삶으로 끌어당기는 일종의 에너지가 된다는 의미이다.

음악에서 끌어당김의 법칙은 종종 교감 공명의 법칙(law of sympathetic resonance)으로 불린다. 예컨대 큰 방에 피아노 두 대를 놓고 한 피아노에서 도 건반을 두드리면 다른 피아노도 첫 번째 피아노의 음과 완벽히 공명하면서 도 건반이 진동한다.

이 법칙은 우리의 일상에서도 흔히 경험할 수 있다. 우리는 사람들이 많은 자리에서 십중팔구 그곳의 누군가와 교감 공명을 느낀다. 우리는 시쳇말로 궁합이 잘 맞는 편안한 사람에게 끌리고 상대방도 그런 우리에게 끌린다. 사교 모임에서 두 사람이 서로에게 끌리는 교감 공명을 느끼는 경우도 많다. 명확한 목표나 아이디어가 있을 때도 마찬가지이다. 당신은 그 목표를 실현하는 데 도움이 될 수 있는 아이디어, 정보, 자원을 가진 사람들을 끌어당기고 그들에게 끌릴 것이다.

끌어당김의 법칙을 보여주는 또 다른 예시는 정반대의 상황이다. 바로 밀어냄의 법칙(law of repulsion; 척력의 법칙)이다. 특정 유형의 사람이 되기 시작하면 당신은 자신과 비슷한 사람들에게 끌리게 된다. 동시에 당신과 사고방식이 다른 사람들을 밀어내고 그들도 당신을 밀어낸다. 대부분은 긍정적인 사람은 긍정적인 사람과, 부정적인 사람은 부정적인 사람과 어울리는 이유가 바로 여기에 있다. 또한 두 집단 모두가 왜 서로에게 크게 무관심한지도 이 법칙으로 명확히 설명된다. 자신이 존경하고 존중하는 사람들로 삶을 채울 수 있는 쉬운 비결이 여기에 있다. 그들을 당신에게로 끌어당기는 생각을 하라.

선택의 법칙

성공으로 가는 열세 번째 법칙은 선택의 법칙(law of choice)이다. 이 법칙에 따르면 우리는 의식적 마음에 무엇을 담을지 항상 선택할 자유가 있지만 그렇게 함으로써 삶의 다른 모든 것도 선택하게 된다. 요컨대 생각이 현실을 통제한다. 아무도 당신을 대신해 생각할 수 없으므로 당신이 마음에 품기로 선택하는 생각이 당신 삶에서 일어나는 모든 것을 결정한다.

선택의 법칙은 정말 환상적이다. 당신은 완벽한 생각의 자유가 보장되기에 열렬히 갈망하는 무엇이든 다 이룰 수 있는 자유도 있기에 그러하다. 선택은 언제나 당신에게 달려 있다. 지금 어디에 있고, 어떤 사람인지는 당신이 이제까지 했던 선택의 총합이다. 따라서 현재의 위치와 현재의 자신에게 만족하지 않는다면, 현재와는 다른 미래를 바란다면, 다른 사람이 되고 다른 것을 하겠다고 얼마든지 스스로 선택할 수 있다.

낙관주의의 법칙

열네 번째 성공의 법칙은 낙관주의의 법칙(law of optimism)이다. 이 법칙의 핵심은 긍정적인 마음 자세가 삶의 거의 모든 영역에서 성공과 행복을 부른다는 점이다. 낙관적인 사람은 밝고 유쾌하다. 사람들은 낙관주의자를 좋아하고 함께 어울리며 도와주고 싶어 한다. 가장 성공한 사람들을 보면 대다수가 상당한 호감형이다. 더 낙관적일수록 당신은 매 순간 더 행복해지고 더 많은 것을 시도할 것이다.

변화의 법칙

성공을 끌어당기는 열다섯 번째 법칙은 변화가 불가피하다는 변화의 법칙(law of change)이다. 삶에서 변화만이 유일한 상수이다. 즉, 삶에서 유일하게 변하지 않는 것은 변한다는 사실뿐이다. 당신이 이 책을 읽는 동안에도 모든 것이 변하고 있다. 하지만 무엇도 고정되어 있지 않다는 것은 정말 멋진 일이기도 하다. 모든 진전에는 변화가 필요하다. 어쨌거나 변화는 늘 진행 중이기에 변화의 힘을 이용하는 것만으로도 당신은 원하는 어떤 사람이든 될 수 있고 무엇이든 할 수 있다.

더 나은 사람이 되면 삶도 더 나아지기 마련이다. 당신은 지금 상태에 머무를 수 없고 어떤 식으로든 발전한다. 변화를 이용하지 않는 사람은 결과적으로 변화의 희생양을 자초하는 셈이다. 당신이 거의 혹은 전혀 통제할 수 없는 상황이 벌어지는 순간은 피할 수 없으므로 당신은 어떤 상황이든 그에 맞추어 활동과 행동을 조정해야 한다.

성공을 부르는 법칙들을 적용한 실제 사례

지금부터는 다양한 상황에 대입할 수 있는 이야기 하나를 들려주겠다. 오래전 평범한 가정에서 태어나, 평범한 교육을 받고, 평범한 직장에서 일하며, 평범한 친구들과 어울리던 한 청년이 있었다. 그 나이 때 평범한 젊은이처럼 그의 주된 관심사도 여자, 스포츠, 텔레비전이었다. 그는 즐겁고 재미있는 시간이 좋았고 그래서 돈을 버는 족족 유흥에 대부분 다 썼다. 또한 자신의 직업이 자신의 평범한 생활 방식을 유지하게 해주는 필요악이라 생각했으며 평범한 사람이 거의 그러하듯이 그의 삶도 아무 발전 없이 제자리걸음이었다.

그러던 어느 날 그에게 어떤 일이 일어났다. 짐작건대 정신이 번쩍들게 하는 책을 읽었거나, 오디오 강좌를 들었거나, 동기부여 세미나에 참석했지 싶다. 계기가 뭐든 그 이후로 그는 완전 딴사람이 되었다. 먼저 그는 지금과는 다른 무언가를 하고 다른 사람이 되기로 선택할 수 있음을 깨달았다. 맞다, 그는 '선택의 법칙'을 적용했다. 또한 긍정적인 방향으로 변하기 시작하면 '변화의 법칙'에 의거해 자신의 삶이 반드시 나아진다는 사실도 알게 되었다. 이뿐만 아니라 '인과의 법칙'이 말하는 대로 그는 성취하고 싶은 것들에 몇 가지 결정을 내렸고 바라는 결과를 촉발시키는 원인을 찾기 시작했다. 이게 다가 아니었다. '낙관주의의 법칙'을 통해 자신과 자신의 가능성을 긍정적인 눈으로 바라보았고, 좋은 일을 기대함으로써 '기대의 법칙'을 활성화시켰다. 그런 다음에는 자신의 사고방식을 뜯어고쳤으며 자신의 이상적인 생활 방식에 '집중의 법칙'을 적용했다.

그의 변신은 계속되었다. '잠재의식 활동의 법칙'에 따라 그는 자신이 되고 싶은 사람을 상상하며 그대로 걷고 말하기 시작했다. 더 나아가 예전에는 보이지 않던 자기 성장의 기회까지 알아보게 되었다. 그가 생각을 바꾸자 '마음의 법칙'과 '마음 등가의 법칙'이 촉발되었고 그는 자신의 목표를 명확히 정립했다. '상응의 법칙'에 의거해서 그의 바깥 세계가 새롭고 개선된 내적 세계를 반영하게 되었다. 자신에 대한 믿음이 달라지자 '끌어당김의 법칙'이 작동해서 사람들과 자원이 그가 목표를 달성하도록 도와주는 것처럼 보였다. 자신의 욕망에 집중한 덕분에 그의 가치관과 동기부여가 바뀌었고 그는 성공을 부르는 습관을 형성하기 시작했다. 이렇듯 그는 자신의 삶을 성공의 법칙들에 맞추어 정렬시킴으로써 자신조차 놀랄 만큼 빠르게 전진하기 시작했다.

그러니 당신도 할 수 있다.

　모든 성공의 법칙의 근본 원리는 같다. 성공하고 싶다면 자신에게 성공이 어떤 의미인지부터 반드시 결정해야 한다. 그리고 나서야 비로소 자신이 정의한 성공을 더 빨리 실현하기 위해 성공의 법칙들을 적용할 수 있다. 스스로가 마음에 부여하는 한계 말고는 당신이 무엇이 되고, 할 수 있는지 제약하는 것은 없다. 삶을 주도적으로 이끌고 자신의 사고를 열다섯 가지 성공의 법칙과 일치시킬 때 당신은 성공의 열차를 타고 상상도 못할 곳까지 갈 수 있다. 당신은 1, 2년 안에 많은 사람이 5년, 10년이 걸려 성취하는 것보다 더 많이 이룰 수 있게 된다. 성공의 법칙들을 실천할 때 당신의 미래는 무한할 수 있다.

성공을 부르는 법칙

인과의 법칙. 모든 결과에는 하나 이상의 원인이 있다.

마음의 법칙. 생각은 스스로를 객관화한다. 즉, 마음속 생각은 같은 종류의 열매를 생산한다.

마음 등가의 법칙. 자신에 대한 책임은 '내가 어떤 삶을 살고 싶은가'를 구체적인 그림으로 마음속에 그려보는 데서 시작된다.

상응의 법칙. 안에 있는 것만큼 밖으로 표출된다. 외적인 삶은 내적인 삶을 거울처럼 비추는 경향이 있다.

믿음의 법칙. 감정을 실어 믿는 것은 무엇이든 현실이 된다.

가치관의 법칙. 진실로 가치 있게 생각하고 믿는 것은 예외 없이 오직 자신의 행동으로 표출된다.

동기부여의 법칙. 당신이 하는 모든 것은 내면의 욕망, 충동, 본능에 의해 촉발되고, 이 중 상당수는 무의식적일 수도 있다. 태도와 행동은 자신의 지배적인 동기, 즉 단순히 원한다고 생각하는 것이 아니라 정말로 원하고 필요로 하는 것이 결정한다.

잠재의식 활동의 법칙. 의식적으로 마음에 품은 생각이나 아이디어가 믿음과 결합할 때 잠재의식적 마음은 그것을 무조건 명령으로 받아들인다.

기대의 법칙. 확신을 가지고 기대하는 것은 무엇이든 삶에서도 실현되는 경향이 있다. 당신은 단순히 원하는 것이 아니라 가장 간절히 기대하는 바를 얻는다.

집중의 법칙. 집중하고 감정을 실어 생각하고 또 생각하면 내적인 삶과 외적인 삶에서 원했던 것들이 작게나마 이루어질 가능성이 크다.

습관의 법칙. 우리는 거의 모든 일을 생각하지 않고 습관처럼 자연스럽게 한다. 우리는 일상을 습관의 노예로 살며 저항이 가장 적은 경로를 따르고 이미 익숙해진 행동을 하는 경향이 있다.

끌어당김의 법칙. 우리는 자신의 지배적인 생각과 조화를 이루는 사람, 사건, 상황을 삶으로 끌어당기게끔 되어 있다.

선택의 법칙. 우리는 의식적 마음에 무엇을 담을지 항상 선택할 자유가 있지만 그렇게 함으로써 삶의 다른 모든 것도 선택하게 된다. 생각이 현실을 통제한다.

낙관주의의 법칙. 긍정적인 마음 자세는 성공과 행복을 부른다.

변화의 법칙. 변화는 불가피하다. 삶에서 유일하게 변하지 않는 것은 변한다는 사실뿐이다.

2장

성취로
이끄는
법칙

────── 1장에서는 성공을 부르는 법칙들을 살펴보았다. 지금부터는 성취와 관련된 여러 법칙과 이러한 법칙들을 통해 우리가 생각한 것보다 더 멀리, 더 빨리 나아갈 수 있는 방법들도 찾아보자. 성공과 성취의 차이가 궁금할 수도 있겠다. 성공과 성취는 같은 뜻처럼 들리고, 실제로 여러 면에서 같은 의미로 사용된다. 성공과 성취는 말하자면 동전의 양면이다. 둘은 비슷하지만 의도와 목적에서 차이가 있다.

성공이란 '자신이 이미 얻은 것을 원하는 것'이라고 정의해도 된다. 성공이 반드시 물질적인 것이나 성취에 의해 결정되는 것은 아니다. 삶의 모든 면에서 완벽하게 만족하고 불만이나 절박하게 필요한 것이 없는 수준에 도달하기만 해도 성공을 즐기는 데는 문제가 없다. 그렇게 보면 조용한 곳에서 홀로 세상에 대해 사색한다 해도 성공으로 보기에 손색이 없다.

반면 성취는 성공의 의미와 많이 다르다. 성취는 이미 얻은 것을 원하는 것이 아니라 원하는 것을 얻는 것을 가리킨다. 성취는 목표와 목적을 설정하고, 행동 계획을 세우고, 그 계획을 실행하고, 장애물과 역경을 극복하고, 스스로 세운 목표를 달성하는 능력을 의미한다.

성공의 법칙 외에도 목표 달성에 초점이 맞추어진 여러 법칙이 있다. 이번 장에서 그 법칙들 모두를 알려주려 한다. 인간 행동의 기본 규칙은 우리가 하는 모든 일이 어떻게든 삶을 개선하는 것에 목표를 둔다는 점이다. 우리의 모든 행동은 명확하든 아니든 모종의 목적과 의노가 이끈다.

목표로 시작하라

우리의 마음과 능력은 신통하게도 우리가 스스로 정한 크고 작은 목표를 항상 달성하는 것처럼 보인다. 우리는 하루 일과를 마치고 집에서 편히 텔레비전을 보는 것처럼 소박한 목표도, 경제적 성공, 번영, 명성 같은 큰 목표도 이룰 것이다. 마음에는 목표를 추구하는 사이버네틱스(cybernetics; 스스로 최적의 상태를 찾아가게 하는 과정을 말한다.−옮긴이) 기능이 내장되어 있다. 쉽게 설명해보면 일단 강렬한 욕망을 잠재의식적 마음에 프로그래밍하면 잠재의식적 마음과 초의식적(superconscious; 슈퍼의식) 마음은 스스로 힘을 갖게 된다. 바로 이 힘이 우리가 자신의 이상(ideal)을 달성하게 만드는 것처럼 보인다. 이런 점에서 목표를 달성하는 과정이 대부분 자연스럽게 이루어지는 것처럼 보인다.

관건은 항상 명확한 목표를 설정하고 그 목표를 뒷받침하는 정신적, 신체적 에너지를 활용하는 것이다. 그렇게 하는 법을 배울 때 나머지는 거의 필연적으로 일어나는 것처럼 보인다. 앞서 말했듯이 이 법칙들을 적용하려면 가장 먼저 자신이 원하는 이상적인 결과나 목적을 수정처럼 투명하고도 명확히 알아야 한다. 어디에 도달하고 싶은지 최종 목적지를 결정하라. 장보기 목록 없이는 마트에 가지 않듯이 삶도 마찬가지이다. 당신은 명확한 성취 목록과 그것들을 달성하기 위한 실행 계획도 없이 삶을 살고 싶지 않을 것이다.

안타깝게도 현실은 다르다. 이 분야에 관한 사실상 모든 연구 결과에 따르면 명확하게 종이에 적어둔 목표나 상세한 계획을 가진 미국 성인은 3퍼센트도 되지 않는다. 마크 매코맥(Mark McCormack)은 저서 《하버드 경영대학원에서 가르치지 않는 것들(What They Still Don't Teach You at the Harvard Business School)》에서 자신의 목표를 종이에 적어둔 사람은 그렇지 않은 사람보다 같은 기간 동안 열 배 더 많이 성취했다고 적었다.

앞으로 3~5년 안에 어디에 가고 싶고, 그곳에 도달하기 위해 무엇을 할 것인지 단순히 적기만 해도 누구든 최상위 계층으로 올라갈 수 있다. 이런 방식으로 실천하는 즉시 다른 사람이 되어버리고 자신이 글로 작성한 목표를 달성할 가능성은 열 배 가까이 증가하게 된다.

나는 세미나 자리에 설 때마다 사람들에게 앞으로 12개월 안에 이루고 싶은 열 가지 목표를 생각한 뒤 종이에 적으라고 이야기한다. 그렇게 12개월이 지난 뒤 목록을 다시 확인하면 이 중 여덟 가지가, 그것도 때로는 가장 놀라운 방식으로 달성되었음을 알게 될 것이라 덧붙인다.

이 방법의 효과는 장담한다. 내 세미나에 참석했던 수많은 사람이 그 증거이다. 그들은 자신의 삶에서 정확히 어떤 일이 일어났다고 말한다. 가령 휴스턴의 한 보험회사 임원이 어느 목요일 오후 나의 세미나에 참석해서 그 방법을 처음 접했다. 내친김에 그는 그 주 일요일에 1년 치 목표 열 가지를 목록으로 만들었고 다음 날인 월요일 저녁에 그 목록을 다시 살펴보다가 깜짝 놀랐다. 하루 만에 목표 열 개 중 다섯 개를 달성한 것이다. 그는 곧바로 다섯 가지를 추가해 다시 열 개로 늘렸고, 사흘 뒤 목요일 저녁까지 새로운 목록 중 다섯 개를 더 이루었다. 그는 목표를 종이에 적음으로써 1년 동안 열심히 노력해 성취할 것이라는 기대보다 단 5일 만에 더 많은 목표를 달성했다.

통제의 법칙

목표를 명확히 하는 것 외에도 정말로 큰 성취를 열망하는 사람이라면 알아두고 실천해야 할 열두 가지 법칙이 있다. 첫째는 통제의 법칙(law of control)으로 우리가 앞으로 배우게 될 가장 중요한 법칙 중 하나이다. 쉽게 말해 자신의 삶을 통제한다고 느끼는 정도까지만 자신에 대해 긍정적인 감정을 가질 수 있다는 말이다.

자신의 삶을 통제한다고 느끼는 정도까지만
자신에 대해 긍정적인 감정을 가질 수 있다

인간의 성격과 성과를 통제하는 일이 중요하다는 사실은 심리학계의 오랜 불문율이었다. 심리학자들은 통제감이 최고의 성과를 내기 위한 필수 요건이라고 결론 내렸다. 심리학에 통제 소재(locus of control; 통제 위치)라는 개념이 있는데 이는 당신이 삶의 특정 영역을 통제하는 힘이 어디에 있다고 느끼는가를 가리킨다. 가령 스스로 결정할 수 있다고 느끼고 활동 방향을 스스로 결정하는 사람은 '내적 통제 소재'가 있다고 여겨진다. 한편 상사, 경제적 여건, 어린 시절의 경험, 건강 등에 의해 통제된다고 느끼는 사람은 '외적 통제 소재'가 있다고 간주한다.

통제 소재는 건강과 웰빙에 막대한 영향을 미친다. 내적 통제 소재가 높은 사람, 즉 자기 삶의 운전대를 잡고 있다고 느끼는 사람은 대체로 스트레스 수준이 낮고 성과 수준이 높다. 반면에 외적 통제 소재가 있는 사람, 즉 자신이 하는 일이 다른 사람들과 압박, 요컨대 외부 요인에 의해 결정된다고 느끼는 사람은 스트레스 수준이 높고 이와 반비례해서 성과 수준은 낮다.

통제의 법칙에서는 세 가지 원리를 알아야 한다. 첫째는 변화가 불가피하다는 변화의 법칙과 같다. 변화는 또한 대다수 사람들에게 두려움의 대상이다. 그들은 변화라면 무조건, 심지어 긍정적인 것까지도 피하고 싶은 깊은 욕구가 있다. 하지만 목표가 있는 사람은 변화의 방향을 통제할 뿐 아니라 대개는 자신이 원하는 방향으로 변화가 이루어지게끔 만들 수 있다. 목표가 있는 사람은 삶의 중요한 요소들을 통제할 수 있다. 반대로 목표가 없는 삶은 운전대에서 손을 떼고 고속도로를 달리는 형국이다.

두 번째 원리는 통제된 변화가 통제되지 않은 변화보다 더 큰 성취로 이어지는 경향이 있다는 것이다. 매일 중요한 목표를 달성하기 위해 노력하는 습관을 들이면 아무런 목표 없이 살 때보다 더 큰 성취를 이룰 수 있다. 통제의 법칙에서 마지막 원리는 삶을 통제하고 싶은 사람이라면 가장 먼저 자신의 마음을 통제해야 한다는 점이다. 원하는 생각을 하고, 이루고 싶은 목표와 결과를 결정하는 능력이 행복과 큰 성취를 이룰 첫걸음이다.

삶이란 무작위로 일어나는 일련의 사건들에 불과하며 상황이 그저 우연히 벌어진다고 믿는 사람이 많다. 이런 사람은 계획을 세우지 않는 일이 실패를 계획하는 것임을 깨닫지 못한다. 자신의 능력에 비해 성취 수준이 낮고 좌절하는 삶을 일부러 계획하는 사람은 없다. 하지만 자신이 원하는 것을 구체적으로 결정하지 않는 사람은 아무 생각 없이 무의식적으로 세상을 살아가게 된다. 그리하여 그들의 삶은 자신이 거의 통제할 수 없는 일련의 무작위적인 사건처럼 보이게 되는 것이다.

자신의 삶을 거의 통제할 수 없다고 믿는 사람이 어떤 말을 할지 빤하다. "정부나 당국을 상대로 싸워봐야 뻔할 뻔자지.""지식은 소용 없어. 인맥이 중요해.""적절한 때에 적절한 장소에 있는 것이 관건이야." 이들 중 많은 사람은 성공이란 주로 운과 인맥에 따라 결정되며 자신과는 아예 관련이 없다고 믿는다. 최근 미국 성인을 대상으로 진행한 설문 조사에서 응답자의 63퍼센트가 경제적 자립을 이루는 유일한 방법이 복권에 당첨되는 것이라고 대답했다. 이는 대다수 사람이 삶을 자신이 거의 통제할 수 있는 한판의 커다란 도박장으로 생각한다는 뜻이다. 이 삶의 철학, 즉 인과의 법칙과 통제의 법칙에 반하는 철학을 따르는 사람은 자신의 통제력이 부족하다고 생각하기 때문에 부정적인 감정, 비관주의, 무력감, 피해의식에 빠진다.

삶을 계획하지 않는 사람은 자신의 문제를 남 탓으로 돌리는 경향을 보인다. 그들은 자신의 잠재력에 훨씬 못 미치는 성과를 내는 것에 대해 끊임없이 변명을 늘어놓고 TV, 술, 마약, 무의미한 사교 활동 같은 현실 도피 수단을 탐닉한다. 그들은 자신의 힘으로 삶을 크게 변화시킬 수 있다고 생각하지 않는다.

목표를 설정하면 무작위성의 손아귀에서 벗어나 통제의 법칙과 인과의 법칙에 자신을 완전히 맡길 수 있다. 목표를 설정하면 힘과 목적의식이 생기고 어디로 나아가야 할지 방향을 알 수 있다. 또한 자기 삶의 주인이 되고 자기 긍정감이 크게 높아지는 효과도 있다. 그렇기 때문에 목표 설정 기술을 성공의 왕도라고 부르는 것이다. 목표 설정 기술은 우리가 개발할 수 있는 모든 기술 중에서 전반적인 행복과 웰빙에 가장 중요하다.

책임의 법칙

성취를 끌어당기는 두 번째 법칙은 책임의 법칙(law of responsibility) 이다. 이 법칙에 따르면 우리는 현재 자신의 모습과 자신이 가진 모든 것은 물론이고 자신의 미래 모습과 앞으로 성취하는 모든 것에 대해 전적으로 책임이 있다. 개인적 책임이라는 개념은 오늘날 사회에서 주요 쟁점으로 부상했다. 책임에 대해서는 크게 두 학파로 갈린다. 한쪽은 사실상 어느 누구도 책임이 없고 개인에게 닥치는 모든 불행은 정부와 사회가 책임져야 한다고 믿는다. 다른 학파는 개인의 자유가 보장되는 사회에서 개인의 책임은 필수이며 개인은 자신이 하거나 하지 않은 일의 결과에 책임을 져야 한다고 주장한다.

책임은 선택의 문제가 아니라 의무이다. 특정 영역에서 자신이 받아들이는 책임의 수준보다 더 많이 진전할 수 없다. 아무도 당신을 대신해 책임을 질 수도 없거니와 책임을 지지도 않는다. 신기하게도 당신이 더 많은 책임을 질수록 당신을 도우려는 사람이 많아진다. 반대로 당신이 책임을 회피할수록 당신과 어떤 식으로든 관계를 맺으려는 사람이 줄어든다.

책임의 법칙에서 첫 번째 원리는 언제나 자신의 생각과 행동을 자유롭게 선택할 수 있으므로 현재 어디에 있고 어떤 사람인지는 자신의 지난 처신과 행동의 총합이라는 것이다. 우리는 완벽한 선택의 자유가 있으며 원하는 대로 행동하고 말할 수 있기에 자신이 하는 일이나 하지 않는 일에 대한 완전한 책임을 피할 수 없다.

또한 이 법칙은 자신의 의식적 마음에 존재하는 것과 자신의 지배적인 생각을 완전하고 전적으로 통제하는 데서 책임이 시작한다고 규정한다. 앞서도 말했지만 생각이 현실을 결정한다. 오직 자신만이 자신의 생각을 통제할 수 있다. 따라서 자신의 생각을 통제하고 더 나아가 자신이 원하는 생각을 계속하고, 원하지 않는 생각을 떨쳐버리는 일이 자기완성, 자기 통제, 자기 책임의 출발점이다.

책임의 법칙에서 세 번째 원리는 단순하다. 아무도 당신을 구하러 달려오지 않는다는 점이다. 당신이 구해져야 할 상황이라면 이는 당신의 몫이다. 삶에서 나아지는 것이 있다면 오직 당신이 나아지기 때문이다. 변화하는 것이 있다면 오직 당신이 변하기 때문이다. 상황이 개선된다면 당신이 개선되기 때문이다.

자신의 현재 모습과 미래의 자신의 모습에 대한 완전한 책임을 받아들이는 사람에게는 많은 일이 기다린다. 무엇보다 엄청난 통제감과 자유가 생긴다. 둘째로는 자신을 긍정적으로 생각하고 자신에 대해 만족할 수 있게 된다. 또한 실질적인 성취로 가는 고속도로를 질주하기 시작한다. 마지막으로 잠재력의 가속 페달을 밟아 중요한 일을 성취하기 위해 더 빠르게 움직일 수 있다.

꿈의 목록을 작성하라

완전한 개인적 책임은 자신의 삶에서 원하는 바를 정확히 결정할 필요가 있다는 개념으로 이어진다. 이를 쉽게 훈련할 수 있는 방법이 있다. 먼저 꿈의 목록을 작성하라. 이는 자신의 잠재력에 한계가 없다는 듯 갖고 싶거나, 되고 싶거나, 하고 싶은 모든 것을 적은 목록이다. 자신의 능력이나 지적 수준에 한계가 없다고 상상하라. 자원이나 인맥이 무한하다고 상상하라. 지능이나 기술에 제한이 없다고 상상하라. 시간이나 돈 같은 제약 요소를 무한히 사용할 수 있다고 상상하라.

자유롭게 상상의 나래를 펴면서 앞으로 1년이나 5년, 혹은 10년 안에, 더 긴 기간 동안 이루고 싶은 모든 것을 적어보라. 여기에는 자기 제한적인 믿음과 두려움, 의심이 끼어들어 그 훈련을 방해하지 않도록 만드는 일이 중요하다. 성과가 낮은 사람은 무언가가 불가능한 이유부터 찾는 것이 인지상정이다. 하지만 그러한 한계를 고려하기 전 자신이 원하는 바를 명확하게 정의하는 일이 우선시되어야 한다. 꿈의 목록을 작성할 때 자신이 원하는 바를 5~10개 정도 생각해내는 사람도 있고, 200~300개를 떠올리는 사람도 있을 것이다.

내 친구 중 크게 성공한 부동산 중개인이 있는데 그의 성공은 자신이 원하는 모든 것을 적는 데서 시작했다. 시간이 지나면서 목표가 계속 늘어나 여러 페이지 속에는 크고 작은 수백 개의 목표가 가득했다. 그 결과 친구는 누구나 부러워할 만큼 눈에 띄는 성공을 이루었고 그야말로 떼돈도 벌었으며 그 돈을 밑천으로 자신이 적은 목표 대부분을 이룰 수 있었다.

목표는 성취의 용광로에 연료를 공급한다. 이는 동기가 부여되려면 동기가 있어야 한다는 동기부여의 법칙으로 거슬러 올라간다. 동기부여의 85퍼센트는 특정한 활동이나 행동을 해서 달성하고 싶은 목표나 예상되는 결과에서 나온다. 자신이 무엇을 원하는지 더 명확히 알고 더 많은 것을 원할수록 그것을 얻고자 더욱 동기가 부여되고 더 열심히 노력할 것이다.

목표는 성취의 용광로에 연료를 공급한다

가능한 목표 모두 적은 다음에는 우선순위를 정하라. 목록의 각 목표 옆에 A, B, C로 우선순위를 적어라. 가장 중요한 목표, 즉 삶에서 가장 큰 변화를 일으킬 수 있고 가장 간절히 원하는 목표 옆에는 A, 원하지만 A 목표보다 중요하지 않은 항목 옆에는 B라고 적어라. 그리고 남은 목표, 즉 성취하면 좋지만 크게 신경 쓰지 않는 목표 각각에는 C라고 써라.

이제는 A 목표를 별도의 종이에 옮겨 적고 이 목표들을 중요도에 따라 정리하라. 가장 중요한 목표 옆에는 A1, 두 번째로 중요한 목표 옆에는 A2, 그다음으로 중요한 목표 옆에는 A3 이런 식으로 중요도 순위를 매겨라. A1 목표는 당신의 명확한 주요 목표가 되어야 한다. 인생에서 가장 중요한 단 하나의 목표여야 한다는 말이다.

성공하는 사람들은 삶의 중요한 각 영역에서 이루고 싶은 목표에 더해 포괄적인 목표도 하나 있다. 그것이 바로 가장 중요한 단일 목표이며 그들은 이를 달성하기 위해 매 순간 노력한다.

이뿐만 아니라 목표를 또 다른 기준에 따라 세 가지 범주로 나누는 것도 추천한다. 첫 번째 범주는 개인적 목표와 가족 목표이다. 이러한 목표는 당신이 지금의 일을 하고 있는 이유이다. 지금 이 순간 원하는 목표를 달성하기 위해, 노력하는 유형의 목표를 원하는 근본적인 이유를 명확히 하는 일은 매우 중요하다. 많은 사람은 물질적인 것을 얻는 데 매몰되어 자신이 왜 그 일을 하는지 완전히 잊어버린다.

두 번째 범주는 직업상의 목표와 물질적인 목표이다. 이 범주가 바로 목표 목록에 포함되는 목표, 다른 말로 무엇이다. 다시 말해 이유를 충족시키기 위해, 즉 첫 번째 범주의 목표를 달성하기 위해 해야 하는 일들이다. 이런 종류의 목표에는 직업적 성취, 금융 소득, 판매량, 수익 등이 포함된다.

세 번째 범주는 개발 목표로 구성된다. 이러한 목표는 '어떻게'에 해당되는 목표들이다. 즉, 물질적인 목표를 달성하기 위해 반드시 해야 하거나 잘해야 하는 것을 가리킨다. 물질적인 목표를 이루면 자연히 개인적인 목표를 달성할 수 있게 된다. 결과적으로 말해 삶이 균형을 이루고 최고의 성과를 내기 위해서는 이러한 영역 각각에서 일련의 목표가 있어야 한다는 의미이다.

계획 수립 단계

다음 단계는 계획 수립이다. 새 종이의 맨 위에 A1 목표를 적되 이미 이루어진 것처럼 현재 시제를 사용하라. "나는 매년 20만 달러를 번다"라고 적는 식이다.

지금부터는 스무 가지 아이디어 기법을 사용해야 한다. 당신이 할
수 있으면서도 목표 달성에 도움이 될 만한 스무 가지 일을 적어라.
다음의 예시처럼 머릿속에 떠오르는 모든 것을 적어보자. "나는 내가
일하는 분야에서 더 열심히, 더 현명하게 일해 생산성과 수입을 끌어
올릴 수 있다." "나는 동일한 시간을 일하고도 내 일의 가치가 더 높아
지도록 기술을 향상시킬 수 있다." 완전히 다른 내용을 적어도 된다.
"나는 지금의 경력이나 회사와는 아예 다른 회사나 업종에서 새롭게
시작할 수 있다."

어떤 경우든 목표를 달성하는 데 도움이 될 활동을 최소 스무 가지
적어야 한다. 나머지 A 목표 모두에 대해서도 똑같이 하라. 이렇게 하
면 A 목표 각각에 대해 당신이 할 수 있는 스무 가지 이상의 활동이
포함된 세부 목록이 만들어진다.

이제는 A1 목표를 달성하기 위한 스무 가지 활동을 시급성과 우선
순위에 따라 정리할 차례이다. 가장 먼저 할 수 있거나 해야 하는 일
은 무엇인가? 가장 중요하면서도 그 목표를 달성하는 데 가장 큰 영
향을 미칠 활동은 어떤 것인가? 스무 가지 활동 각각에 시급성과 우
선순위를 고려해 A, B, C 중 하나를 적고, 그런 다음 A1, A2, A3,
B1, B2, B3 이런 식으로 숫자를 덧붙여라. 이렇게 꼬리표 달기까지
끝나면 A1 목록은 정리가 마무리된다.

이렇게 해서 마침내 두 가지 목록이 만들어졌다. 우선순위에 따라
정리한 가장 중요한 목표 목록과 그 목표를 달성하기 위해 반드시 해

야 하는 활동들을 역시 우선순위에 따라 정리한 목록이다. 마지막 단계는 주요 목표와 주요 활동 모두를 하나의 계획으로 통합하고 그 계획을 중심으로 일상생활을 조직하는 것이다. 이 계획을 정기적으로 검토하라. 가장 중요한 목표 중 하나를 달성하기 위해 매일 무언가를 하겠다고 다짐하라. 이는 추진력을 만들어 유지하는 데 도움이 된다.

지금까지 소개한 꿈의 목록 기법을 실행하면 가장 크고 가장 도전적인 목표에서조차 스스로 놀랄 정도로 빠르게 진전을 이룰 것이다.

보상의 법칙

성취로 이어지는 세 번째 법칙은 보상의 법칙(law of compensation)이다. 자신이 하는 일에 늘 완전한 보상을 받는다는 이 법칙은 종종 상호성의 법칙으로도 불린다. 사람들은 우리가 그들에게 혹은 그들을 위해 하는 것과 같은 종류를 반드시 되돌려준다는 것이 상호성의 법칙의 핵심이다.

위대한 연설가이자 동기부여 전문가인 내 친구 지그 지글러(Zig Ziglar)는 이른바 지글러의 법칙을 만들었는데 이는 보상의 법칙에 따른 필연적 결과이다. 지글러의 법칙은 사람들이 원하는 것을 가질 수 있도록 충분히 도와주기만 해도 우리는 삶에서 원하는 무엇이든 가질 수 있다고 말한다.

보상의 법칙은 인과의 법칙 또는 성경에서 "사람이 무엇으로 심든지 그대로 거두리라(갈라디아서 6장 7절)"고 말하는 파종과 수확 법칙의 하위 법칙이다. 보상의 법칙에 따르면 우리는 자신이 투입하는 것을 산출한다. 누구도 그 씨앗을 먼저 심지 않으면 수확할 수 없다.

사실 우리가 오늘 거두는 것들은 과거에 우리가 무엇을 심었는지 알려준다. 미래에 무언가를 더 많이 수확하고 싶다면 지금 더 많이 혹은 다르거나 더 나은 무언가를 심어야 한다. 이는 온전히 자신에게 달려 있다.

랠프 월도 에머슨은 인류 역사상 영어로 쓴 최고 걸작 중 하나인 위대한 에세이 〈보상(Compensation)〉에서 아무것도 얻지 못한 상태로 더 오래 노력할수록 마침내 때가 되면 더 큰 이득을 얻는다고 말한다. 미국의 3인조 포크송 그룹 킹스턴 트리오(Kingston Trio)가 1960년대에 발표한 어떤 노래에 이런 가사가 있다. "당신은 펌프에 마중물을 부어야 하죠. 반드시 신념과 믿음을 가져야 해요. 자신을 먼저 아낌없이 내주어야 받을 자격이 생겨요(〈사막의 피트(Desert Pete)〉라는 노래의 가사이다.-옮긴이)." 이 원리는 인류 역사 전체를 관통하고 사실상 깨지지 않는 불변의 진리이다.

봉사의 법칙

이는 네 번째 성취의 법칙인 봉사의 법칙(law of service)으로 이어진다. 이는 삶에서 얻는 보상은 항상 자신이 사람들에게 베푸는 봉사의 가치에 정비례한다는 법칙이다. 봉사의 법칙은 세 부분으로 이루어진다. 첫째, 모든 부는 자신의 봉사를 파는 일에서 시작한다. 둘째, 더크게 보상받고 싶다면 자신이 제공하는 봉사의 질과 양을 늘려야 한다. 셋째, 모두가 봉사로 돈을 번다.

톰 피터스는 저서 《초우량 기업의 조건》에서 "선도 기업의 최고위관리자는 너나없이 고객 서비스에 집착하는 것처럼 보인다"고 말한다. 가장 성공한 사람들은 고객과 고용주를 포함해 자신에게 의존하는 사람들을 섬기는 일에 자신의 모든 것을 쏟을 수 있다.

보상의 법칙과 봉사의 법칙을 함께 사용하는 사람은 정말로 원하는무엇이든 얻을 수 있는 열쇠를 손에 쥐는 셈이다. 그들은 정확히 자신이 투입하는 결과를 얻게 되는데 자신이 투입하는 것을 스스로 완벽히 통제할 수 있으니 정말 멋진 일이다. 고객, 윗사람, 아랫사람, 우리의 제품과 서비스를 구매하거나 사용하는 사람들에게 봉사하는 일에완벽하게 헌신할 때 우리는 커다란 의미와 깊은 목적의식을 느낀다. 이러한 헌신을 통해 우리는 자신이 실제로 세상에서 차이를 만든다는기분을 느낄 수 있다.

앨런 콕스(Alan Cox; 미국의 작가이자 비즈니스 컨설턴트이다. ―옮긴이)는저서 《성취자의 탄생(The Making of an Achiever)》에서 어느 기업에서든 자신의 직무와 고객을 섬기는 일, 이 두 가지에 헌신할 수 있는 사람이 가장 성공한다고 말한다. 고객을 행복하게 해주고 누구보다 그들을 잘 섬기는 일에 전심전력을 다하는 사람은 직업적 경력과 경제적인 삶 모두가 탄탄한 고속도로를 질주하게 된다.

정신적·감정적 웰빙을 달성하는 비결 하나는 자신이 잠재력을 완벽하게 발휘하고 있음을 아는 일이다. 누구나 자신의 능력을 최대한 활용하고 있으며 자신의 일에 온 마음을 쏟고 있다고 생각할 필요가 있다.

적용된 노력의 법칙

성취로 이끄는 다섯 번째 법칙은 적용된 노력의 법칙(law of applied effort)이다. 쉽게 말해 땀 흘린 노력은 배신하지 않는다는 말이다. 상사의 눈에 들고 싶은가? 그렇다면 열심히 일하는 사람이라는 평판을 쌓아라. 이보다 더 빨리 상사의 관심을 끌 방법은 없다. 당신을 도와주고 당신의 경력에 날개를 달아줄 힘이 있는 사람은 누구보다 더 열심히, 더 오래 일하려는 당신의 의지에 깊은 인상을 받기 마련이다. 토머스 스탠리(Thomas Stanley; 미국의 작가이자 강연자로 수십 년간 부에 대해 연구한 부자학의 권위자이다. – 옮긴이)가 미국 부유층을 연구하면서 인터뷰했던 자수성가한 백만장자들은 거의 모두가 열심히 일한 것이 자신의 일등 성공 비결이라고 입을 모았다.

미국인들은 생존을 위해 주당 40시간씩 일한다. 매주 40시간만 채우면 일단 먹고사는 걱정은 하지 않아도 된다. 문제는 물속을 걷듯이 제자리를 맴돌 뿐 멀리 앞서나가지 못하고 자신의 잠재력에 걸맞는 성공도 절대 이루지 못한다는 점이다. 그렇다면 어떻게 해야 할까?

일에서든 자신에 대해서든 40시간 외에 시간을 더 내어 지식과 기술을 늘려야 한다. 이런 시간은 일분일초까지도 자신의 성공을 위한 투자이다. 매주 40시간보다 얼마나 더 일하는지 계산하는 것만으로도 3~5년 안에 자신이 어디에서 일할지 답이 나온다.

미국에서 기업의 임원과 소상공인의 주당 평균 근로 시간은 대략 58~59시간이다. 더욱이 성공하는 많은 사람은 경력의 토대를 닦는 중대한 시기에 매주 70시간, 심지어 80시간까지 일한다.

이뿐만 아니라 커다란 성공의 이면에는 오로지 명확히 정의된 목적을 향해 열심히 노력한 무수한 시간이 있었다. 이는 예외가 없다. 그러니 자신에게 수시로 물어라. "나는 무엇을 하려고 하는가?" "나는 그것을 어떻게 하려고 하는가?" 그저 열심히 또는 오랜 시간 일하는 것만으로는 충분하지 않다. 의미 있고 중요한 목표를 달성하기 위해 커다란 부가 가치를 창출할 수 있는 일과 활동에 시간과 노력을 투자해야 한다.

이 법칙의 두 번째 원리는 더 열심히 일할수록 더 많은 운이 따라온다는 점이다. 열심히 일할 수 있는 능력은 기회의 홍해가 갈라지는 기적을 일으키고 당신이 상상도 할 수 없었던 온갖 종류의 사람과 자원이 당신을 돕게 만든다.

적용된 노력의 법칙 중 마지막으로 알아야 할 점은 평균보다 더 많이 성취하려면 평균보다 더 오래, 더 열심히 일해야 한다는 것이다. 다시 말해 삶에 더 많이 투입해야만 삶에서 더 많이 얻을 수 있고, 더 많이 투입할수록 더 많이 얻을 것이다. 즉, 인과의 법칙이 절대적이다. 자신이 뿌린 대로 거두는 것은 불변의 진리이며, 더 많이 뿌릴수록 더 많이 거두는 것이 세상 이치이다.

보상 이상의 법칙

여섯 번째 성취의 법칙은 보상 이상의 법칙(law of overcompensation)이다. 적용된 노력의 법칙과 짝을 이루는 이 법칙은 직무가 쉽게 말해 요구하는 것보다 더 많이 일할 수 있는 기회를 계속 찾아야 한다는 법칙이다. 20세기 초 가장 권위 있는 성공 연구가로 일컬어지는 나폴레온 힐(Napoleon Hill)은 미국에서 크게 성공할 수 있는 핵심 비결 중 하나가 '1마일을 더 가려는(go the extra mile) 의지'라고 결론 내렸다. 필요한 것보다 혹은 사람들의 기대보다 더 열심히 일하려는 의지 말이다. 이렇게 보면 당신의 미래 잠재력은 무한하다. 자신의 일에 더 큰 가치를 부가하기 위해 '1마일을 더 갈 수' 있는 방법에는 제약이 없기 때문이다.

크게 성공할 수 있는 핵심 비결 중 하나는
'1마일을 더 가려는' 의지이다

우리는 자신이 하는 모든 일에서 1마일을 더 갈 수 있다. 즉, 매일 모든 면에서 우리는 기대를 뛰어넘을 기회를 반드시 찾을 수 있다는 의미이다. 동기부여 연설가 얼 나이팅게일(Earl Nightingale)의 조언을 명심하자. 받는 것보다 항상 더 많이 투입해야 하며, 그렇게 하지 않으면 지금보다 더 많이 받을 수 없다. 더 많이 받을 수 있는 유일한 방법은 자신이 하는 일의 가치를 높이고 더 큰 결과를 내는 것이다. 보상 이상의 법칙을 다르게 표현하면 지금 하는 일보다 더 많은 일에서 보상을 받고 싶은 사람은 지금 보상받는 일보다 더 많이 일해야 한다는 것이다.

수십 년 전에 있었던 일이다. 플로리다의 한 대기업에서 비서로 일하던 젊은 여성이 내 세미나에서 나를 찾아와 자신의 이야기를 나에게 들려주었다. 그녀는 내 오디오 강의 중 하나를 들은 뒤에 월급 50퍼센트 인상을 목표로 정하게 되었다. 하지만 속으로는 회사의 급여 규정 때문에 자신의 목표가 진짜로 실현가능할 것이라고는 믿지 않았다. 그럼에도 자신이 상사에게 제공하는 업무의 가치를 높이기 위해 노력하기 시작했고, 자신이 하는 모든 일에 보상 이상의 법칙을 적용했다.

그녀는 새로운 일을 배웠고, 정해진 근무 시간보다 조금 일찍 출근해 조금 늦게 퇴근하기 시작했다. 그러자 상사가 1,500달러였던 그녀의 월급을 말도 없이 조금씩 올려주었고 채 반년도 지나지 않아 2,250달러에 이르렀다. 그녀가 한 번도 요구한 적이 없었는데도 말이다. 그녀로서는 더 열심히, 더 똑똑하게 일하고, 상사에게 필요한 일을 전하기 위해 더 잘할 수 있는 방법을 찾는 데 집중한 것이 전부였다. 상사는 그녀가 자신에게 얼마나 더 가치 있는 사람이 되었는지 알아보았고, 이에 그녀의 월급을 자발적으로 인상했다. 그녀는 스물 다섯 살에 매달 1,500달러의 월급을 받았다. 하지만 적용된 노력의 법칙과 보상 이상의 법칙을 적용함으로써 불과 반년 만에 월급을 50 퍼센트나 끌어올렸다. 당신도 할 수 있다. 이 두 법칙을 매일 자신이 하는 일에 적용하는 것만으로도 충분하다.

준비의 법칙

일곱 번째 성취의 법칙은 완벽한 성과에는 고통스러운 준비 과정이 선행된다는 준비의 법칙(law of preparation)이다. 삶에 진지한 사람은, 즉 어떤 분야에서든 진정한 프로는 보통 사람보다 더 많은 시간을 들여 철저히 준비한다. 삶을 진지하게 생각하지 않는, 다른 말로 아마추어 같은 사람은 매사 허세를 부리거나 즉흥적으로 행동하기 마련이다. 그들은 최소한의 준비만으로 어떻게든 버티고자 하지만, 그들이 미처 모르는 것이 있다. 그들이 얼마나 준비되었는지는 단박에 모든 주변 사람이 훤히 알아본다는 사실이다.

내 삶을 형성하는 데 지대한 영향을 끼친 명언이 있다. 에이브러햄 링컨(Abraham Lincoln)이 남긴 말이다. "나는 계속 공부하고 준비할 것이다. 언젠가 나에게도 기회가 올 테니까." 위대한 모든 사람이 그렇듯이 링컨도 고생스러운 철저한 준비야말로 미래를 여는 열쇠라는 사실을 이해했다.

준비의 법칙에서 가장 먼저 알아야 할 점은 자신의 숙제를 해야 한다는 사실이다. 당신은 매번 세부 사항에 발목을 잡힐 것이다. 내 친구 조엘 웰던(Joel Weldon; 미국의 연설가로 명예의 전당에 이름을 올린 대중 연설 전문 코치이다. - 옮긴이)이 1980년대 초반에 "코끼리는 물지 않는다(elephants don't bite)"는 제목의 멋진 연설을 했다. 이 연설의 핵심은 삶의 모기, 즉 무시하기 쉬운 사소한 것들이 가장 성가신 문제를 일으킨다는 것이었다. 동서고금을 통틀어 코끼리에 물린 사람은 없고 우리는 늘 모기에 물린다. 웰던의 메시지는 자신의 분야에서 정상에 오르고 싶은 사람은 작은 것에 세심한 주의를 기울여야 한다고 말한다. 어떤 목사의 말마따나 "신은 세부 사항에 있기" 때문이다.

준비의 법칙이 들려주는 두 번째 조언은 경영학의 대부 피터 드러커(Peter Drucker)의 발언에서 나온다. 드러커는 "생각하지 않고 행동하는 것이 모든 실패의 원인"이라고 말했다. 잠재적인 결과의 세부 내용을 찬찬히 따져보지 않고 무작정 행동하는 것이 대부분의 실패를 야기하는 원인처럼 보인다. 반대로 생각하고 계획한 뒤에 하는 행동이 사실상 모든 성공의 어머니이다. 오해하지 마시길. 이 말은 미리 철저하게 계획하면 무조건 성공한다는 뜻이 아니다. 계획을 세우지 않으면 실패가 예정된 것이나 다름없다는 뜻이다.

이 법칙의 마지막 조언은 할 가치가 없는 일은 잘할 가치도 없다는 것이다. 세부 사항이 중요한 것임에는 틀림없지만 세부 사항에 시간과 자원을 너무 많이 투입하기 전에 각 세부 사항의 가치와 중요성을 충분히 따져볼 필요가 있다.

강요된 효율성의 법칙

성취를 보장하는 여덟 번째 법칙은 강요된 효율성의 법칙(law of forced efficiency)이다. 이는 제한된 시간 안에 해야 하는 일이 많을수록 가장 중요한 일에 더 많은 시간을 쓸 수밖에 없다는 법칙이다. 달리 말해 모든 일을 다 할 수 있을 만큼의 시간이 충분히 주어질 경우는 결코 생기지 않지만 중요한 일을 할 시간 정도는 언제나 충분하다. 일이 많을수록 자신의 성공에 가장 중요한 과제에 한정된 정신적, 신체적 에너지를 쓸 수 있는 방식으로 자신의 활동을 평가해야 할 가능성이 높아진다.

강요된 효율성의 법칙은 두 가지 원리로 이루어진다. 첫째, 해야 하는 모든 일을 다 마칠 시간은 결코 충분하지 않다. 더 바빠지고 더 성공할수록 이 원리는 더 명백해진다. 일을 할 시간이 많다는 것은 능력 이하의 일을 하고, 충분한 급여를 받지 못하고, 좌절과 실망으로 이어지는 경력의 비포장 도로를 가고 있다는 뜻이다.

자신이 얼마나 많이 일할 수 있는지 알고 싶다면 방법은 하나뿐이다. 아주 많이 일하려고 노력하라. 마찬가지로 자신이 얼마나 멀리 갈 수 있는지 알 수 있는 방법도 아주 멀리 가는 방법 외에는 없다. 자신이 감당할 수 있는 것보다 더 많은 일을 하면 자신이 얼마나 많은 일을 할 수 있는지도 알게 된다.

이 법칙의 두 번째 원리는 개인의 효율성과 시간 관리 차원에서 핵심이 된다. "지금 당장 내 시간을 가장 가치 있게 쓰는 일은 무엇일까?"라고 끊임없이 자문하라. 늘 정상 궤도를 유지하고 자신의 가장 중요한 책임에 집중할 수 있도록 매시간, 매분 스스로에게 물어라. "지금 당장 내 시간을 가장 가치 있게 쓰는 일은 무엇일까?"

의사 결정의 법칙

성취로 나아가는 아홉 번째 법칙은 의사 결정의 법칙(law of decision)이다. 이는 삶에서 크게 도약할 때마다 행동으로 이어지는 명확한 의사 결정이 선행된다는 법칙이다. 높은 성취를 이루는 사람은 결단력 있게 생각하고 행동하는 경향이 있다. 그들은 매사 신중하게 생각하고, 무엇을 원하는지 정확히 식별하고, 명확하게 의사 결정을 하고, 그러한 결정을 현실로 만들기 위해 행동한다.

무엇을 해야 하는지 확신이 없는 상황에서 어떻게든 명확하게 결정을 내려 어려움을 해결했던 경험이 누구나 몇 번은 있기 마련이다. 되돌아보면 그것이 삶의 전환점이었고 다른 모든 것이 그 결정에서 비롯했음을 알게 된다.

좋은 의사 결정을 할 수 있는 능력은 성공한 사람들의 가장 중요한 사고 기술 중 하나이다. 어느 연구가들이 고속 승진한 관리자들과 승진에서 누락된 관리자들의 경력을 비교했다. 이 연구 결과에 따르면 두 집단이 뚜렷하게 달랐던 행동 하나가 승진이 빨랐던 관리자들이 업무에서 더 결단력 있게 행동한다는 점이었다. 가상 문제로 진행한 서면 테스트에서 두 관리자 집단 모두가 정확한 답을 내놓았다. 문제는 그다음이었다. 더 성공한 관리자들은 그러한 대답을 직무상의 의사 결정에 반영하려는 의지를 보였지만, 그렇지 못한 관리자들은 실수를 겁내며 행동하길 두려워했다. 결단력 있는 행동이야말로 우리가 상황을 통제하고 더 빨리 앞으로 나가게 해주는 결정적인 요인일 수도 있다.

높은 성취를 이루는 사람이라고 해서 매번 옳은 결정을 하는 것은 아니다. 하지만 그들은 의사 결정을 올바르게 한다. 그들은 피드백을 수용하고 스스로를 수정할 줄 안다. 그들은 새로운 정보를 받아들이고 필요하면 변할 줄도 안다. 그렇지만 그들은 언제나 결단력 있고, 언제나 전진하며, 결단코 우유부단하거나 갈팡질팡하지 않는다.

의사 결정의 법칙에서 첫 번째 원리는 대담하게 행동할 때 보이지 않는 힘이 나타나 도와준다는 것이다. 상황을 정확히 판단해서 용기 있게 앞으로 나아갈 때, 보이지 않는 일련의 힘(대부분은 이 책에서 소개하는 법칙들로 설명된다)이 나타나서 우리가 목표를 이루도록 도와주는 것 같다. 지연하거나 미루는 것이 아니라 행동하려는 의지가 우주를 움직이는 힘들이 우리를 도와주게 만드는 것처럼 보인다.

두 번째 원리는 도러시아 브랜디(Dorothea Brande)의 멋진 저서에서 빌렸다. 브랜디는 《깨어나 네 삶을 펼쳐라》에서 단순한 성공 공식 하나가 자신의 삶은 물론이고 자신을 통해 그 공식을 알게 된 수천 명의 삶까지 바꾸었다고 말한다. 실패할 수 없을 것처럼 행동하면 실패하지 않을 것이다. 행동을 취하고 브랜디의 공식을 따르는 것만으로 성공이 보장될 것이라 생각하라. 그러면 우주에 존재하는 모든 힘이 당신을 도와주고, 당신이 바라는 것으로 당신을 이끈다. 의심스러울 때는 실패가 불가능한 것처럼 행동하고 앞으로 나아가라.

의사 결정의 법칙과 관련해 마지막으로 하고 싶은 말은 나이키의 유명한 광고 슬로건으로 대신한다. "그냥 해봐(Just do it)" 이 세 단어가 위대한 성공 공식 중 하나를 완벽히 요약한다. 그냥 해봐, 결단력을 가져, 되든 안 되든 해보는 거야, 모험을 해봐. 대담하게 행동하면 보이지 않는 힘이 도와줄 것이다.

창의성의 법칙

성취를 이루는 열 번째 법칙은 창의성의 법칙(law of creativity)이다. 이는 인류의 모든 진보가 한 사람의 마음속 아이디어에서부터 시작한다는 뜻이다. 당신의 아이디어가 당신이 문제를 해결하고 장애물을 극복하고 목표를 달성하도록 해준다. 아이디어가 미래를 여는 열쇠이다. 이제까지와 다른 새로운 무언가를 생각하고 행동하지 않으면서 주목할 만한 무언가를 성취하는 일은 거의 불가능하다. 작은 혁신 하나만 있다면 부와 위대한 성공의 토대를 쌓을 수 있다.

이 법칙에서는 네 가지를 알아야 한다. 첫째, 건설적인 아이디어를 생각해내는 능력은 사실상 한계가 없다. 이렇게 보면 우리 모두의 미래 잠재력도 무한하다. 아이디어는 말하자면 이동 수단이다. 현재 있는 곳에서 자신이 원하는 어디든 데려다줄 수 있는 수단 말이다. 우리는 그저 최대한 아이디어를 많이 생산해 현재 목표를 감안해 신중하게 평가하고 그런 다음 아이디어를 행동으로 옮기면 그만이다. 생각의 힘, 창의적 집중의 힘, 아이디어의 힘, 이 세 가지 힘으로 극복할 수 없는 삶의 장애물은 없다고 해도 틀리지 않다.

이 법칙에서 두 번째 원리는 나폴레온 힐의 유명한 발언에서 비롯한다. "마음으로 상상하고 믿을 수 있는 것은 무엇이든 성취할 수 있다." 인간의 마음이란 자신이 현실로 만들어낼 수 없는 아이디어는 어떤 것도 가질 수 없는 구조로 이루어져 있다. 이를 뒤집어보면 의식적인 마음에 아이디어가 있다는 사실은 그것을 실현할 수 있는 능력이 자신의 내면과 주변에 존재한다는 뜻이다. 따라서 자신에게 딱 하나만 물으면 된다. "나는 얼마나 간절히 원하는가?"

마음으로 상상하고 믿을 수 있는 것은 무엇이든 성취할 수 있다

창의성의 법칙의 세 번째 원리는 나폴레옹 보나파르트(Napoleon Bonaparte)의 발언에 토대를 둔다. 상상력이 세계를 지배한다. 우리가 주변에서 보는 모든 것은 제일 처음 한 사람의 마음속, 하나의 아이디어로 존재했던 결과물이다. 우리 세상 전체가 현실로 구현된 생각에서 시작했다.

이 법칙의 마지막 원리는 상상력이 사실보다 더 중요하다는 알베르트 아인슈타인(Albert Einstein)의 발언에 토대를 둔다. 삶의 무수한 상

황에서 사실은 한 가지를 알려주었지만 당신은 아이디어와 창의적인 에너지를 가졌기에 사실과는 전혀 다른 무언가를 할 수 있었다. 나중에 돌아보면 사실상 인생의 중요한 모든 전환점마다 그 순간 당신에게 아이디어가 존재했었다는 사실을 알 수 있을 것이다. 인간의 삶과 운명에서 일어나는 커다란 모든 변화는 당신이 상황을 다르게 생각하고 평소라면 하지 않았을 행동을 하게 만드는 아이디어에서 시작한다. 지금 어떤 상황에 처해 있고, 어디에서 무엇을 하고 있든 당신은 아이디어를 생산하고, 어떤 문제도 해결하며, 어떤 목적도 이룰 수 있는 창의력이 있다. 모든 것은 당신에게 달려 있다.

유연성의 법칙

열한 번째 성취의 법칙은 유연성의 법칙(law of flexibility)이다. 이는 목표를 명확히 알면서도 그것을 이루는 과정에서는 유연할 때 성공 가능성이 가장 높다는 법칙이다. 유연성은 오늘날의 경쟁 사회에서 성공하기 위해 필요한 가장 중요한 단일 자질이라고 해도 과언이 아니다.

명확한 목표를 세우고 계획을 수립한다면 대개의 경우 자신이 원하는 것을 갖기 위해 무엇을 해야 하는지 매우 정확히 알게 된다. 하지만 많은 것이 변할 수 있고, 따라서 각각의 변화를 반영해 계획을 수정해야만 할 것이다. 성취를 향해 나아가는 길은 피할 수 없는 무수한 변화의 벽돌로 포장되어 있고, 가장 낙관적이고 열정적인 사람은 이러한 변화에 직면할 때 열린 태도를 유지하고 유연성과 적응력을 발휘한다.

유연성의 법칙에는 네 가지 원리가 있다. 첫째, 저항과 좌절은 종종 자신이 잘못된 일을 하고 있다는 신호이다. 쳇바퀴 돌 듯이 진전도 없이 가망 없는 일에 헛수고한다는 기분이 들 때마다 물러나서 계획을 다시 검토하라. 지금 달성하기 위해 노력하는 목표를 여전히 원한다는 확신이 들면 차분하게 더 나은 계획을 수립하라.

여기서는 컴퓨터 프로그램 개발자의 사고방식이 유용하다. 그들은 개발 중인 프로그램이 완성되면 온갖 결함이 발생할 것이라는 사실을 잘 알고 있다. 이제까지 첫 시도에서 완벽하게 작동한 컴퓨터 프로그램은 없었다. 하지만 프로그램 개발자는 이를 엄연한 현실로 받아들이고 나중에 프로그램을 다시 검토해 결함을 제거한다. 이 과정까지 끝나야 비로소 프로그램은 완벽히 작동한다. 계획이 결실을 맺지 못할 것처럼 보일 때도 마찬가지이다. 일단 자신을 직시하고 계획을 재검토한 다음 다시 설계하라. 당신이 좌절하지 않고 앞으로 나아가도록 해주는 무결점의 완벽한 계획을 만들 때까지 이 과정을 계속하라.

유연성의 법칙에서 또 다른 원리는 우리가 준비된 선택지의 개수만큼 자유롭다는 사실이다. 자유와 행복은 첫 선택이 효과가 없을 경우를 대비해 마련한 대안의 개수에 크게 좌우된다. 대안을 더 철저하게 준비할수록 더 자유로울 수 있다. 행동 방침 하나가 기대한 대로 전개되지 않아도 다른 것으로 바꿀 수 있도록 완벽히 준비되어 있기 때문이다.

나는 의사 결정에 관한 수업에서 꼭 한 가지를 당부한다. 일단 결정을 하고 나면 "이 상황에서 좋은 결정은 또 어떤 것이 있을까?"라고 자문하라는 것이다. 대안을 만들다 보면 더 명확히 생각할 수 있을 뿐 아니라 이것 자체가 성취 수준에 커다란 영향을 미칠 수도 있다.

셋째, 유연성의 법칙에서는 위기란 변화가 일어나려는 징조라는 사실을 알아야 한다. 위기나 어려움에 직면할 때마다 뒤로 물러나 지금 여기서 어떤 변화가 일어나려고 하는지 자문하라. 일, 인간관계, 건강, 비즈니스 같은 삶의 측면에서 위기가 찾아올 수도 있다. 위기는 무언가 잘못되었으며 지금의 경로를 계속 추구하는 것은 현명하지 않다는 신호라고 보면 된다. 이제부터 위기가 닥치면 자신에게 물어보자. "지금 당장 내 삶에서 일어나려고 하는 변화는 무엇일까?"

유연성의 법칙 마지막 원리는 잘못된 가정이 모든 실패의 근원이라는 점이다. 실패의 원인을 거슬러 올라가 보면 십중팔구는 자신이 만든 실패였고 맹목적으로 받아들인 부정확한 가정이 있음을 알게 될 것이다. 가정을 명확히 하는 것은 언제나 유익하다. 상황이 원하는 만큼 순조롭지 않을 때는 특히 그렇다.

당신은 어떤 가정을 하고 있는가? 이는 다시 두 질문으로 나눌 수 있다. 당신이 분명하게 인식하고 있는 명시적 가정은 무엇인가? 아무 의심 없이 받아들이고 있을지 모르는 암묵적 가정은 무엇인가? 이제 한 단계 더 깊이 들어가 보자. 당신이 가장 중요하게 생각하는 가정이 틀렸다면 어떻게 될까? 이는 어떤 변화를 가리킬까? 사실이라고 가정하는 무언가가 사실이 아니라고 밝혀질 경우, 행동 방향을 수정하려면 얼마나 탄력적이고 유연해야 할까?

우리가 올바른 결정을 하고 계획한 대로 목표를 달성할 수 있는 이유는 사실로 확인된 가정을 토대로 행동하기 때문이다. 많은 사람은 자신이 제공하려는 제품이나 서비스를 위한 충분히 큰 시장이 있다고 가정하기 때문에 사업을 시작했다가 빈털터리가 된다. 또한 자신이 제공한다는 이유 하나만으로 고객들이 지금 사용하는 제품이나 서비스 대신 자신을 선택할 것이라 가정하기도 한다. 이뿐만 아니라 때로는 자신이 경쟁력 있는 가격에 팔고도 이익을 낼 수 있는 재능과 기술, 능력을 보유한다고 가정하기도 한다. 자신의 가정에 의문을 제기하고 현실에 비추어 시험하며 자신이 틀렸을 가능성을 받아들이려는 의지가 있어야 한다. 이런 태도가 결국 위대한 성취로 이끈다.

끈기의 법칙

성취로 가는 열차에 올라탈 수 있는 마지막 티켓은 끈기의 법칙(law of persistence)이다. 쉽게 말해 좌절과 실망에도 굴하지 않고 끈기 있게 계속할 수 있는 능력이 자신과 자신의 성공 능력에 대한 믿음을 보여주는 척도라는 말이다. 끈기는 성공의 철칙이며, 결국에는 당신의 가장 큰 자산이 될 수도 있다. 때로는 누구보다 더 오래 끈기를 갖고 계속할 수 있는 능력이 당신의 가장 강력한 무기가 된다.

이 법칙을 구성하는 첫 번째 요소는 끈기란 행동으로 표출된 자기 규율이라는 것이다. 불가피한 좌절과 실망 앞에서도 끈기 있게 버틸 때, 위대한 성공의 필수 자질인 자기 규율과 자기 통제력이 있다는 사실을 자신과 다른 사람들에게 증명할 수 있다.

이 법칙의 두 번째 요소는 윈스턴 처칠(Winston Churchill)의 발언에 잘 요약되어 있다. "절대 포기하지 마라. 절대로, 절대로 포기하지 마라." 처칠은 참담한 패배가 빤해 보이는 상황에서도 불도그 같은 집요함이 종종 패배를 승리로 바꾸는 결정적인 한 방이라는 것을 믿었다. 그리고 평생에 걸쳐 이를 직접 증명했다.

지금까지 성공과 성취를 이룰 수 있는 많은 법칙을 알아보았다. 이러한 법칙과 조화를 이루는 삶을 살고 확고한 의지와 끈기로 자신의 목표와 계획을 뒷받침할 때, 세상의 무엇도 당신을 막을 수 없다는 사실을 알게 될 것이다. 당신은 저항할 수 없는 자연의 힘이 될 것이며, 높은 성취 목표는 당신의 현실이 될 것이다.

성취로 이끄는 법칙

통제의 법칙. 자신의 삶을 통제한다고 느끼는 정도까지만 자신에 대해 긍정적인 감정을 가질 수 있다.

책임의 법칙. 우리는 현재 자신의 모습과 자신이 가진 모든 것은 물론이고 자신의 미래 모습과 앞으로 성취하는 모든 것에 대해 전적으로 책임이 있다.

보상의 법칙. 자신이 하는 일에 늘 완전한 보상을 받는다.

봉사의 법칙. 보상은 항상 자신이 사람들에게 베푸는 봉사의 가치에 정비례한다.

적용된 노력의 법칙. 땀 흘린 노력은 배신하지 않는다.

보상 이상의 법칙. 직무가 요구하는 것보다 더 많이 일할 수 있는 기회를 계속 찾아야 한다.

준비의 법칙. 완벽한 성과에는 고통스러운 준비 과정이 선행된다.

강요된 효율성의 법칙. 제한된 시간 안에 해야 하는 일이 많을수록 가장 중요한 일에 더 많은 시간을 쓸 수밖에 없다.

의사 결정의 법칙. 크게 도약할 때마다 행동으로 이어지는 명확한 의사 결정이 선행된다. 대담하게 행동하며 보이지 않는 힘이 도와줄 것이다.

창의성의 법칙. 인류의 모든 진보는 한 사람의 마음속 아이디어에서부터 시작한다.

유연성의 법칙. 목표를 명확히 알면서도 그것을 이루는 과정에서는 유연할 때 성공 가능성이 가장 높다.

끈기의 법칙. 좌절과 실망에도 굴하지 않고 끈기 있게 계속할 수 있는 능력이 자신과 자신의 성공 능력에 대한 믿음을 보여주는 척도이다.

3장

행복을
부르는
법칙

━━━━━ 그리스 철학자 아리스토텔레스(Aristotle)는 '개개인이 행복을 어떻게 정의하든 인류의 가장 보편적인 공통점은 행복하고 싶은 욕망'이라고 말했다. 저서 《니코마코스 윤리학》에서 아리스토텔레스는 철학의 주된 관심사가 "어떻게 사는 것이 행복한 삶인가?"라는 질문에 답하는 것이라고 정의했다.

사실상 우리의 모든 행동의 목표는 둘 중 하나이다. 어떻게든 행복해지거나, 자신을 불행하게 만드는 상황에서 멀어지는 것이다. 지그문트 프로이트(Sigmund Freud; 오스트리아의 심리학자로 정신분석학의 창시자이다. - 옮긴이)는 이것을 '쾌락 원리(pleasure principle)'라고 명명했다. 프로이트를 포함해 많은 심리학자에게 이는 인간 행동의 정신적인 측면과 심리적인 측면을 연구하는 기초가 되었다.

우리가 생각하거나, 말하거나, 행동하는 모든 것이 사실상 행복하기 위한 수단에 불과하다고 볼 수 있다. 지난 수백 년 동안 행복은 물론이고 더 행복해지는 방법과 불행을 피하는 방법까지 철저하게 연구가 이루어졌다.

3장에서는 행복을 추구하는 보편적인 과정에서 발견된 많은 법칙 중 일부를 알아볼 것이다. 이러한 법칙을 사용하면 삶의 거의 모든 측면에서 행복을 극적으로 끌어올릴 수 있다.

행복으로 가는 출발점은 자신에게 행복이 무엇인지를 먼저 명확히 정의하는 일이다. 처음부터 그 목표를 염두에 두어라. 목표에서 시작해 거꾸로 거슬러 하라. 이는 힘든 과정이지만 자신이 가장 행복하기 위해서는 정확히 어떤 요소들이 필요할지 결정해야 한다. 당신은 유일무이한 특별한 존재이다. 당신과 완벽히 똑같은 사람은 지금까지도 없었고, 앞으로도 없다. 당신의 취향, 가치관, 믿음, 욕망은 누구와도 다르게 조합되어 있다. 따라서 당신이 현재 정한 행복에 대한 정의는 과거에도 없고 현재에도 없다. 무엇이 당신을 행복하게 만드는지는 오직 당신만이 결정할 수 있다. 누구도 다른 사람에게 행복을 강요할 수 없다. 행복이라는 감정은 철저히 주관적이거나 개인적인 결정이기 때문이다.

저마다의 행복이 얼마나 다른지 생각할 때 나는 뷔페 식당이 떠오른다. 수십 가지 음식이 차려진 뷔페 식당에 가보았을 것이다. 사람들이 서로 얼마나 다른지 생생한 사례를 보고 싶다면 뷔페 식당에서 사람들이 접시에 담은 음식을 보면 된다. 두 사람이 정확히 똑같은 음식을, 같은 양으로 담을 수는 없다. 음식의 크기며 색깔은 당연하고 어떤 음식을 얼마씩 담았는지 사람마다 제각각 모두 다르다. 단순한 이 사례를 들어보아도 무엇이 자신을 행복하게 만드는지는 자신 말고 그 어느 누구도 결정할 수 없다는 사실을 명확히 보여준다. 이러한 선택은 자신이 삶에서 짊어져야만 하는 일차적인 책임이고 의무이자 필수이다.

행복에 대한 자신만의 정의를 찾는 데 도움이 되는 즐거운 훈련법이 있다. 종이에 "○○○ 한다면 더할 나위 없이 행복하다"라고 적은 다음 최대한 많은 아이디어를 생각해내서 빈칸을 채워 문장을 완성하라. 가령 "필요한 만큼 돈이 있다면, 아픈 곳 없이 건강하다면, 내게 중요한 의미를 가지는 모든 사람이 나를 사랑하고 존중하고 존경한다면, 사계절 날씨가 쾌청한 곳에서 산다면, 누구나 부러워할 만한 직장이 있다면, 나는 더할 나위 없이 행복할 것이다"라는 식이다. 대답이 세부적일수록 그리고 각 대답이 정확히 무엇을 의미하는지 명확하게 정의할수록, 다른 사람들보다 훨씬 행복하게 살 수 있는 방식으로 삶을 정돈하기가 더 쉬워진다.

행복과 관련해 가장 황당한 역설은 모두가 더 행복해지고 싶으면서도 자신에게 행복이 정말 어떠한 의미인지를 숙고해서 결정하는 사람이 극히 소수라는 점일 것이다. 아마도 대다수 사람이 자신의 삶에 만족하지 못하는 이유가 바로 여기에 있을 것이다. 다행히 이 악순환을 끊을 방법은 있다. 당신이 이미 완벽하게 행복한 사람이라고 생각한다면 자신의 삶의 각 영역이 정확히 어떤 모습일지 명확히 정의하면 된다.

매슬로의 욕구 단계 이론

인간의 모든 행동은 종류를 막론하고 불만에서 동기가 부여된다. 완벽하게 만족하는 사람은 무언가를 하고 싶다거나 바꾸고 싶다는 충동이나 욕망이 전혀 없을 것이다. 여기에서 더 행복해지는 비결 하나를 유추해볼 수 있다. 더 행복해지고 싶다면 가장 먼저 불만으로 이어지는 욕구 중 일부를 평가하라.

인간의 모든 행동은 종류를 막론하고 불만에서 동기가 부여된다

이 분야에서 가장 유명한 연구는 미국 심리학자 에이브러햄 매슬로(Abraham Maslow)의 '욕구 단계(hierarchy of needs) 이론'일 것이다. 매슬로는 누구나 가장 낮은 단계에서 가장 높은 단계로 올라가는 일련의 욕구가 있고 이러한 욕구를 충족하기 위해 끊임없이 행동한다고 주장했다.

매슬로의 설명에 따르면 우리는 하위 욕구가 충족될 때까지는 상위 욕구에 대해 생각하거나 주의를 기울일 수 없다. 또한 매슬로는 일단 충족된 욕구는 더 이상 동기를 부여하지 않는다고 명백히 했다. 원하는 것을 충분히 가지고 나면 그것을 가지려는 동기나 의욕이 사라진다. 대신에 여전히 욕구를 느끼는 무언가를 획득하는 쪽으로 동기부여가 바뀐다.

매슬로가 처음에 주장한 이론에는 욕구가 다섯 단계였다. 이후 연

구를 통해 그는 상위 욕구 두 개를 추가했다. 그가 말한 가장 낮은 단계의 욕구는 반드시 충족해야 하는 것으로 생존(survival)의 욕구이다. 우리는 생존의 욕구가 충족할 때까지, 즉 삶의 기본 요소인 의, 식, 주가 걱정되지 않을 때까지 상위 욕구에 대해서는 신경이 쓰이지 않는다. 또한 매슬로는 일단 음식 같은 하위 욕구가 충족된 다음에도 우발적인 사건이나 상황 등으로 박탈당하게 되면 그 욕구를 다시 채울 때까지 상위 욕구를 충족하려는 노력을 중단하게 된다고 설명했다.

생존이 보장된 사람은 비로소 다음 단계의 욕구에 관심을 가지게 된다. 매슬로의 욕구 이론에서 두 번째 단계는 신체적, 감정적, 재정적인 모든 측면에서의 안정(security)에 대한 욕구이다.

우리는 안정의 욕구를 충족하고 나면 세 번째 욕구 단계에 집중한다. 애정과 소속의 욕구와 사람들에게 받아들여지고 싶은 수용의 욕구이다. 우리는 사람들과 상호 교류하고 관계를 맺을 필요가 있다. 자신이 사회적 집단의 일원이며 사람들이 자신을 알고 자신에게 관심을 기울인다는 기분을 느낄 필요도 있다. 그렇기에 독방 감금이 최고 보안 등급 교도소에서 최악의 범죄자에게 내릴 수 있는 가장 가혹한 처벌이다. 사람들과 함께 있는 시간을 박탈당하는 일은 감정적으로 매우 고통스럽다.

매슬로가 설명한 네 번째 단계의 욕구는 자기 존중(self-esteem)의 욕구이다. 이것은 자신을 좋아하고 존중하고 싶은 욕구와 타인의 존중과 인정을 받고 싶은 욕구로 이루어진다.

다섯 번째 단계는 자아실현(self-actualization)의 욕구이다. 이는 자

84

신의 모든 잠재력을 실현하고 있다는 느낌이라고 정의한다. 매슬로는 사회에서 가장 앞서 나가고 성숙한 사람들은 상위 욕구들을 만족시키고자 노력한다고 생각했다. 자아실현의 욕구가 충족된 사람은 자신의 완벽한 잠재력을 더 크게 실현하기 위해 자신의 능력에 도전하고 자신을 확장시키는 활동을 한다.

매슬로가 나중에 추가한 두 가지 상위 욕구는 낮은 것에서 높은 순서로 지적(truth) 욕구와 심미적(beauty) 욕구이다. 생존, 안정, 소속감, 자기 존중, 자아실현을 위한 다섯 욕구가 충족된 사람은 자연스럽게 음악이나 미술 같은 아름다움과 철학, 종교에 담긴 진리를 추구하게 된다. 하지만 욕구 계층의 상위 단계들에 집중하고 있다가도 깜깜한 밤에 물에 빠지면 즉시 상위 욕구는 완전히 잊고 생존에 모든 관심을 쏟게 된다.

성숙해지고 더 완전히 혹은 충분히 기능하는 사람(fully-functioning person; 1940년대에 인간 중심 치료(PCT; person-centered therapy)를 개발하여 인간성 심리학을 개척한 미국의 심리학자 칼 로저스(Carl Ransom Rogers)가 주창한 개념으로 완성형이 아니라 끊임없이 성장하는 삶을 사는 사람을 가리킨다.-옮긴이)이 되면 갈수록 더 높은 단계의 욕구에 동기가 부여된다. 자신이 바라는 행복을 앗아가는 불만이 점점 더 높은 욕구 단계에서 생겨난다. 오늘날 서구 사회의 풍요로움 덕분에 하위 욕구에서 해방되어 상위 욕구에 시간과 생각을 더 많이 집중하는 사람이 꾸준히 늘고 있다.

하위 욕구, 즉 생존, 안정, 소속감은 결핍 욕구(deficiency needs)

라고 불린다. 이러한 욕구를 충족한다고 행복이 보장되는 것은 아니지만 충족되지 않으면 매우 불행해질 수 있다. 반면 상위 욕구들, 즉 자기 존중, 자아 실현, 아름다움, 진리는 존재 욕구(being needs)라고 알려져 있다. 이러한 욕구가 충족되면 환희, 기쁨, 절정 경험(peak experience; 매슬로가 주창한 개념으로 최고의 행복과 성취의 순간을 말한다.-옮긴이)으로 이어질 수 있다. 쉽게 말해 자신과 삶이 모든 면에서 멋지다고 생각하며 만족한다. 이러한 모든 감정이 가장 높은 행복 상태에 속한다.

행복의 7대 요소

━━━

세미나에서 나는 삶에서 원할 수 있는 모든 것은 일곱 가지로 나눌 수 있다고 말한다. 우리는 이러한 요소 각각을 얼마나 많이 성취했고 성취하지 못했는지를 기준으로 자신이 얼마나 잘 살고 있고 얼마나 행복한지 측정하는 경향이 있다.

행복을 구성하는 첫 번째 요소는 마음의 평화이다. 마음이 평화로운 정도가 행복의 크기를 좌우한다. 내면의 평화는 인간의 정상적이고 자연스러운 상태이다. 다른 말로 내면의 평화에서 벗어나는 일은 자연스럽지도 정상적이지도 않다. 이것은 중요하기 때문에 명확히 해야 할 필요가 있다. 내적 기쁨이 이례적이고 우발적이라고 생각하는 사람이 많기 때문이다. 반면에 이러한 내적 경험이 정상이라는 사실을 이해하고 이 감정을 더 자주 경험할 수 있게 삶을 조직하려는 사람도 매우 드물지만 존재한다.

행복하기 위해 필요한 두 번째 요소는 건강과 에너지이다. 일반적으로 자신의 에너지 수준에 반영되는 건강은 생존과 웰빙을 보장하기 위한 최소한의 여건이다. 다른 모든 것을 얻었는데 건강을 잃는다면 가장 중요한 영역에서 실패한 것이다. 이에 반해 건강과 에너지의 수준을 높게 유지하는 사람은 외적인 삶이 어떻든 자기 삶의 우등생이다.

행복을 구성하는 세 번째 재료는 사랑하는 사람들과의 관계이다. 우리가 느끼는 행복의 정도는 우리와 다른 사람들이 서로 얼마나 존중하고 사랑하는지에 달려 있다. 행복은 대부분 서로를 아끼는 사람들과의 상호 작용에서 나온다. 따라서 사랑하는 사람들과 관계를 맺고 유지하는 일은 인간으로서 우리가 하는 모든 것을 가늠할 수 있는 척도이다.

행복의 네 번째 구성 성분은 경제적 자유이다. 거의 누구나 돈을 많이 가지고 싶어 한다. 자신이 원하는 대로 살 수 있는 자유가 생기고 이러한 경제적 자유가 생기면 행복할 것이라 생각하는 까닭이다. 대부분의 물질적인 소유물과 성취는 행복이라는 목적을 달성하는 수단으로 여겨진다. 하지만 수단과 목적을 혼동하는 실수를 저지르는 사람이 많다. 그들은 돈을 벌고 소비하는 일에 집착하게 되어 애초에 돈을 원했던 이유를 잊어버린다.

경제적 자유는 무엇일까? 돈이 충분해서 돈 걱정을 하지 않고 더 중요한 다른 일에 마음과 감정을 쏟을 수 있는 상태라고 정의할 수 있다. 돈은 결핍 욕구와 약간 비슷하다. 돈이 충분하면 돈 생각을 별로 안 하지만, 잠깐이라도 돈이 너무 없으면 돈 생각 말고는 대부분 머리에서 사라진다.

행복을 떠받치는 다섯 번째 기둥은 가치 있는 목표와 이상이다. 우리는 자신에게 중요하고 의미 있는 무언가를 하는 것에 완전히 몰입했을 때 행복을 느낀다. 심리학자 빅토르 프랑클(Viktor Frankl; 오스트리아 출신으로 로고테라피(Logotherapy)의 창시자이고 홀로코스트 생존자이며 《죽음의 수용소에서》의 저자이다.—옮긴이)이 의미와 목적 욕구가 인간 본성의 가장 깊은 갈망이라고 말한 이유가 여기에 있다. 자신보다 더 큰 무언가를 대표하는 삶을 살고 자신의 일이 세상에서 변화를 만든다고 생각할 수 있어야 비로소 진정으로 행복해질 것이다.

의미와 목적의 욕구가 인간 본성의 가장 깊은 갈망이다

여섯 번째 행복 요소는 자기 앎(self-knowledge; 자기 인식)과 자기 이해이다. 고대 그리스인들은 델포이의 아폴로 신전 현관 기둥에 "너 자신을 알라"는 문구를 새겼다. 2000년도 넘은 이 조언이 오늘날에도 유효하다. 우리는 자신이 어째서 그렇게 느끼고 그 일을 하는지 이유를 완전히 이해할 때에만 행복할 수 있다. 자신을 알고 자신을 이해하는 것은 내면의 평화, 평온, 행복과 깊은 관련이 있는 듯히다.

행복하기 위해 필요한 일곱 번째 재료는 자기성취(self-fulfillment) 이다. 이는 어느 하나 빠진 것 없이 완전히 충만한 삶을 누릴 때 느끼는 감정이다. 헨리 데이비드 소로(Henry David Thoreau; 미국의 철학자이자 시인으로 생태주의(ecologism)의 효시로 알려져 있다.–옮긴이)는 삶을 성찰하기 위해 2년간 월든 호수에서 칩거한 적이 있다. 이때 소로는 자신의 주된 동기부여가 삶을 의도적으로 살아서 진짜 삶을 살지 못한 채 삶의 마지막을 맞이하지 않는 것이라는 글을 썼다. 자기성취는 자아실현과 동의어이다. 이 욕구는 가장 건강한 성격을 지니고 우리 사회에 가장 완벽히 통합될 때 충족된다.

이제 자신에게 물어보자. "일곱 가지 행복 요소 중에서 나는 어떤 것이 부족한가? 현재 불만스럽거나 불행한 요소는 어떤 것인가?" 이 질문에 답을 찾기 위해 규칙적으로 할 수 있는 유익한 훈련이 있다. "지금 내 삶에서 가장 중요한 목표 세 가지는 무엇일까?"라는 질문을 30초만 생각하고 답을 적어보라. 고민하거나 평가하지 말고 신속하게 적어라. 그런 다음 두 번째 질문을 해보자. "지금 가장 큰 걱정이나 문제 세 가지는 무엇일까?" 이번에도 신속하게 답을 적어보자.

두 질문에 대한 답은 두 가지 놀라운 사실을 드러내게 된다. 첫째, 행복하기 위해선 무엇을 더 하거나 더 가질 필요가 있는지 명확히 알려준다. 둘째, 불행이나 불만을 없애기 위해 무엇을 제거할 필요가 있는지 가르쳐준다.

잠재의식적 마음은 이런 일에 최적화되어 있다. 두 질문에 답을 생각하도록 스스로에게 30초만 주면 나머지는 잠재의식적 마음이 알아서 한다. 잠재의식적 마음은 머릿속 컴퓨터에 저장된 무수한 데이터를 분류하고 정리해 마치 30분, 아니 3시간 고심한 것만큼 정확한 답을 마음의 화면에 띄운다. 그러면 당신은 그 답을 종이 위에 슥슥 옮겨 적으면 그만이다. 정말인지 직접 해보라.

진실성의 법칙

성공의 법칙과 성취의 법칙에 더해 당신이 바랄 뿐만 아니라 마땅히 누릴 자격이 있는 행복을 얻는 여덟 가지의 법칙이 있다. 첫 번째는 진실성의 법칙(law of integrity)이다. 이 법칙은 행복이란 자신의 가장 고귀한 가치와 가장 큰 열망과 일치되게 삶을 살기로 선택한 부산물이라고 규정한다. 매슬로의 욕구 이론에서 최상위 욕구 중 하나가 진리이듯이 당신의 가장 높은 욕구이자 행복의 토대도 자신은 물론이고 주변의 모든 사람과 모든 것에 진실하고 충실하게 사는 것이다.

진실성에서 조금이라도 벗어날 때 다시 말해 자신이 옳다고 생각하는 것과 타협하려는 마음이 조금이라도 있을 때 거의 즉각적으로 행복에서 멀어지게 될 것이다. 우리 인간은 어떤 상황에서도 해야 하는 올바른 일을 알려주는 내적 안내자인 양심을 가지고 태어난다. 따라서 그것과 완벽히 일치하는 삶을 살 때에만 행복하다.

행복하기 위해선 목표와 가치관이 반드시 일치해야 하고 내 손의 장갑처럼 꼭 맞아야 한다. 사실상 모든 스트레스와 불행의 원인은 자신이 더 중요하거나 더 옳다고 생각하는 것이 아닌 무언가를 시도하기 때문이다. 쉬운 예를 들어보자. 대다수 사람은 인간관계, 배우자,

자녀, 가족이 자신에게 가장 중요하다고 믿는다. 하지만 이따금 그들은 혼란스러워하고 물질적인 성공을 이루는 데에 지나치게 많은 시간을 쏟으며 관계를 돌보지 않는다. 그들은 직장에서 더 열심히 일할수록, 심지어 경제적으로 성공했을 때조차 불만이 커진다. 마음 깊은 곳에서는 자신에게 진정으로 가치 있는 것은 돈이 아니라 주변 사람들이라는 사실을 알기 때문이다.

우리는 가장 가치 있게 생각하는 것과 완벽히 조화를 이루는 삶을 고집스럽게 살아갈 용기가 있을 때만 행복해진다. 아침이면 해가 떠오르듯이 행복은 저절로 생겨나고 자신이 진정으로 원하는 마음의 평화와 만족을 누릴 수 있다.

진실성의 법칙은 두 가지 원리에 토대를 둔다. 첫째, 자신의 가치에 걸맞는 목표와 이상을 세워서 성취하려고 노력할 때 행복과 만족감을 다 쟁취할 수 있다. 셰익스피어의 희곡 《햄릿》에 이런 대사가 있다. "무엇보다도 먼저 너 자신에게 진실해라. 그러면 낮이 가면 밤이 절로 오듯이, 누구에게도 거짓으로 대할 수 없다."

두 번째 원리는 최상의 내적 자아와 일치하는 삶을 살기로 선택할 때 행복과 기쁨이 스스로 따라온다는 점이다. 당신은 나쁜 상황에서 벗어나기로 결심한 적이 있었을 것이다. 감정적으로나 경제적으로 큰 대가를 치렀을지는 몰라도 당신은 그것이 옳은 일이었기에 그렇게 했다. 요컨대 당신은 더 높은 원칙에 따라서 행동했다. 당신은 자신의 가장 고귀한 가치관과 일치하는 방식으로 행동했다. 기억을 더듬어보라. 당신과 당신의 삶이 얼마나 멋져 보였고 얼마나 큰 기쁨과 환희를 느꼈는지 말이다. 게다가 완벽한 해피엔딩이었다. 모든 것이 좋게 마무리되었고 처음에 두려워했던 부정적인 결과는 쓸데없는 기우에 지나지 않다는 것도 깨달았다.

진실한 삶에 대한 최고의 사례, 그리고 자신의 진실성을 보여주는 가장 중요한 증거는 마음의 평화와 관련 있을 것이다. 마음의 평화를 최우선 목표로 정하고 이 평화를 방해하는 어떤 상황에도 발을 들이지 않을 때 더할 나위 없는 최상의 행복을 누리게 된다.

마음의 평화는 내면의 바로미터 역할을 한다. 마음의 평화가 자신에게 무엇이 옳고 그른지를 알려줄 것이라는 뜻이다. 자신의 직관에 귀를 기울이고 내면의 평화와 조화를 가져다주는 것만 말하고 행동할 때 아마도 다시는 실수하지 않을 것이다.

캐서린 폰더(Catherine Ponder; 미국의 목사이자 부와 번영에 관한 다수의 저서가 있다.-옮긴이)는 저서 《부의 법칙》에서 위대해지고 싶은 사람에게 두 가지 조언을 들려준다. 첫째, 내면의 목소리에 귀를 기울여라. 또한 활동과 인간관계를 통해 깊은 내면의 평화를 얻을 수 있는 방식으로 삶을 정돈하라.

위대한 사람이 되기 위한 첫 단계는 조용히 자신의 삶을 성찰해서 마음의 평화와 행복을 느끼지 못하는 영역들을 식별하는 일이다. 해보면 알겠지만 이 훈련은 아주 쉽다. 바늘방석에 앉아 있으면 아프다는 생각이 뇌리를 떠나지 않듯이, 우리의 마음은 이미 이러한 문제에 계속 사로잡혀 있기 때문이다.

해결책도 아주 쉽다. 바늘방석에서 내려오면 그만이다. 자신에 대한 책임은 자신이 불행해지는 것으로 누군가를 행복하게 할 수 없다는 사실을 깨닫는 일이다. 자신이 아프다고 다른 누군가가 건강해지지 않는 것과 같은 이치다. 어떻게든 누군가를 행복하게 해주려 자신의 행복을 희생시키지 마라. 결국 누구도 특히 당신 자신이 행복하지 못할 것이다.

에드몽 로스탕(Edmund Rostand; 프랑스의 시인이자 극작가이다.—옮긴이)의 희곡 《시라노》를 보면 지독히 개인주의자인 시라노는 왜 그렇게 하고 싶은 말을 다하고 자기 주장이 강하냐는 질문을 받는다. 시라노는 환상적인 말로 받아친다. "그냥 가장 편한 길을 선택하는 걸세. 어떤 경우에도 최소한 나 자신은 기쁘게 할 테니까." 좋든 나쁘든 모든 일에서 최소한 자신만이라도 기쁘게 하겠다고 결심할 때 비로소 진정한 행복이 찾아올 것이다. 자신이 진정으로 행복해야만 다른 사람도 행복하도록 도울 수 있다.

감정의 법칙

행복을 부르는 두 번째 법칙은 감정의 법칙(law of emotion)이다. 이는 우리의 생각, 느낌, 결정 모두가 100퍼센트 감정에 기초한다는 법칙이다. 예전에 나는 사람들이 감정과 논리가 9 대 1이라고 생각했다. 하지만 연구 결과로 보건 내 경험으로 보건 내가 잘못 생각했다. 사람들은 자신이 행동하는 모든 일에 100퍼센트 감정적이다. 논리적인 것을 선택하기로 결심했다고 말하는 사람이 있다면 이는 다른 행동 방향보다 그 행동 방향에 감정을 더 많이 쏟는다는 의미에 지나지 않는다. 요컨대 자신의 결정을 정당화하기 위해 논리적이라는 단어로 포장하는 것이다.

우리의 생각, 느낌, 결정 모두가 100퍼센트 감정에 기초한다

어떤 이가 말하기를 아무리 나이가 들어도 감정은 늘 십 대라고 했다. 이 말이 맞을 수도 틀릴 수도 있다. 하지만 감정과 느낌이 미치는 주된 영향이 자신의 행복을 이해하고 행복해지는 데서 핵심적인 역할을 하는 것은 틀림없다.

이 법칙과 관련해 가장 먼저 알아야 할 것은 동기를 부여하는 감정은 크게 두 종류가 있다는 사실이다. 하나는 사랑이나 욕망의 감정이고, 다른 하나는 두려움이나 상실의 감정이다. 쉽게 말해 긍정적인 감정과 부정적인 감정이다. 지그문트 프로이트에 따르면 이 두 감정은 각각 쾌락, 고통과 관련이 있다고 한다. 우리는 자신이 쾌락이나 행복과 연결시키는 경험을 추구하고 고통이나 불행과 결부시키는 경험을 회피하는 경향이 있다. 이는 앞서 소개했던 프로이트의 쾌락 원리의 본질이다.

이 법칙의 두 번째 측면은 감정적 삶의 내용물이 일반적으로 자신의 가장 지배적인 생각에 좌우된다는 섬이다. 이는 너무 단순하고 명백한 진실이기에 많은 사람이 간과한다. 요컨대 행복한 생각을 하면 행복해지고 화가 나는 생각을 하면 화가 난다. 사람들이 당신에게 상처를 주려고 했던 일과 당신이 화를 내거나 불행해야 하는 이유를 생각하면 부정적이고 비관적이 되어 결과적으로 우울해질 것이다. 에이브러햄 링컨의 말을 새겨듣자. "사람은 자신이 마음먹은 만큼만 행복하다." 당신도 나도 예외가 아니다.

감정의 법칙과 관련해 들려주고 싶은 마지막 말은 긍정적이고, 사랑스럽고, 밝은 생각을 하기로 의도적으로 선택할 때 주변 상황이 어떠하든 스스로 행복을 만들고 유지할 수 있다는 점이다. 당신이 감정을 느끼게 만들어줄 사람은 없다. 엘리너 루스벨트(Eleanor Roosevelt; 프랭클린 D. 루스벨트 대통령의 부인이자 사회운동가이다.—옮긴이)가 말했듯이, 당신의 동의 없이는 누구도 당신에게 열등감을 안겨주지 못한다. 당신은 대부분 어떤 생각을 할지 스스로 선택하고 이러한 생각의 결과로서 행복해지기도, 불행해지기도 한다. 이제는 가장 똑똑한 일이 무엇인지 명백해진다. 풍요롭고 희망찬 삶을 살게 해주는 생각에 집중하라.

행복의 기본 법칙

행복을 끌어오는 세 번째 법칙은 행복의 기본 법칙(basic law of happiness)이다. 이는 삶의 질이 자신의 느낌과 감정에 크게 영향을 받는다는 법칙이다. 우리는 언제나 감정에 따라 움직이기 때문에 우리가 어떻게 느끼느냐는 에너지 수준, 성격, 태도, 성과와 결과, 명료한 사고, 관계의 질, 전반적인 행복을 결정한다.

진실로 성공한 사람은 최소한 목적지를 기대하는 것만큼 그 여정의 모든 것을 즐긴다. 얼 나이팅게일은 행복이란 가치 있는 이상을 점진적으로 실현하는 것이라고 말했다. 우리는 중요한 무언가를 달성하는 방향으로 차근차근 나아갈 때 행복을 느낀다. 행복은 결과보다 과정과 더 관련이 깊다. 행복은 미래 어느 날이 아니라 지금 이 순간 경험하는 것이기 때문이다.

행복의 기본 법칙에서는 세 가지를 알아야 한다. 첫째, 당신이 어떻게 느끼는지이다. 다른 말로 감정적 삶의 질은 주로 자신에게 어떻게 말하느냐, 즉 자기 대화, 내적 대화에 달려 있다. 자신에게 일상적으로 하는 말이 감정적 삶의 기조에 커다란 영향을 미친다.

자기 대화의 장점은 자신이 완벽히 통제할 수 있다는 점이다. 내가 꼽는 최고의 조언 중 하나는 부정적인 경험을 하자마자 자신에게 긍정적이고 유쾌한 말을 해서 그 경험을 무력화시키라는 것이었다. 자기 대화를 통제하라.

이는 두 번째 원리로 연결된다. 당신이 어떤 사건을 자신에게 설명하는 방식이 그 사건에 대한 당신의 감정적 반응을 결정한다. 요컨대 당신에게 일어나는 사건 자체가 아니라 그에 대한 당신의 반응이 그에 대한 당신의 생각을 지배한다. 외부 사건을 긍정적이거나 유익하다고 해석할 때는 낙관적이고 쾌활한 상태를 유지할 것이다. 하지만 같은 사건을 부정적이거나 유해하다고 해석하면 분노와 좌절감을 느끼며 불행을 자초하게 될 것이다. 선택은 언제나 당신의 몫이다.

이 법칙의 세 번째 원리는 감정을 통제하는 가장 빠른 방법과 관련 있다. 어떤 상황에서도 좋은 점을 찾아라. 그렇게 하려면 대단한 의지 력이 필요하다. 특히 사방에서 일이 잘못되어 가고 사람들이 자신의 문제에 대해 당신 탓을 할 때는 더욱 그렇다. 하지만 좋은 점을 찾으 려고 하면, 다시 말해 그저 각각의 경험에서 귀중한 교훈을 찾는다고 생각하면 얼마든지 발견할 수 있다. 이뿐만 아니라 좋은 것을 찾는 동 시에 부정적이거나 불행한 것을 찾을 수는 없다. 잠재의식적 마음은 긍정적이든 부정적이든 한 번에 하나의 생각만 할 수 있기 때문이다. 따라서 의도적으로 긍정적인 생각을 하고 그 생각에 집중한다면 부정 적인 생각이 끼어들 자리가 없다.

대체의 법칙

이는 자연스럽게 네 번째 행복의 법칙으로 연결된다. 부정적인 생각 을 긍정적인 생각으로 대체하면 긍정적인 상태를 유지할 수 있다는 대체의 법칙(law of substitution)이다. 이는 종종 구축 원리(crowding out principle; 밀어내기의 원리)라고도 하는데 유익하거나 긍정적인 생 각에 의식적으로 관심을 집중하면 무익한 생각을 마음에서 구축, 즉 밀어낼 수 있다는 뜻이다.

많은 사람은 긍정적인 사람이 되겠다고 의도적으로 선택하지 않는다는 이유만으로 부정적인 사람이 된다. 그들은 자신이 원하는 감정과 일치하는 생각을 체계적으로 마음에 심지 않았다. 펜실베이니아 대학교의 심리학 교수 마틴 셀리그먼(Martin Seligman; 긍정 심리학의 창시자이다.-옮긴이)은 저서 《낙관성 학습》에서 비관적인 사람은 대다수가 자신이 '학습된 무기력(learned helplessness)'이라고 명명한 상태에 빠져 있다고 주장한다. 일련의 경험을 하거나 무언가를 여러 차례 시도하지만 성공하지 못할 때 사람들은 자신이 무엇을 해도 상황을 바꿀 수 없다고 무의식적으로 가정한다. 스스로가 무기력하다고 인식하는 것이다. 그 순간부터 그들은 설령 기회가 찾아와도 기회를 거부하고 자신이 그 기회를 실현할 수 없는 온갖 이유를 생각해내어 자기 최면을 건다. 그들은 예전에 시도했다가 실패했고, 그리하여 이제는 무기력한 태도를 학습하고 말았다.

이 과정을 설명하는 좋은 사례 하나는 무게가 자그마치 5톤이나 되는 거대한 인도 코끼리 이야기이다. 인도 코끼리는 어릴 때부터 사육되면서 유순하고 주인이 쉽게 통제할 수 있도록 길들여진다. 훈련 방법은 단순하다. 사육사는 새끼 코끼리에게 무거운 쇠사슬을 채우고 깊이 박은 커다란 말뚝에 쇠사슬의 한쪽 끝을 묶는다. 새끼 코끼리는 시시각각 쇠사슬에서 벗어나려 사투를 벌인다. 그러다가 마침내 체념하고 쇠사슬로 말뚝에 묶이면 무력하다는 사실을 받아들인다. 발버둥질해봐야 소용없다. 사육사가 와서 쇠사슬을 풀어줄 때까지 꼼짝 않고 그대로 서 있는 게 낫다. 이때부터는 코끼리의 다리에 작은 줄을 묶고 땅에 박은 작은 말뚝에 줄을 연결시키기만 해도 코끼리는 죽을 때까지 벗어날 생각을 하지 않는다. 줄이 부실하고 말뚝도 얕게 박혀 있지만 코끼리는 이미 무기력을 배운 터라 더 이상 줄을 끊으려 하거나 세게 잡아당기지 않는다. 집을 무너뜨릴 만큼 강인한 힘을 지니고 있을지 몰라도 코끼리는 완전히 복종하고 쉽게 통제된다. 모든 탈출 시도가 실패했던 지난 경험을 통해 코끼리는 아무리 작아도 말뚝에 묶여 있을 때는 무기력하다는 사실을 스스로 학습했다.

그 코끼리와 비슷한 사람이 많다. 그들은 해야 하는 이유보다 하지 말아야 하는 이유를 끊임없이 생각한다. 이 악순환을 끊을 수 있는 쉬운 방법이 있다. '목표를 달성할 수 있느냐 없느냐'가 아니라, '어떻게 달성할 수 있을까'에 집중하라. 그렇게 생각하는 즉시 마음은 저절로 긍정적인 상태가 되어 갈 것이다. 모든 에너지가 실패와 좌절보다는 성취와 행복을 향해 흐르게 되어 있다.

표현의 법칙

행복으로 가는 다섯 번째 티켓은 표현의 법칙(law of expression)이다. 표현되는 모든 것은 마음에 각인되고 마음에 각인되는 모든 것은 표현된다. 속으로 말하든 소리내어 말하든 자신의 모든 말은 잠재의식적 마음에 새겨지고, 잠재의식적 마음에 새겨진 모든 것은 결국 생각, 느낌, 대화, 행동으로 표현될 것이다. 생각이나 아이디어를 표현할 때 감정을 더 실을수록, 잠재의식적 마음에 더 깊이 각인되고 현실에서 더 빨리 다시 표현될 것이다. 확신을 갖고 말하는 것은 무엇이든 그 말과 일치하는 생각, 아이디어, 행동을 불러 일으킨다. 그러니 반드시 신중하게 단어를 골라야만 한다. 가령 도전이나 목표에 대해 생각하며 "나는 할 수 있다, 나는 할 수 있다, 나는 할 수 있다"고 확언을 반복할 때 당신은 그 목표를 향해 나아가게 만드는 온갖 감정과 행동을 촉발시킨다.

역반응의 법칙

행복을 가져오는 여섯 번째 법칙은 역반응의 법칙(law of reversibility) 이다. 말인즉슨 감정이 행동을 불러일으키듯이 행동도 감정을 일으킨다는 말이다. 예를 들어 자신감이나 행복한 기분이 들지 않더라도 자신감 있게 행동하거나 행복한 것처럼 행동하면 그러한 행동 자체가 역류 효과(backflow effect)를 일으켜 그 행동과 일치하는 감정을 불러일으킬 것이다. 특정 방식으로 행동할 때 그 행동 자체가 그 행동과 일치하는 생각, 이미지, 감정, 태도를 유발한다. 당신은 생각하고 느끼고 싶은 방식과 일치하게 몸을 움직이는 것만으로도 정신적, 감정적 삶의 많은 부분을 사실상 통제할 수 있다.

감정이 행동을 유발하듯이 행동도 감정을 일으킨다

시각화의 법칙

행복의 문을 여는 일곱 번째 열쇠는 아이디어와 이미지가 상응하는 감정과 느낌을 불러일으키는 경향이 있다는 시각화의 법칙(law of visualization)이다. 행복하고, 긍정적이고, 낙관적인 자신의 모습을 마음속으로 명확히 그릴 때 이러한 이미지는 당신을 실제로 행복하고, 긍정적이고, 낙관적인 사람으로 만들어주는 느낌과 행동을 촉발할 것이다.

시각화를 훈련하는 좋은 방법은 지난날 행복했던 순간을 떠올리고 마치 영사기를 돌리듯이 마음의 스크린에 그 경험을 재생하는 것이다. 그 영화 속의 주인공이 되어 그것이 불러일으키는 느낌을 다시 느껴보라. 행복했던 지난 경험을 되새김으로써 행복해질 수 있다.

연습의 법칙

행복을 부르는 여덟 번째 법칙은 연습의 법칙(law of practice)이다. 이 법칙에 따르면 무엇이든 충분히 자주 연습하고 반복하면 새로운 습관이 된다. 운전, 타자, 자전거를 배우듯이 이미 행복한 것처럼 걷고 말하고 행동함으로써 행복과 낙관주의가 몸에 배도록 스스로 훈련할 수 있다.

행복하기 위해 필요한 삶의 요소들을 결정해 그러한 요소를 향해 나아갈 때 행복해지기 시작한다. 동시에 행복에서 멀어지게 만드는 요소들을 식별해서 제거할 필요도 있다.

행복은 자신이 되어갈 수 있는 모든 모습으로 변화하며 완전한 잠재력을 실현해가는 과정에서 경험하는 활성화된 상태나 조건이다. 자신에게 중요한 것을, 즉 최선을 다해 자신의 한계에 도전하도록 만드는 일을 할 때에만 기쁨과 만족을 경험한다. 이 모든 것의 근간에는 상응의 법칙이 자리한다. 즉, 내면에서 느끼는 행복보다 바깥에서 더 행복해질 수 없다. 자신에게 더 진실하고 자신의 가장 고귀한 가치관, 열망, 조화를 이루는 삶을 더 일관되게 살 때 더 행복해진다.

행복을 부르는 법칙 ──────────── 10분 필사 ✎

진실성의 법칙. 행복이란 자신의 가장 고귀한 가치와 가장 큰 열망과 일치되게 삶을 살기로 선택한 부산물이다.

감정의 법칙. 우리의 생각, 느낌, 결정 모두가 100퍼센트 감정에 기초한다.

행복의 기본 법칙. 삶의 질은 자신의 느낌과 감정에 크게 좌우된다.

대체의 법칙. 부정적인 생각을 긍정적인 생각으로 대체하면 긍정적인 상태를 유지할 수 있다.

표현의 법칙. 표현되는 모든 것은 마음에 각인되고 마음에 각인되는 모든 것은 표현된다.

역반응의 법칙. 감정이 행동을 불러일으키듯이 행동도 감정을 일으킨다.

시각화의 법칙. 아이디어와 이미지는 상응하는 감정과 느낌을 불러일으키는 경향이 있다.

연습의 법칙. 무엇이든 충분히 자주 연습하고 반복하면 새로운 습관이 된다.

4장

관계를
다스리는
법칙

──────── 사람들과, 특히 특정한 한 사람과 서로를 아끼는 친밀한 관계를 맺고 오랫동안 유지하는 능력은 당신이 얼마나 성숙한 사람인지를 말해준다. 가장 행복하고 성공한 미국인들을 오랫동안 연구한 에이브러햄 매슬로는 그들의 공통된 자질 중 하나가 그들이 깊고 견고한 인간관계를 맺어 오랫동안, 심지어는 평생 지속할 수 있는 능력이라는 사실을 발견했다. 당신이 이제까지 어떤 삶을 살아왔는지는 타인과 어떻게 상호 작용을 했는지로 알 수 있다. 삶에서 느끼는 행복의 85퍼센트가 인간관계에서 비롯된다.

안타깝게도 이를 뒤집으면 불행과 좌절의 85퍼센트가 온전히 관계상의 문제, 누구보다 가장 가까운 사람들과의 불화가 원인이라는 뜻이 된다. 그러므로 사랑하는 사람들과 관계를 만들고 즐기는 모든 방법을 배우는 것이 자신을 위한 최선이다.

사랑에는 다양한 종류가 있다. 우리가 사랑에 대해 아는 것 중에는 옳고 틀린 부분이 많고, 대체로 다소 혼란스럽다. 때로는 남녀의 사랑이나 자기애, 인류애는 물론이고 동물, 자연, 아름다움, 진리 등에 대한 사랑까지 사랑이라는 큰 이름으로 묶인다. 행복하고 충만한 삶을 살기 위해 필요한 사랑의 범위와 질은 개인마다 다르다.

식물이 햇빛을 향해 자라듯이 인간인 우리는 사랑의 원천을 향해 끊임없이 뻗어간다. 우리가 하는 모든 것이 사랑을 받거나 부족한 사랑을 보충하기 위해서라는 말이 있다. 사실상 우리들이 고민하는 모든 성격 문제가 어린 시절 사랑을 받지 못한 데서 비롯할 수도 있다. 태어나 5년 동안 겪은 경험을 극복하려 생의 마지막 50년을 바치는 사람이 많다. 그리고 이러한 경험은 대부분 사랑, 처벌, 비난, 부정성이 부적절하게 뒤섞인 것과 관련 있다.

우리가 하는 모든 것이 사랑을 받거나
부족한 사랑을 보충하기 위해서다

우리의 성격이 얼마나 건강한지는 서너 살, 다섯 살까지 받은 사랑의 질과 양에 따라 결정된다. 이유 여하를 막론하고 이 시기에 사랑을 받지 못하면 성인이 된 후 인간관계에서 여러 부족함과 결핍을 느낀다.

사회학자 모리스 매시(Morris Massey)는 성인이 되면 어린 시절 가장 박탈감을 느꼈던 부분을 추구한다고 말한다. 우리는 어린 시절에 이미 형성되었지만 거의 의식하지 못했던 마음의 공허함이나 구멍을 메우려는 시도를 잠재의식적으로 하게 된다. 또한 사랑하는 사람과의 모든 관계에서 일종의 완성과 충만함을 지향하고 성격 형성기에 만들어진 깊은 무의식적 욕구를 충족시키려는 성향을 보인다.

뛰어난 심리학자이자 사회학자로 하버드 대학교의 교수를 역임한 피티림 소로킨(Pitirim Sorokin)은 사랑의 현상을 광범위하게 연구했고 그 결과를 《사랑의 방식과 힘(The Ways and Power of Love)》에 적어 냈다. 사랑이라는 주제를 가장 완벽하게 다룬 작품 중 하나인 경이로운 이 책에서 소로킨은 모든 형태의 사랑과 그 안에서 드러나는 다양한 성격적 특성을 설명한다. 특히 이 책에서는 사랑의 범위와 강도를 명확히 정의한다. 범위는 동시에 얼마나 많은 사람을 사랑할 수 있는가를, 강도는 다른 사람에게 얼마나 깊은 감정을 느낄 수 있는가를 가리킨다. 이뿐만 아니라 소로킨은 지속 기간, 특이성, 가변성, 안정성, 인내력 등 사랑의 다양한 측면도 이야기한다. 소로킨은 사랑이 결코 단순한 주제가 아니라고 명확히 밝히지만 사랑은 아주 중요하므로 사랑에 대해 최대한 많이 배우는 일은 충분한 가치가 있다고 말한다. 때로는 사랑에 대한 얕은 지식조차 관계에 긍정적인 영향을 미치고 더 행복한 관계를 위해 필요한 도구를 제공할 수 있다고도 전한다.

나의 옛 스승인 에드먼드 오피츠(Edmund Opitz) 박사가 "우리는 사랑을 빼고 거의 모든 것을 과할 정도로 받아들일 수 있다"고 말한 적이 있다. 또한 사랑이 세상에서 끝내 시나지게 낳을 수 없는 유일한 것이라고도 했다. 나는 이러한 말을 잊을 수 없었고 시간이 흐르면서 그의 말이 정말 옳다는 사실을 깨달았다. 아마도 사랑이 가장 멋진 점은 다른 사람을 더 많이 사랑할수록 자신에 대한 사랑도 커진다는 사실일 것이다. 누군가에게 사랑한다고 더 자주 말할수록 자신을 더 많이 사랑하게 된다. 사랑은 오로지 나눔을 자양분으로 자란다. 사랑을 더 많이 줄수록 사랑이 더 많아진다. 불행한 일이지만 그 반대도 진실이다. 사랑을 덜 줄수록 자신을 덜 사랑하게 된다. 이것이 바로 불행의 씨앗이다.

부모가 누리는 가장 큰 축복 중 하나는 부모가 아니라면 배울 수 없는 이타적이고 무조건적인 사랑을 자녀를 키우며 배우게 된다는 점이다. 이 말에 고개를 끄덕이는 부모가 많을 것이다. 성격 형성기의 아이들은 스펀지처럼 사랑을 빨아들이고, 사막의 모래가 물을 흡수하듯이 사랑을 흡수할 수 있으며, 장미가 비를 필요로 하듯이 사랑을 필요로 한다. 아이들은 부모가 주는 모든 사랑은 당연하고 그 이상도 받아들일 수 있다. 다행히도 사랑을 추구하고 받는 것만이 아닌 사랑을 주는 것도 인간의 본성이다. 누군가를 깊이 사랑할 때보다 더 온전히 살아 있고 더 완전한 인간이 된 것 같은 기분은 어디서도 느낄 수 없다. 그렇기에 아이들은 양육에 쏟는 부모의 시간, 돈, 노력에 비해 넘칠 정도로 부모를 엄청난 마음 부자로 만들어줄 수 있다.

이번 4장은 이성 간의 사랑과 그것을 어떻게 발전시키고 강화할 수 있는지에 대해 알아보려 한다. 두 남녀 사이에 일어나는 많은 일을 설명하는 열한 가지 법칙이 있다. 이러한 법칙을 알게 된다면 가장 중요한 인간관계를 더 효과적으로 이끌어가는 데 도움이 될 것이다.

헌신의 법칙

사랑과 관계에 영향을 미치는 첫 번째 법칙은 헌신의 법칙(law of commitment)이다. 이는 헌신의 수준이 관계의 장기적인 건강과 행복을 좌우하는 결정적인 요소라는 법칙이다. 여러 연구 결과를 보면 서로에게 그리고 자신들의 관계에 완벽하게 헌신했던 남녀가 오랫동안 서로에게 가장 만족했고 가장 행복했다. 그들은 자신들의 관계가 실패하리라는 가능성은 한 번도 고려하거나 이야기하지 않았고, 자신들의 관계가 영원할지 아닐지도 생각한 적이 없었다. 자신들의 관계가 늘 그 자리에 있다는 것은 의문의 여지도, 가타부타할 것도 없는 기정사실이었다.

인간관계에서 커다란 어려움 중 하나는 발을 반만 담그는 어중간한 사고방식이다. 둘 다든 한 사람이든, 관계에 전적으로 헌신할 마음이 없을 때 이 현상이 나타나는데 양쪽이나 한쪽이 관계에서 몸을 사리고 안전을 추구한다. 위험을 피하기 위한 분산 투자라고 생각하면 된다. 이러한 헌신의 부족은 거부되고 받아들여짐에 대한 뿌리 깊은 두려움을 자극해 결국 엄청난 불행과 긴장으로 이어진다.

이처럼 관계에 전적으로 헌신하지 못하는 마음이 외부로 나타나는 징후 하나는 생활비를 분담하거나 각자 딴 주머니를 차는 습관이다. 개중에는 집 안 물건을 돌아가며 구매하고 누가 무엇을 샀는지 일일이 기록하는 사람들도 있다.

내가 아는 어떤 커플은 11년간 동거했지만 끝내 결혼에 골인하지 못했다. 남자가 냄비와 프라이팬을 샀고 여자가 그릇을 샀다. 남자가 소파를, 여자가 의자를 샀다. 남자가 오디오를, 여자가 텔레비전을 샀다. 집 안의 모든 물건에는 각각 돈을 낸 사람의 이니셜이 적힌 작은 스티커가 붙어 있었다. 동거한 지 11년이 지난 어느 날 그들은 심하게 다툰 후 각자의 길을 가기로 결정했다. 그동안 장만한 모든 물건을 나누는 데는 채 두 시간도 걸리지 않았다. 그렇게 둘은 각자의 길을 간 다음 다시는 어떤 식으로든 얽히지 않았다. 그들이 자산을 지속적으로 나누었다는 사실은 헌신이 부족하다는 증거였고, 헌신의 부족은 둘 다 첫 만남부터 내내 정신적으로 이별을 준비하고 있었음을 보여주었다.

헌신의 부족에 대한 또 다른 사례는 혼전 계약서이다. 두 사람은 관계가 끝날 때 재산을 어떻게 나눌지 명시하는 계약서를 작성한다. 일반적으로 혼전 계약서를 원하거나 강하게 주장하는 사람들은 결혼의 장기적인 강점을 별로 신뢰하지 않는다는 뜻이다.

가치의 법칙

사랑, 관계와 관련 있는 두 번째 법칙은 사랑이 가치에 대한 반응이라는 가치의 법칙(law of value)이다. 우리는 언제나 자신이 가장 존경하고 존중하는 자질의 요건에 맞는 사람을 사랑한다. 요컨대 사랑은 맹목적이지 않다. 대부분의 경우 자신이 이상적이라고 여기는 자질을

111

지녔다고 생각하는 사람에게 끌린다.

가치의 법칙에서는 세 가지를 알면 된다. 첫째, 좋아하고 존중하는 자질이나 덕목이 있을 때 보통은 그것을 지닌 것처럼 보이는 사람을 사랑하고 존중한다. 사랑의 이 원리는 남녀노소 누군가에게서 느끼는 모든 감정에 적용할 수 있다. 우리는 자신이 가장 가치 있게 생각하는 자질이나 덕목을 가장 잘 대변한다고 생각하는 사람에게 무의식적으로 사랑과 헌신을 베푸는 경향을 보인다.

둘째, 자신이 높이 평가할 뿐 아니라 자신을 보완해주는 성격적 특성을 지닌 사람을 사랑하고 궁작이 더 잘 맞을 가능성이 크다. 사람은 저마다 강점과 약점이 있다. 대다수는 강점보다 약점이 더 많고, 우리는 늘 자신과 함께 살아가므로 자신의 부족함을 통감한다. 또한 우리는 완성과 전체성(wholeness; 온전성)에 대한 내면의 욕구가 존재해 대부분은 자신이 부족한 영역에서 강점을 가진 이성을 찾는다.

이 법칙의 마지막 요소는 자신을 보완하는 것처럼 보이는 이성을 찾음으로써 균형과 완성을 추구한다는 것이다. 서로가 이상적인 상대일 때 두 사람은 성격이 균형을 이루고, 서로의 성격이 어우러져서 둘은 한 사람으로 완성된다. 가령 남자는 사교적이고 외향적인 반면 여자는 조용하고 내성적이다. 남자는 사실과 세부 사항에 별로 관심이 없고 무덤덤한데 여자는 꼼꼼하고 세심하다. 남자는 계획에, 여자는 실행에 뛰어나다. 어리석은 일에 발끈하는 남자와는 달리, 여자는 혼란의 한복판에서도 침착함과 평정심을 잃지 않는다. 이 둘은 서로 균형을 맞추고 합쳐져 이상적인 한 쌍이 된다.

양립성의 법칙

관계를 탄탄하게 만드는 세 번째 법칙은 양립성의 법칙(law of compatibility)이다. 이 법칙은 쉽게 말해 믿음, 태도, 가치관, 열망이 비슷한 사람들이 더 잘 어울린다는 의미이다. 양립성은 두 사람의 장기적인 건강과 행복을 좌우하는 가장 중요한 요인 가운데 하나이다. 장기적인 행복은 매우 조화롭고 평화로운 관계에 달려 있고, 이는 다시 삶의 본질적인 질문이 대체로 해결되고 논쟁의 여지 없이 명백할 때만 가능하다.

예를 들어 오늘날 미국에서 가장 흔한 이혼 사유는 경제 관념의 차이이다. 부부가 돈을 벌고 지출하고 저축에 대한 태도가 다르면 끊임없이 부딪힐 수밖에 없을 것이다. 돈에 대한 두 사람의 태도가 같아야만 돈이 다툼이나 의견 충돌의 불씨가 되지 않는다. 자녀에게도 같은 원리가 적용된다. 출산하고 양육하는 과정에서 아이에 대한 부부의 태도가 상당 부분 일치해야 양립성이 오래간다.

이뿐만 아니라 부부는 여가 시간을 보내는 방식에서도 궁합이 맞아야 한다. 남편은 바다를 아내는 산을 좋아하거나, 남편은 집돌이인데 아내는 외부 활동을 좋아한다면 타협점을 찾지 못할 경우 둘이 사사건건 충돌할 것은 불을 보듯 뻔하다.

많은 부부는 애초 상대방에게 매력을 느껴 서로에게 끌렸다. 하지만 부부간 사랑의 유효 기간도 관계의 강도도 일상에서 핵심 가치관과 활동이 얼마나 양립할 수 있느냐에 달려 있을 것이다.

때로는 사이가 멀어져 물과 불 같은 상극이 된다. 이러한 비양립성은 스트레스, 불안, 불행, 심지어 정신질환을 일으키는 주요 원인이다. 두 사람이 양립할 수 없는 상태가 되면 가장 먼저 웃음소리가 사라지고 이내 대화가 줄어든다. 자녀가 있을 때는 아이 이야기를 빼면 딱히 대화 소재가 없을 것이다. 이 단계를 지나고 나면 사실상 둘은 서로에게 입을 완전히 닫는다. 이렇게 그들은 서로 양립할 수 없는 상극이 되고 만다.

관계에서 사이가 소원해진다고 생각이 들 때는 어떻게든 양립성의 새 다리를 놓는 것이 가장 좋다. 멀리 나들이를 가고, 여행이나 긴 휴가를 함께 보내고, 새로운 공동 관심사와 공감 분야를 만들기 위해 최대한 노력하라. 관계를 회복하고 강화하는 데 도움을 주는 유익한 여러 주말 세미나도 있으니 함께 참석해보라. 관련된 책을 읽어도, 상담을 받아도 좋다.

그렇지만 노력해도 둘의 차이를 극복할 수 없고 더는 상대방과 함께 있는 일이 행복하지 않으며 둘 사이에 어떤 공통점도 없다고 생각한다면 어려운 결정을 해야 한다. 때로는 이혼을 망설이는 이유가 다른 사람들이, 특히 가족이 무슨 말을 하고 어떻게 생각할지 지나치게 걱정하기 때문이다. 하지만 나는 수천 명의 많은 사람을 상대하면서 아주 단순한 결론을 얻었다. 사람들이 당신에 대해 무슨 말을 할 것이라 생각하겠지만 사실 그들은 당신에 대해 그다지 깊게 생각하지 않는다. 그렇다고 오해하시는 안 된다. 당신에게 관심이 없어서가 아니다. 그저 자신이 처한 문제가 너무 많아서 당신에게 쓸 수 있는 감정적 에너지가 아주 적을 따름이다.

　남의 시선 때문에 불행한 관계를 지속하지 마라. 단기적으로도 장기적으로도 어떻게 하면 당신과 상대방이 행복할지를 토대로 결정하라. 반드시 그래야 한다. 자신의 행복을 행동과 의사 결정의 지침으로 사용한다면 모든 인간관계에서 최대한 올바르게 행동하고 결정을 내릴 수 있을 것이다.

　　　　남의 시선 때문에 불행한 관계를 지속하지 마라

의사소통의 법칙

관계에 적용되는 네 번째 법칙은 의사소통의 법칙(law of communication)이다. 행복한 관계의 생명은 좋은 의사소통이라는 의미이다. 당연히 남녀의 의사소통 스타일에는 차이가 있다. 의사소통을 잘하려면 양쪽 모두 의사소통 스타일의 차이를 알아야 한다. 또한 이러한 스타일이 보여주는 의미와 의도에 어떤 차이가 있는지도 이해해야 한다.

　이 법칙이 말하는 첫 번째 조언은 의사소통 스타일이 남성은 직접적이고 여성은 간접적이라는 점이다. 우리가 인간에게 적용하고자 하는 모든 규칙에는 예외가 있지만 이 원리는 전반적으로 성립한다. 남성의 의사소통 스타일은 대체로 직접적이고 직설적이며 단도직입적인 반면, 여성은 간접적이고 완곡하며 미묘하게 표현한다. 의견 차이를 해소하는 접근법에서도 뚜렷한 차이가 있다. 남성은 소리를 높여 더 빨리 말하는 방식으로, 여성은 합의점이나 타협점을 찾고 상황에 더 민감하게 접근하는 방식으로 해결하려고 한다.

　의사소통의 법칙이 들려주는 두 번째 조언은 상대방의 생각과 감정을 이해한다고 가정해서는 안 된다는 점이다. 티끌이라도 의심스러운 점이 있다면 현재 상황을 완전히 오해했을 가능성도 배제할 수 없다. 의사소통을 잘할 수 있는 방법은 하나뿐이다. 자신을 이해시키려 하기 전에 먼저 상대방을 이해하려고 노력하라. 상대방을 이해하는 데 집중할수록 의사소통의 질은 높아지고 관계는 더 탄탄해질 것이다.

관심의 법칙

다섯 번째 관계 법칙은 관심의 법칙(law of attention)이다. 이는 우리가 항상 가장 사랑하고 가장 가치 있게 생각하는 것에 관심을 기울인다는 법칙이다. 당신은 가장 귀중하고 가치 있다고 생각하는 유형의 사람에게 끌리게 되어 있다. '관심이 가는 곳에 따라 삶도 따라간다'. '삶이란 본래 관심을 연구하는 과정이다(이 두 문장은 인도 출신의 철학자 지두 크리슈나무르티(Jiddu Krishnamurti)의 발언이다.―옮긴이)'. 모든 영역에서 당신의 관심을 끄는 것은 당신이 어떤 사람이고 가장 큰 관심사가 무엇인지 보여준다. 당신의 관심 그리고 당신의 관심을 사로잡는 것이 종종 당신을 적절한 경력으로, 적절한 사람에게로, 적절한 관계로 이끌 수 있다.

관심의 법칙에서 첫 번째 원리는 당신은 가치 있게 생각하지 않는 것을 무시하는 경향이 있다는 점이다. 그다지 가치를 두지 않는 일에는 관심을 기울이지 않는다. 조금도 가치 있게 생각하지 않는 것에는 심지어 거의 알아차리지도 못할 것이다. 그것은 당신을 끌어당기거나 당신의 관심을 계속 잡아두지 못할 가능성이 크다. 따라서 당신이 누군가를 무시한다면, 아니 무시하는 것처럼 보일 때조차 당신은 그 사람을 가치 있게 생각하지 않는다는 메시지를 그 사람에게 보낸다.

우리는 의도치 않게 가장 사랑하는 사람들을 무시하는 실수를 곧잘 저지른다. 그렇기에 우발적인 실수라도 그런 태도가 상대방의 감정을 다치게 하고 관계에 문제를 일으킬 수 있음을 알아야 한다.

또한 관심의 법칙에 따르면 상대방에게 진심으로 주의를 기울여 경청하는 일이 가장 고차원적인 형태의 사랑과 감수성이다. 참을성 있게 계속 경청하는 일은 가장 수준 높은 형태의 아첨 중의 하나이다. 이런 태도는 상대방을 정말 중요하게 여기고 가치 있는 사람으로 생각한다는 것을 보여주는 방법이다.

이 법칙의 세 번째 원리는 귀 기울여 들으면 신뢰가 형성되고 신뢰는 장기적인 관계의 토대라는 점이다. 경청은 좋은 의사소통의 본질이다. 경청은 신뢰를 구축하고, 신뢰는 견고하고 행복하며 건강한 장기적인 관계를 보장한다. 상대방에게 귀를 기울임으로써 당신은 상대방을 얼마나 가치 있게 생각하고 상대방의 생각이나 말이 당신에게 얼마나 중요한지 분명히 보여준다.

자기 존중의 법칙

사랑과 관계에 영향을 미치는 여섯 번째 법칙은 자기 존중의 법칙(law of self-esteem)이다. 자기 존중이 자기애를 가리킨다는 점에서 이는 사랑의 원리와 비슷하다. 쉽게 말해 우리가 삶에서 이루는 모든 것이 자기 존중과 내·외적인 자기 가치감을 증가시키거나 보호하는 것이 목적이다. 자신을 얼마나 좋아하고 가치 있게 생각하는지, 얼마나 훌륭하고 중요한 사람으로 생각하는지, 이 두 가지는 자신의 성격에서 핵심을 이룬다. 우리는 자기 가치감을 높여주고 강화해주는 사람과 상황에 끌릴 가능성이 가장 높다. 반면에 자기 존중감에 위협이 되거나 해를 가하는 사람과 상황에 대해서는 거부감을 갖는 경향이 있다.

이 법칙의 첫 번째 원리는 자신을 좋아하도록 만들어주는 사람과 있을 때 가장 행복한 경향이 있다는 점이다. 그렇게 보면 사랑은 완벽히 이기적이다. 함께 있을 때 자신을 가장 좋게 생각할 수 있다는 이유로, 즉 행복하다는 이유로 그 사람을 사랑하기로 선택하는 것이기에 그렇다. 실제로도 자신과 잘 맞는 사람을 만났을 때 가장 좋은 친구가 생겼다고 말하는 사람이 많다. 함께 있고, 대화하고, 함께 어딘가로 가는 일이 가장 즐거운 사람 말이다.

이 법칙의 두 번째 원리는 상대방의 자기 존중감을 높여주려는 모든 노력이 자신의 자기 존중감을 올려주고 자신을 더 좋아하게 만든다는 사실이다. 상대방에게 친절을 베풀 때의 장점 중 하나는 상대방이 자신을 더 좋게 생각하도록 만드는 당신의 모든 행동이 당신도 자신에 대해 더 좋은 기분을 느끼게 만들어준다는 점이다.

이는 상응의 법칙이 작용한다는 증거이다. 상응의 법칙에 따르면 외부 세계는 내면세계를 반영하는 경향이 있다. 다른 말로 외적인 삶은 내적인 삶을 거울처럼 비춘다. 이렇기에 상대방의 자기 긍정감을 높여주려는 당신의 모든 노력이 당신 자신에게 반사되어 당신의 자기 긍정감을 높여주는 것이다.

데일 카네기(Dale Carnegie; 미국 출신의 작가이자 강사이며 최초로 본격적인 자기 계발서를 만든 사람으로 여겨진다.−옮긴이)는 저서 《데일 카네기 인간관계론》에서 카네기의 필연적 귀결(carnegie corollary)이라는 개념을 처음 소개했다. 이 개념이 바로 자기 존중의 법칙에서 세 번째 원리라고 할 수 있다. 카네기에 따르면 다른 사람에게 진실로 관심을 갖는다면 다른 사람이 당신에게 관심을 갖도록 2년 동안 노력하는 것보다 두 달 만에 더 많은 친구를 만들 수 있다고 한다. 이는 진실로 성공적인 인간관계의 문을 여는 열쇠이다.

간접 노력의 법칙

사랑과 관계에 작용하는 일곱 번째 법칙은 간접 노력의 법칙(law of indirect effort)이다. 이는 우리가 관계에서 직접적인 방식보다는 대부분 간접적인 방식으로 무언가를 얻는다는 뜻이다. 이는 남녀 관계, 부모 자식 관계, 상사와 직원 관계, 판매자와 고객 관계에 두루 적용된다. 관계에 더욱 간접적으로 접근할수록 성공할 가능성이 커진다. 이를 잘 보여주는 사례가 있다. 오늘날 여성들이 많은 분야에서 정상에 오르는 이유 하나가 그들은 상호 작용에서 이 법칙을 직관적으로 실천하기 때문이다.

요컨대 당신이 사람들에게 감사와 고마움을 표현할수록 그들도 당신에게 더 고마워할 것이다. 사람들이 당신에게 고마워하기를 바란다면 당신이 먼저 그들에게 고마워하라. 사람들이 당신을 위해 큰일을 해주길 바란다면 그들이 작은 일을 해줄 때 넘치게 감사하라. 감사하는 태도를 기르고 사람들이 하는 모든 일에 진심으로 감사하는 것처럼 보일 때 훗날 그들은 당신에게 놀랄 정도로 따뜻하고 친절하고 도움을 줄 것이다.

호감을 사는 것도 비슷하다. 상대방이 당신에게 호감을 갖도록 만드는 가장 빠른 길은 당신이 먼저 상대방에게 호감을 갖는 것이다. 여기에는 두 가지 접근법이 있다. 첫째는 직접적인 방법으로 당신이 얼마나 멋진 사람인지 보여주는 이야기와 사례로 상대방에게 큰 감명을 주면 된다. 둘째는 간접적인 방법인데 먼저 상대방에게 호감을 가져라. 상대방에게 깊은 호감을 가질수록 그 사람도 당신과 당신의 판단에 더 좋은 인상을 받을 것이다.

이 법칙은 인정과 존중을 얻는 데에도 적용된다. 사람들의 인정과 존중을 얻는 가장 확실한 길은 당신이 먼저 그들을 인정하고 존중하는 것이다. 이성에게 인기 있는 사람들이라면 나 알고 있는, 이성을 사로잡는 특급 비결이 있다. 당신이 먼저 상대에게 매혹되면 상대가 당신에게 매력을 느끼도록 만들기란 식은 죽 먹기다. 우리는 인간 자석처럼 사람들을 끌어당기는 자기장을 발생시키는 경향이 있다. 내세울 만한 뛰어난 성취가 없는 사람도 사회적 상황에서 질문하고, 열심히 경청하고, 진심으로 감사하는 것만으로 인간관계의 내공이 커질 수 있다.

역 노력의 법칙

여덟 번째 법칙은 더 열심히 노력하지 않을수록 관계가 더 쉬워질 수 있다는 역 노력의 법칙(law of reverse effort)이다. 이 법칙은 관계를 더 좋게 만들기 위해 더 열심히 노력하고 싶은 충동을 내려놓을 때 인간관계의 달인이 된다는 점이다. 당신이 더 편안하게 받아들이는 관계일수록 두 사람 모두에게서 더 원만하고 쉬운 관계가 된다.

더 열심히 노력하지 않을수록 관계가 더 쉬워질 수 있다

역 노력의 법칙에는 매우 중요한 의미 하나가 함축되어 있다. 인간관계에는 저마다 적절한 타이밍이 있다는 점이다. 그래서 관계의 속도를 높이거나 늦추려 할 때는 반발만 생길 뿐만 아니라 위기를 자초하는 경우도 허다하다. 두 사람이 만날 때 타이밍이 적절하거나 적절하지 않거나 둘 중 하나이다. 관계의 모든 단계에서 해야 하는 중요한

모든 의사 결정에는 적절한 때가 있고 여기에는 타이밍이 가장 중요하다. 한 연구 결과에 따르면 삶의 어느 순간 우리는 한 사람에게 정착할 준비가 되었다고 생각하는 단계에 자연스럽게 도달한다. 그 시기에 누구를 만나든, 즉 서로 잘 맞다고 가정했을 때 그 사람이 우리의 짝이 될 것이다.

반대의 경우도 마찬가지다. 내면의 삶이 혼돈의 소용돌이에 빠져 있을 때는 십중팔구 관계도 혼돈의 소용돌이에 휘말리게 된다. 우리는 자신의 심리 상태를 그대로 비추는 종류의 사람을 끌어당길 가능성이 크다.

타이밍의 개념에서 가장 중요한 것은 인간관계에서는 우리가 일방적으로 속도를 높이거나 늦출 수 없다는 점이다. 둘이 사귀다가 공통점이 없다는 사실을 깨달아 헤어지고 5년 후 재회해서 사랑에 빠져 결혼에 골인해 평생 행복하게 사는 경우도 많다. 결국 모든 것이 타이밍 문제이다.

역 노력의 법칙에 대해 마지막으로 하고 싶은 말은 관계가 암초를 만났을 때 더러는 자신의 타고난 성향과 정반대로 행동하는 것이 최선이라는 점이다. 예를 들어 화가 치밀고 조급한 기분이 든다면 때로는 상대에게 친절을 베풀고 이해하려는 태도가 가장 좋다. 더 노력하고 싶은 마음이 들 때 가끔은 마음을 느긋하게 먹고 상황이 흘러가는 대로 내버려두는 것이 상책이다. 언쟁 중에 목소리를 높여 반격하고 싶을 때는 이따금 상대방이 좌절감을 전부 토해낼 때까지 끈기를 갖고 조용히 들어주는 것이 가장 현명하다.

통제의 법칙

앞서 성취의 법칙 중 하나로 소개했던 통제의 법칙이 관계에 적용되는 여덟 번째 법칙이다. 이 법칙을 관계에 적용하면 관계에서 느끼는 행복의 크기는 자신이 현재 상황을 얼마나 통제할 수 있다고 생각하느냐에 달려 있다는 것이다. 이는 행복과 정신적 웰빙에서 가장 중요한 원리 중 하나이다. 우리는 중요한 관계를 자신이 주도적으로 결정할 뿐 아니라 자신이 이 관계를 변화시키고 영향을 미칠 수 있다고 생각할 필요가 있다. 그렇지만 한 사람이 관계를 통제하는 힘이 너무 크다고 생각해도, 너무 적다고 생각해도 결과는 같을 것이다. 두 사람 모두에게 문제와 불행을 안겨줄 것이다.

관계에 적용되는 통제의 법칙은 두 가지 조언을 들려준다. 첫째, 통제감을 높이고 싶다면 확실하게 자기주장을 하고 관계를 주도하거나 변화시키기 위해 의도적으로 행동하라. 가끔 관계를 통제할 수 없다는 기분이 들 때는 당신이 더 책임감을 갖고 운전대에 두 손을 올린 다음 당신에게 더 만족스러운 방향으로 상황을 이끌기 위해 단호하고 긍정적인 행동을 취하는 것이 가장 좋다. 이럴 경우는 양단간에 결정을 해야 한다. 이 관계라는 자동차에 탈지 내릴지 스스로 선택하라. 당신의 능동적인 결단력과 행동하려는 의지로 종종 관계상의 문제를 해결할 수 있다.

두 번째 조언은 종종 관계를 포기함으로써 통제력을 행사할 수 있다는 점이다. 솔직히 관계를 변화시킬 힘은 관계를 기꺼이 포기할 때에만 생긴다. 물론 변화가 가능한 경우에만 그렇다. 어쨌든 관계를 변화시키거나 개선할 생각이라면 대부분의 경우 관계를 기꺼이 끝낼, 즉 기존 관계를 청산하고 새로운 토대 위에 관계를 재구축할 수 있어야 한다. 확실하게 자기주장을 하는 것도, 관계를 포기하는 것도 난관을 극복하는 해법이 될 수 있다. 모든 상황에서 이 둘 중 하나를 시도할 준비를 하라.

동일화의 법칙

사랑과 관계에 영향을 미치는 아홉 번째 법칙은 동일화의 법칙(law of identification)이다. 이 법칙은 자신과 동일시하는 모든 것과 모든 사람의 지배를 받는다는 뜻이다. 일반적으로 우리가 개인적으로 받아들이고 감정적으로 동일시하는 것, 애착을 갖게 되는 것에는 우리의 감정적인 눈을 흐리게 만들고 우리가 그것의 통제와 지배를 받도록 만드는 경향이 있다. 특히 인간관계에서 이런 현상이 더욱 두드러지게 나타나곤 한다.

자신과 동일시하는 모든 것과 모든 사람의 지배를 받는다

동일화의 법칙은 세 가지 원리에 바탕을 둔다. 첫째, 우리가 상황을 지배하고 주도하며 통제할 수 있는 힘은 상황과 자신을 얼마나 분리

할 수 있는가에 비례한다. 한발 물러나서 관계를 객관적으로 바라볼 수 있는 정도까지만 우리는 그 관계를 명확히 보고 그 관계에서 효과적으로 행동할 수 있다. 이는 인간관계만이 아니라 삶의 거의 모든 상황에 적용된다. 이래서 자신을 직접 변호하는 변호사는 의뢰인을 바보로 만든다는 말이 있는 것이다.

이 동일화의 법칙의 두 번째 원리는 애착과 동일화는 균형감을 잃게 만들고 자신의 감정을 통제하지도 못하게 만든다는 점이다. 더 깊이 발을 담글수록 자신에게 가장 이롭게 행동할 수 있는 능력이 줄어든다는 의미이다.

이는 정신적 성숙과 감정적 안정성의 토대인 세 번째 원리로 자연스럽게 이어진다. 분리와 탈동일화가 마음의 평화와 행복한 관계를 구축하는 비결인 동시에 자아실현과 행복의 세상을 여는 열쇠이다. 관계를 최대한 즐기기 위해서는 관계와 적당히 거리를 유지하고 관계를 정직하고 객관적으로 평가할 수 있어야 한다.

종종 상대방이 특정 사안에 매우 감정적으로 반응하는 경우도 있을 것이다. 주의하지 않으면 당신도 상대방에게 감염되어 매우 감정적인 상태가 될 가능성이 크다. 그렇게 된다면 어떻게 해야 할까? 상대방이 감정을 표현하는 동안 당신은 어느 정도 자제력을 발휘해 감정을 드러내지 않고 냉정함을 유지하는 편이 최선이다. 이렇게 하면 상대방에게도 가장 도움이 되고 당신도 상황을 좀 더 명확히 볼 수 있다. 당신이 더 거리를 두고 더 차분한 태도를 유지해야 당신과 상대방 모두가 더 행복해질 수 있다.

용서의 법칙

사랑 혹은 관계와 관련 있는 열 번째 법칙은 가장 중요한 법칙 가운데 하나이다. 바로 용서의 법칙(law of forgiveness)이다. 정신적인 건강과 성숙도는 우리에게 상처를 주었다고 생각하는 사람을 얼마나 기꺼이 용서할 수 있는가에 달려 있다는 뜻이다. 달리 말하면 용서가 인간의 가장 고귀한 자질이라는 의미이다. 용서는 영성 발달과 마음의 평화에서 핵심이다.

자기 자신은 물론 타인이 자신을 대우하는 방식에 지극히 자기중심적이고 민감하게 반응하는 것은 인간의 본성이다. 그런 이유로 누군가가 우리를 부당하게 대했다고 생각할 때마다 우리는 화가 나고 원망이 생기며 이러한 분노와 원망을 너무 오래 붙들고 있는 경향도 보인다. 하지만 이러한 감정은 결국 부메랑으로 우리 자신에게 돌아온다. 우리 스스로 관계에서 부정적이고 비관적이며 쓸모없는 존재가 되어가게 된다.

해결책은 어떤 식으로든 자신에게 상처를 주었다고 생각하는 사람을 기꺼이 용서하고 이 상황이 벌어진 일에 대한 자기 몫의 책임을 완전히 받아들이는 것이다. 우리의 처신, 행동, 생각, 결정이 그 상황에 모종의 역할을 했을 것이다. 따라서 우리도 최소한 부분적인 책임이 있다. 훌륭한 사람은 책임이라는 부담을 짊어지고 부정적인 감정을 내려놓는다. 그러니 사람들을 기꺼이 용서하고 자신의 남은 삶을 잘 사는 데 집중하라.

현실의 법칙

사랑과 관계에 적용되는 열한 번째이자 마지막 법칙은 현실의 법칙 (law of reality)이다. 가장 단순하게 말해 사람들을 당신이 원하는 모습이 아니라 있는 그대로 대하라. 사람들을 바꾸려 하거나 그들이 당신을 위해 바뀌기를 기대하지 마라.

이 법칙이 들려주는 첫 번째 조언은 행복의 조건과 관련 있다. 행복하기 위해서는 사람들이 보이는 모습 그대로 바뀌지 않으리라는 사실을 받아들여야 한다. 이는 가장 성숙한 깨달음 중의 하나이다. 코미디언 플립 윌슨(Flip Wilson)이 했던 말을 명심하라. "당신은 눈에 보이는 그대로 얻는다." 즉, 당신 눈에 보이는 게 다다. 상대가 어떤 사람이든 당신은 있는 그대로의 그 사람을 얻는다. 사람들은 보이는 그대로가 전부이다. 사람들은 평생을 바쳐 당신 눈앞에 있는 그 사람이 되었고, 설령 자신이 원한들 바뀌지 않을 가능성이 크다. 가장 내밀한 믿음과 확신에 의문을 품게 만드는 충격적인 정서적 경험을 하지 않는다면 그들은 언제까지나 거의 지금 모습 그대로일 것이다.

현실의 법칙은 또한 행복한 관계를 만드는 비결을 알려준다. 상대방을 무조건 받아들여라. 인간의 가장 깊은 잠재의식적인 갈망 가운데 하나는 타인에게 완전히 받아들여지고 싶은 욕구이다. 매슬로는 욕구 단계 이론에서 이런 수용과 소속의 욕구를 세 번째 기본 욕구로 정의했다. 따라서 비판하거나 비난하지 말고 상대방이 유일무이한 놀라운 존재라는 사실을 있는 그대로 받아들여야 한다.

대다수 사람은 상대방을 비판하거나 어딘가 다르다고 말할 때 그 사람을 거부하고 그 사람이 자신의 기준에 미치지 못한다고 말하는 것임을 깨닫지 못한다. 이런 말은 상대방에게 깊은 두려움, 열등감, 불안감을 야기한다. 대신에 상대방을 무조건 받아들이고 어떻게 행동하든 말하든 아무 의심 없이 인정한다는 사실을 분명하게 알려라. 그러면 상대방은 자신을 굉장히 좋게 생각하고 결과적으로 관계의 질이 몰라보게 좋아질 것이다.

4장을 마무리하면서 가장 중요한 원리 중 하나를 소개하고자 한다. 당신이 사람들과 얼마나 잘 지내느냐는 자신과 얼마나 잘 지내는지에 달려 있다. 여기에는 상응의 법칙이 절대적이다. 자신을 좋아하거나 사랑하는 것보다 남을 더 많이 좋아하거나 사랑할 수 없다. 자신을 인정하거나 이해하는 것보다 남을 더 많이 인정하거나 이해할 수 없다. 따라서 다른 사람과의 관계의 질을 개선하는 최선의 방법은 자기 자신을 개선하는 일이다. 자신이 진정으로 통제할 수 있는 유일한 사람이 바로 자신이므로 다른 사람을 바꾸려고 노력하는 대신 자신을 개선하는 데 집중할 때 스스로도 놀랄 만큼 큰 차이를 만들 수 있다. 당신이 먼저 더 좋은 배우자가 되면 더 좋은 배우자를 갖게 될 것이다. 당신이 더 좋은 부모가 될 때 아이들은 당신이 놀랄 정도로 더 나아질 것이다. 관리자가 더 나아지면 직원들이 더 나아지고, 판매원이 더 나아지면 고객이 더 나아신다.

자기 개선에 힘쓰고 공부, 연습, 반성을 통해 더 나은 사람이 되는 일에 집중할 때 인간관계의 모든 측면도 개선될 것이다. 다른 사람들과의 모든 관계와 상호 작용을 자신이 발전시키고 싶은 자질을 실천하는 기회로 사용하는 것만으로도 훌륭한 사람이 될 수 있다. 충분히 인내하고 충분히 끈기를 갖고 계속할 때 되고 싶은 그 어떤 사람도 될 수 있다.

관계를 다스리는 법칙

헌신의 법칙. 헌신의 수준은 관계의 장기적인 건강과 행복을 좌우하는 결정적인 요소이다.

가치의 법칙. 사랑은 가치에 대한 반응이다. 우리는 언제나 자신이 가장 존경하고 존중하는 자질의 요건에 맞는 사람을 사랑한다.

양립성의 법칙. 믿음, 태도, 가치관, 열망이 비슷한 사람들이 더 잘 어울린다.

의사소통의 법칙. 행복한 관계의 생명은 좋은 의사소통이다.

관심의 법칙. 우리는 항상 가장 사랑하고 가장 가치 있게 생각하는 것에 관심을 기울인다.

자기 존중의 법칙. 우리가 삶에서 이루는 모든 것은 자기 존중과 내·외적인 자기 가치감을 증가시키거나 보호하는 것이 목적이다.

간접 노력의 법칙. 우리는 관계에서 직접적인 방식보다는 간접적인 방식으로 무언가를 얻는다.

역 노력의 법칙. 더 열심히 노력하지 않을수록 관계가 더 쉬워질 수 있다.

통제의 법칙. 관계에서 느끼는 행복의 크기는 자신이 현재 상황을 얼마나 통제할 수 있다고 생각하느냐에 달려 있다.

동일화의 법칙. 우리는 자신과 동일시하는 모든 것과 모든 사람의 지배를 받는다. 우리가 개인적으로 받아들이고 감정적으로 동일시하는 것, 애착을 갖게 되는 것은 우리의 감정적인 눈을 흐리게 만들고 우리가 그것의 통제와 지배를 받도록 만드는 경향이 있다.

용서의 법칙. 정신적인 건강과 성숙도는 우리에게 상처를 주었다고 생각하는 사람을 얼마나 기꺼이 용서할 수 있는가에 달려 있다.

현실의 법칙. 사람들을 당신이 원하는 모습이 아니라 있는 그대로 대하라. 사람들을 바꾸려 하거나 그들이 당신을 위해 바뀌기를 기대하지 마라.

5장

경제적 자유를
이루어주는
법칙

몇 년 전 갤럽이 성공한 미국인 1,500명을 대상으로 광범위한 설문 조사를 하면서 자신의 위대한 성취를 어떻게 설명하는지 물었다. 대다수 응답자는 자신의 상식 수준이 평균보다 높은 것 같다고 대답했다. 그러면서 상식이란 '경험을 하고, 그러한 경험에서 배우며, 이렇게 배운 것을 다음 경험에 적용하는 능력'이라고 정의했다. 이러한 능력 덕분에 그들은 꾸준히 더 나아졌고 마침내 자신의 분야에서 리더의 자리에 올랐다고 결론을 내렸다.

이들 리더는 상식에 대한 또 다른 정의도 제시했다. 불필요한 부분을 제거하고 핵심에 도달하며 세상을 있는 그대로 볼 수 있는 능력이 상식이라고 했다. 그들은 자신이 보통 사람보다 현실을 훨씬 정직하고 객관적으로 평가한다고 생각했다. 그들은 세상에 존재하지 않는 것을 소원하고, 희망하고, 보는 자기 망상의 늪에 빠지지 않았다. 그들은 엄연한 현실을 외면하는 것이 아니라 자신의 세계관에 통합시켰고 의사 결정과 행동의 근거로 삼았다.

이것이 익숙하게 들릴지도 모르겠다. 앞서 이것을 현실의 법칙으로 소개했으니 그럴 만하다. 제너럴일렉트릭(General Electric Corporation)의 전설적인 전 경영자 잭 웰치(Jack Welch)는 이것이야말로 리더들의 가장 중요한 성공 원칙이라고 말했다. 말인즉슨 어떤 일에서건 성공하려면 세상을 자신이 바라는 대로가 아니라 있는 그대로를 기꺼이 볼 수 있어야 한다. 당신은 자신의 삶과 행동을 세상이 실제로 존재하는 방식에 사람들이 '행동해야 하는' 방식이 아니라 그들이 '실제로 행동하는' 방식에 맞추어야 한다. 에이브러햄 매슬로도 삶과 타인에 대해 절대적으로 정직하고 객관적일 수 있는 능력이 자아실현을 위해 노력하는 완벽히 성숙한 인간의 특징이라고 말했다.

> 어떤 일에서건 성공하려면 세상을 자신이 바라는 대로가 아니라
> 있는 그대로를 기꺼이 볼 수 있어야 한다

5장에서는 여러 경제학의 법칙을 알아볼 것이다. 나도 안다. 이것이 무미건조하고 지루한 주제라는 생각에 흥미가 싹 가시기 십상이다. 분명히 말하지만 경제적 행동은 인간 심리와 인간 행위에 관한 공부일 뿐이다. 개개인이 왜 그렇게 행동하는지, 그리고 동일한 방식으로 동기가 부여된 대다수 사람의 행동이 우리가 매일 주변에서 보는 경제적 조건과 가능성을 어떻게 만들어내는지에 관한 공부 말이다.

경쟁이 치열한 오늘날의 경제에서 부자가 되고 싶다면 경제학의 법칙들을 반드시 이해해야 한다. 돈을 더 많이 벌고 지키는 법을 배우는 첫걸음은 그러한 법칙을 완벽히 통달하는 일이다. 그래야 기회를 예상하고 경제적인 좌절과 실패를 피할 수 있다. 경제학의 법칙과 원리를 이해하면 주변 사람들보다 더 멀리, 더 빠르게 나아갈 수 있다. 이때 무엇보다도 통합성이 강화되는데 당신 세상의 주요 사건들을 이러한 법칙에 익숙하지 않을 때는 불가능한 방식으로 이해할 것이기 때문이다.

인간의 심리 구조가 동일하므로 우리는 사실상 모든 상황에서 특정한 목표를 달성하기 위해 특정한 방식으로 행동한다. 이러한 원리는 남녀노소, 교육 수준, 인종, 문화, 국적을 초월해 모든 사람에게 적용되며 설명이 불가능해보이는 많은 것을 설명해준다. 이러한 인간 행동 범주들을 공부하면 행동 심리학과 인지 심리학을 깊이 이해할 수 있다. 경제 법칙들은 동네 마트의 사과 가격에서부터 수십억 달러의 예산 적자를 설명해준다. 이러한 법칙은 아주 명백하고, 강력하며, 유연해서 우리는 이러한 법칙을 통해 가능하다고 생각했던 것보다 자신의 세상을 더 정확히 해석할 수 있다.

야망의 법칙

첫 번째 경제학 법칙은 야망의 법칙(law of ambition)이다. 이 법칙을 가장 단순하게 정의하면 우리의 모든 행위는 어떻게든 자신의 조건을 개선하기 위한 시도라는 것이다. 인간은 본래 목표 지향적인 존재이고 언제나 더 많이 성취해야 동기가 부여된다. 목표는 유아기부터 노년이 되기까지, 심지어 매 순간 바뀔지언정 우리는 야망이 있다. 우리는 자신의 삶을 적어도 삶의 일부를 어떤 식으로든 개선하고 싶다. 지금 얼마를 벌든 더 많이 벌고 싶고, 항상 지금보다 더 건강해지고 싶다. 집이 있는 사람은 더 큰 집을 원하고, 더 큰 집을 가지면 한 채 더 갖고 싶어지는 것이 인지상정이다. 자동차가 있으면 더 큰 자동차를 원한다. 끊임없이 모든 것을 더 많이, 더 빨리, 더 좋고, 더 새롭고, 더 저렴한 것을 얻기 위해 노력하는 일은 정상적이고도 자연스러우며 지극히 인간다운 욕망이다.

인간의 야망을 제약하는 것은 스스로가 자신의 마음에 부여하는 내적인 한계 또는 법률과 사회가 부과하는 외적인 한계뿐이다. 소련은 1917년부터 1991년까지 74년간 새로운 유형의 인간을 창조하려고 무던히 애를 썼다. 야망에 의해 동기가 부여되지 않을 인간이었다. 결과적으로 소련의 시도는 완전한 실패로 막을 내렸다. 소련이 해체됨으로써 사람들이 자신의 야망을 실현하고 자신의 조건을 개선하는 일이 또다시 가능하다는 사실을 알게 되자 74년간의 모든 노력이 한순간에 물거품이 되었다. 에너지와 열정이 봇물처럼 터져나와 온 세상이 경이의 눈으로 바라볼 정도로 소련 정권을 빠르고 급작스럽게 집어삼켰다. 하지만 결코 경이로운 일이 아니었다. 개인의 야망에서 비롯한 대규모의 집단행동일 뿐이었다.

이 사례는 인간 행동에 관한 또 다른 형태의 ABC 이론으로 이어진다. 우리가 행동하기 위해서는 세 가지가 필요하다. 가장 먼저 자신의 현재 조건에 절대 만족하지 않아야 한다. 이것이 A이다. 두 번째로 필요한 조건은 C인데 자신이 추구할 수 있는 훨씬 더 만족스러운 조건을 필히 알아두어야 한다는 것이다. 마지막으로 현재 위치에서 가고 싶은 곳으로 갈 수 있는 방법, 즉 B가 존재한다고 믿어야 한다.

다시 말해 행동하기 위해서는 불만을 느끼는 상태 A가 있어야 한다. 반드시 현재 상황에서 불행해야 하고, 어떻게든 상황을 개선하고 싶어야 한다. 이번 ABC 공식에서 C는 더 만족스러운 상태를 인식하는 것을 가리킨다. 이는 다시 둘 중 하나를 의미한다. 반드시 자신이 원하는 무언가가 있어야 한다. 혹은 바늘방석에서 일어서는 것처럼 자신이 달성할 수 있으면서 불만을 해소해줄 조건이 있어야 한다. B는 자신이 할 수 있는 무언가, A에서 C로 가기 위해 자신이 밟을 수 있는 단계를 인식한다는 뜻이다.

쉬운 예로 당신이 고물 자동차를 운전하다 직장 동료가 새 차를 타고 지나가는 것을 보았다고 하자. 당신은 고물 자동차에 불만이 생기는 동시에 좀 더 새 차를 가지면 이 불만이 해소될 것이라 생각할 수도 있다. 이제 ABC 공식에서 A와 C가 존재한다. 여기서 B는 어떤 것일까? 더 열심히 일해 돈을 더 많이 벌면 원하는 자동차를 살 수 있을 것이라는 결론 내린다면 이것이 B가 될 수 있다. 이런 식으로 야망 수준이 높아지면 더 열심히 노력하게 되고 종국에는 그 욕구를 충족하게 된다.

반면 A와 C는 있는데 B가 없다면 어떻게 될까? 불만을 느끼고 더 만족스러운 상태가 어떤 것인지 알지만 그 상태에 도달하기 위해 무슨 행동을 어떻게 해야 하는지 모른다면? 아예 행동할 엄두가 나지 않을 것이다. 예를 들어 당신이 고물 자동차를 몰고 가다가 롤스로이스에 추월당했다고 하자. 슈퍼카를 타면 얼마나 기분이 좋을지 상상의 나래를 펼 수는 있어도, 그것을 살 수 있을 만큼 돈을 번다는 것은 상상조차 하지 않는다. 요컨대 롤스로이스를 보는 것은 행동하도록 동기를 부여하지 않을 것이다. 즉, A와 C는 있지만 B가 없다.

야망 수준의 차이는 사실상 욕망과 믿음 수준의 차이이다. 현재 위치에서 가고 싶은 곳으로 갈 수 있다고 진심으로 믿으면 현재 불만 상태인 A에서 더 크게 만족하는 상태인 C로 가기 위해 끊임없이 노력할 수밖에 없을 것이다.

이것이 바로 학습된 무기력과 학습된 낙관주의의 차이이다. 대다수 사람은 우리 사회에서 가장 성공한 이들에 견주어도 능력과 재능은 별반 차이가 없다. 하지만 그들은 자신의 야망을 실현하기 위해 자신이 할 수 있는 일이 거의 없다고 믿는다. 그들은 무기력과 무력함을 느끼고 그리하여 지금 하고 있는 일을 계속할 뿐이다. 그들은 목표를 달성할 수 있는 능력을 키우기는커녕 되레 욕망과 야망의 수준을 낮추기 때문에 훨씬 낮은 성취 수준에서 만족할 수 있다.

이뿐만 아니라 야망의 법칙에 따르면 완벽하게 만족하거나 완전히 무기력할 때 사람들은 자신의 조건을 개선하기 위해 행동하려는 의지가 없을 것이다. 사람들이 자신을 지속적으로 개선하려는 노력을 하지 않는 이유는 둘 중 하나이다. 첫째, 이미 만족스러운 상태에 있기에 더 이상의 개선이 필요하다거나 바람직하다고 생각하지 않는다.

둘째, 자신이 무엇을 해도 큰 차이가 없을 것이란 절망 상태에 빠져 있다. 때로는 이것들이 생각과 추론에 의해 의식적으로 판단한 가정이고, 또 때로는 자신을 정신의 막다른 골목으로 이끄는 것임을 깨닫지 못한 채 무의식적으로 내린 결론이다.

최소 노력의 법칙

두 번째 경제학 법칙은 우리는 늘 최소한의 노력으로 원하는 것을 얻고자 한다는 최소 노력의 법칙(law of minimum effort)이다. 누구나 자신의 시간, 돈, 에너지, 자원을 가치 있게 생각하기 때문에 그러한 것을 아끼려 가능한 모든 수단을 동원한다. 우리는 이러한 것을 최대한 신중하게 사용해 원하는 것을 얻으려 한다. 우리가 경제적인 존재라고 말하는 것은 우리가 경제적으로 선택한다는 의미에 지나지 않는다. 우리는 특정한 욕망이나 욕구를 충족하기 위해 꼭 필요한 것 이상을 쓰지 않는다.

최소 노력의 법칙은 동일한 결과를 더 쉽게 얻을 방법이 있을 때 당신은 더 힘든 길을 의식적으로 선택할 수 없다는 뜻이다. 인간의 심리 구조가 목표를 달성하는 더 쉬운 길을 알 수 있을 때, 물론 이때는 다른 모든 것이 동일하다고 가정하고 더 어려운 길을 선택하지 못하게끔 되어 있다.

당신만이 아니라 우리 전부 그렇다. 심지어 동물도 예외가 아니다.

목초지에 가보면 소들이 항상 가장 쉬운 길을 따라 이동하는 모습을 볼 수 있다. 뒤의 소들은 앞의 소들이 간 길을 그대로 따라가고 소들이 지나간 자리가 다져져 소의 이동 경로가 된다. 우리의 뇌에도 이와 비슷하게 다져진 길이 있다. 자신이 여기서 저기로 이동하는 가장 쉬운 길이라고 받아들였기 때문에 아무 생각 없이 자동으로 따르는 습관화된 행동 방식의 길이다.

이뿐만 아니라 최소 노력의 법칙에 따르면 우리 인간은 태생적으로 게으르다. 매사 저항이 가장 적은 경로를 따르기에 그렇다. 그렇게 보면 게으름은 인간의 모든 행동에서 정상적이고, 자연스러우며, 본질적인 측면이다. 게으른 성향은 과학과 기술 분야에서 위대한 모든 진보를 탄생시켰고, 진보가 성공하려면 노동력을 아낄 필요가 있기 때문이다. 가장 부유한 국가들과 가장 성공적인 기업들을 보라. 노력이나 자원을 최소한으로 써서 최고 품질의 재화와 용역을 생산한다.

게으름 자체는 긍정적인 의미도 부정적인 의미도 가지지 않는다. 가치 판단도 아니다. 우리가 게으름을 표출할 때에만 그것이 좋거나 나쁜 가치를 가진다. 원하는 것을 더 빠르고 더 효율적으로 얻을 방법을 끊임없이 찾는 방식으로 게으름을 보여준다면 이는 좋은 자질이다. 소파에 뒹굴며 TV를 보는 것으로 게으름을 드러낸다면 이는 나쁜 자질이다.

특정 자질이 좋은지 나쁜지 가늠하는 궁극의 기준은 무엇일까? 그 자질을 사용함으로써 자신의 삶을 가장 경제적인 방식으로 개선하는지 여부에 달려 있다. 게으른 어떤 행위로 삶을 충만하고 풍요롭게 만

든다면 게으름이라는 인간의 타고난 특성을 가장 고귀하고 유익하게
사용하는 것이다.

극대화의 법칙

세 번째 경제학 법칙은 극대화의 법칙(law of maximization)이다. 우
리는 투입하는 시간, 돈, 자원에 대해 늘 최대한의 이익을 추구한다는
법칙이다. 이 역시도 거의 모든 상황에서 우리가 어떻게 행동하는지
명확히 설명해주는 그 이상의 의미는 없다. 하지만 다른 사람의 행동
을 해석하고 이해할 때 혼란을 피하려면 이 법칙을 아는 것이 매우 중
요하다.

> 우리는 투입하는 시간, 돈, 자원에 대해
> 늘 최대한의 이익을 추구한다

극대화의 법칙은 두 가지 원리로 이루어진다. 첫째, 다른 모든 조건
이 동일할 경우 더 많은 것과 더 적은 것 중에서 선택할 수 있다면 우리
는 자신의 상황을 극대화하기 위해 항상 더 많은 쪽을 선택하게 된다.

두 번째 원리는 더 많이 원하는 욕망은 자연스러운 본능이라는 점
이다. 사실 인간의 또는 욕망과 성취가 다 그렇다. 예를 들어 무언가
를 파는데 한 사람은 5달러, 다른 사람은 6달러를 제시한다면 당연히

6달러를 선택하지 않겠는가. 우리 모두는 적은 것보다는 더 많은 것을 선택하기 마련이다. 더 적은 금액을 선택하려면 더 가치 있는 무언가가 반드시 선택지에 있어야 한다. 예컨대 회사를 매각하려는 소유주가 두 투자자 집단에게서 제안을 받는다고 치자. 한 집단은 완벽한 고용 승계로 기존 직원의 일자리와 생계를 보장하겠다고 약속하지만 더 낮은 인수 가격을 제시한다. 다른 투자자 집단은 더 높은 인수 가격을 제시하지만 직원들의 완벽한 고용 승계를 약속하지 않는다. 이 경우 종종 소유주가 앞의 투자자 집단의 손을 들어주기도 한다. 시간이나 돈, 자원을 교환할 때 우리는 다른 모든 조건이 동일하다면 언제나 최소한으로 주고 최대한 많이 요구할 것이다.

더 많이 원하는 이 욕망은 우리 모두가 선천적으로 탐욕스럽다는 뜻이다. 탐욕 자체도 게으름처럼 긍정적이지도 부정적이지도 않다. 그저 하나의 사실일 뿐이다. 더 적은 것보다 더 많은 것을 선호한다는 점에서 모든 사람은 탐욕스럽다. 물론 탐욕을 부리는 대상은 사람마다 다를 수 있다. 위대한 인도주의자로 추앙받았던 성녀 마더 테레사도 최대한 많은 사람에게 봉사하려는 강렬한 욕망이 있었으니 탐욕스러웠다. 부모는 자녀에게 탐욕을 드러내고 자녀에게 가장 좋은 것을 해주고 싶어 한다. 운동선수는 최고의 성과를 내고 이에 대해 최대한의 보상을 원한다는 점에서 탐욕스럽다. 유일한 걸림돌은 대다수 사람이 현재 위치에서 가고 싶은 곳으로 갈 방법을 모른다는 점이다. 목표를 이루고 욕망을 충족시킬 방법을 알게 되면 그들은 곧장 행동에 나선다.

시간 선호의 법칙

경제학과 관련해 알아두어야 하는 네 번째 법칙은 시간 선호의 법칙 (law of time preference)이다. 시간이 곧 삶이며 누구나 자신의 삶을 가치 있게 생각하므로 우리는 무슨 욕망이든 미래의 어느 시기보다는 더 일찍 충족되길 선호한다. 달리 말해 지연된 만족보다 즉각적 만족을 더 좋아하고, 때로는 만족을 미루려면 상당한 보상이 따라와야 한다.

이 법칙의 결과로 동일한 보상을 지금 받는 것과 미래 언젠가 받는 것 중 선택할 수 있을 때 사람들은 피치 못할 사정이 없다면 나중보다는 지금 받을 것이다. 예를 들어 누군가가 "1,000달러를 오늘 드릴 수도, 반년 뒤에 드릴 수도 있어요"라고 말한다면 다른 모든 조건이 동일하다는 가정하에 당신은 언제 돈을 받고 싶은가?

대답은 들으나 마나다. 선택할 수 있다면 지금 받을 것이다. 이유가 뭘까? 지금이 가치가 더 크기 때문이다. 다시 말하면 그 돈으로 살 수 있는 것을 나중이 아니라 더 일찍 즐길 수 있어서이다.

시간 선호의 법칙에 따라 만족을 지연하는 것에 대해서는 상응하는 보상이 필요하다. 오늘 보상을 즐기는 것을 기꺼이 미루려면 미래에 더 많이 보상받을 필요가 있다. 일례로 이자율은 미래 특정 시점까지 소비를 미루는 것에 대한 보상에 지나지 않는다. 1달러를 오늘 또는 1년 뒤에 소비할 수 있다고 할 때 1년을 기다리는 데가모 녀 른 구 매력을 원할 것이 아닌가. 요컨대 모든 이자율은 기다림에 대한 보상일 뿐이다.

경제 역사가 기록된 이래로 사람들이 기다리기 위해 필요한 연 평균 이자율은 대략 3~4퍼센트이다. 이자율이 3퍼센트보다 높을 때 추가로 발생하는 이자 소득은 잠정적인 물가상승률, 이자 소득에 부과될 수 있는 세금, 원금 보전의 위험 수준을 반영한다. 이 중 하나라도 높으면 만족을 현재에서 미래로 지연하기 위해 필요한 이자 금액은 늘어날 것이다. 바로 이런 까닭에 물가상승률이 높은 일부 국가에서는 채무자가 월 20퍼센트나 30퍼센트 심지어 40퍼센트의 이자를 내는 사례도 드물지 않다. 이 역시도 만족 지연에 대한 보상이며 시간 선호의 법칙에 바탕을 둔다.

이 법칙의 또 다른 원리는 우리 모두 목표를 성취하는 것에서는 태생적으로 참을성이 없다는 사실이다. 이런 조급함 자체는 좋지도 나쁘지도 않다. 자신의 삶을 가치 있게 생각하므로 자신의 시간과 그 시간으로 누릴 수 있는 쾌락과 만족도 가치 있게 생각하는 것은 당연하다. 이래서 우리는 이러한 만족을 나중으로 미루기보다 지금 즐기고 싶어 한다.

우리는 선천적으로 참을성이 부족하다. 무엇을 원하든 그것을 즉각 원한다. 욕망을 억제하고 만족을 지연하기 위해서는 자기 절제, 자기 통제, 자기 훈련이 필요하다. 심지어 길게 볼 때 그것이 훨씬 나은 선택이고 보상이 더 클지라도 그렇다. 후천적으로 개발해야 하는 이러한 자기 억제력이 부족한 아이들은 참을성이 더 없고, 그래서 모든 것을 당장 원한다.

허영심의 법칙

경제학에 적용되는 다섯 번째 법칙은 허영심의 법칙(law of vanity)이다. 이 법칙에서 보면 우리는 이기적이고 자기중심적이다. 우리는 자신의 외모, 의견, 선택, 관계, 사람들이 자신을 대하는 방식에 높은 가치를 부여한다. 누구나 자아중심적이고 허영심이 많다. 또한 남들이 자신을 어떻게 인식하는지에 극도로 신경을 쓴다. 사실 사람들이 당신을 어떻게 인식하고 생각하는지에 대한 당신 자신의 생각이 당신 성격의 대부분을 결정한다.

인간 행동에 허영심이 있고 자아가 인간 행동에 영향을 미친다는 사실은 의문의 여지가 없다. 패션, 자동차, 보석, 가구, 의류를 포함해 많은 산업의 기반은 남들에게 멋져 보이고 싶은 인간의 욕망에 호소하는 것이다. 실제로 다수에게 팔 수 있는 제품이나 서비스로 인간의 허영심을 공략할 독특하고 독창적인 소구점을 찾은 덕분에 막대한 부를 창출한 사례가 많다.

무지의 법칙

경제학을 이해할 수 있는 여섯 번째 법칙은 무지의 법칙(law of ignorance)이다. 이는 우리가 무언가에 대해 알아야 아는 모든 것을 알 수 없으므로 우리의 모든 행위에는 결과에 대한 다소간의 불확실성이 존재한다는 법칙이다. 우리 모두는 어느 정도 무지하다. 누구도 가장 사소한 주제부터, 우리가 알아야 할 모든 것을 모두 알고 있는 사람은 이 세상에 없다.

무지하기에 우리는 무슨 일이 생길지 정확히 예측할 수 없다. 심지어 오늘 하루 아무 사고 없이 무사히 보낼 수 있을지조차 확실히 알지 못한다. 통계 법칙과 확률 법칙에 따라서 가령 교통 법규를 잘 지키고 안전벨트를 착용하고 차간 거리를 넉넉히 유지한다면 사고 가능성이 줄어들겠지만 그럼에도 여전히 확실한 것은 없다.

무지는 우리 주변 어디에나 있다. 모든 사람이 무지하다. 나나 당신이 그렇듯이 대다수 사람은 방대한 주제에 대해 믿을 수 없을 만큼 무지하다. 솔직히 말하자면 우리가 잘 알고 있는 영역들은 우리가 무지한 영역들에 비하면 턱없이 적은 부분을 차지한다. 자칭 경제 동향의 예측 전문가라는 모든 사람이 알고 보면 일종의 추측에 의존하는 이유가 바로 여기에 있다. 누군가의 말마따나 자연은 항상 숨겨져 있는 결함의 편을 든다(이는 베네딕트 원리(benedict's principle)라고 불린다.-옮긴이). 머피의 법칙(murphy's law)도 잊지 말자. 잘못될 가능성이 있는 모든 것은 잘못될 것이다.

편의성의 법칙

내가 편의성의 법칙(law of expediency)이라고 명명한 일곱 번째 법칙이 아마도 경제학을 이해하는 데 가장 중요한 개념일 것이다. 간단히 말해 사람들은 언제나 자신의 행동이 가져올 부차적인 결과는 고려하지 않은 채 항상 최대한 가장 빠르고 쉬운 방법으로 원하는 것을 얻고자 한다는 의미이다.

사람들은 항상 최대한 가장 빠르고 쉬운 방법으로
원하는 것을 얻고자 한다

이 법칙의 첫 번째 원리는 게으름, 탐욕, 야망, 허영심, 무지, 조급함이 자연스럽고 정상적인 인간의 본성이라는 것이다. 이것은 우리의 본바탕이자 타고난 민낯이고, 좋지도 나쁘지도 않다. 그저 하나의 사실일 뿐이다. 우리 모두는 게으르고 탐욕스럽고 야심적이고 허영심 많고 무지하고 참을성이 없다. 우리 모두가 불완전하므로 우리가 사는 세상도 불완전하다.

이뿐만 아니라 편의성의 법칙은 우리가 안정, 안락함, 시간적 여유, 사랑, 존중, 성취감을 최대한 빠르고 쉬운 방법으로 얻고자 한다는 뜻이다. 우리는 저마다 다양한 욕구와 욕망, 충동과 본능, 희망과 꿈을 갖고 있다. 그리고 이러한 영역에서 최대한 빠르고 쉬운 방법으로 만족감을 얻도록 동기가 부여되며 허영심과 무지와 조급함이 이것을 더욱 부채질한다.

종종 최소 저항 경로라고도 불리는 편의성의 법칙은 세상이 작동하는 방식을 설명한다. 또한 상황이 왜 잘못되고 사람들이 왜 그렇게 행동하는지 알려준다. 세상 모든 사람은 자신의 행동이 장기적으로 어떤 결과를 초래할지 신경 쓰지 않고 그저 지금 당장 원하는 것을 가장 빠르고 쉽게 얻을 수 있는 방법을 찾기 위해 생각할 수 있는 모든 방법을 동원한다.

이중성의 법칙

경제학과 관련된 여덟 번째 법칙은 이중성의 법칙(law of duality)이다. 이 법칙에 따르면 우리가 어떤 일을 하는 데는 늘 두 가지 이유가 있는데 남들에게도 좋게 들리는 이유와 그 일을 하는 진짜 이유가 그것이다. 사람들은 자신이 하는 무슨 일에 대해서든 사회적으로 가장 용인되고 희망적으로 들리는 이유를 내세운다. 누군가가 무언가를 하는 진짜 이유는 예외가 거의 없이 지금 당장 원하는 것을 가장 빠르고 쉽게 얻을 수 있는 방법이라고 생각하기 때문이다.

다시 말하지만 누구나 자신이 하는 모든 것에 대해 사회적으로 용인될 수 있는 이유를 댄다. 우리는 이것을 합리화라고 부른다. 합리화는 사회적으로 용인되지 못할 수도 있는 행위에 사회적으로 유리한 해석을 적용한다는 뜻이다.

시카고 대학교의 제임스 M. 뷰캐넌(James McGill Buchanan) 교수는 경제학 분야의 획기적인 업적을 인정받아 노벨 경제학상을 수상했다. 그의 업적은 바로 공공 선택 이론(public choice Theory)이다. 사실 이는 정치에 경제학 원리인 편의성의 법칙을 적용한 것이다. 뷰캐 넌은 정치인이 어떠한 상황에서 어떻게 행동할지 이 편의성의 법칙을 사용해 정확히 예측할 수 있음을 입증했다. 선출직 정치인의 가장 큰 욕망은 선거에서 당선되거나 재선되는 일이다. 따라서 해당 선거구의 여론 조사 결과를 통해 특정 정책을 지지하는 유권자가 얼마나 많은 지 알아내면 누구라도 그 정치인이 법안 등을 어떻게 지지할지를 예 측할 수 있다. 정치인은 어떤 정당에 속해 있든, 정치적 신념이나 철 학, 도덕적 기준과는 무관하게, 채택될 가능성이 높은 법안을 선택할 것이다. 요컨대 뷰캐넌은 민주주의 정치에서 편의성의 법칙으로 특정 정치인이 어떻게 표를 행사할지 매우 정확히 예측할 수 있기 때문에 노벨상을 수상했다.

부차적 결과의 법칙

아홉 번째 경제학의 법칙은 편의성의 법칙에서 파생한 부차적 결과의 법칙(law of secondary consequences)이다. 모든 행동은 직접적인 결 과만이 아니라 간접적이거나 부차적인 결과를 낳는다. 부차적인 결과 를 고려하는 것은 지혜로운 사람의 전매특허이다. 뛰어난 사상가는 체스 선수가 경우의 수를 따져 몇 수 앞을 보듯이 미래를 내다보고, 자신의 행동으로 말미암아 벌어질 일을 예상하며, 행동하기 전에 그 러한 잠재적인 결과를 고려할 수 있다.

이 법칙을 뒤집어 생각하면 부차적인 결과를 무시하는 것은 어리석은 사람의 특징이고 실패의 주요 원인이라는 결론이 나온다. 잘못된 가정이 모든 실패와 좌절의 근본 원인이다. 생각 없이 행동하고 특정 행동의 부차적인 결과를 고려할 마음이 없거나 고려할 수 없다면 실패는 기정사실처럼 보인다. 애초에 행동하게 만든 이유는 언제나 긍정적으로 보이고 단기적인 쾌락이나 만족으로 이어지지만, 장기적인 결과는 생각보다 훨씬 큰 고통과 아픔을 초래할 수도 있다.

성인으로서 우리가 경험하는 성공과 실패를 한 문장으로 요약할 수 있다. 장기적인 이익을 위해 단기적인 고통을 감내한다. 열심히 노력하고, 전심전력을 다하고, 저축하면서 단기적으로 스스로를 채찍질하고 희생한다면 장기적으로 상당한 보상을 얻을 수 있다.

이 방정식을 뒤집으면 단기적인 이익과 장기적인 고통을 맞바꾼다는 의미이다. 매 순간 현재를 즐기기로 선택한다면 장기적으로는 고통스럽고 힘든 결과를 맞이할 수도 있고 맞이할 거라는 뜻이다. 이 법칙은 오늘날 우리 사회의 많은 불행을 설명해준다.

의도하지 않은 결과의 법칙

열 번째 경제학 법칙은 많은 행동의 궁극적인 결과가 당초 아무것도 하지 않았을 경우보다 훨씬 나쁘다는, 의도하지 않은 결과의 법칙(law of unintended consequences)이다. 오늘날 정치는 부메랑이 되어 돌아온 의도하지 않은 결과의 지뢰밭이다.

의도하지 않은 결과의 법칙이 어떤 사태를 초래할지 자명하다. 행동이 성공하기 위해 편의성의 법칙을 위반해야 한다면 의도하지 않은 부정적인 결과가 반드시 일어나게 되어 있다. 어떤 법이나 규제의 성공 여부가 사람들이 선천적인 충동인 게으름, 탐욕, 야망, 이기심, 허영심, 무지, 조급함을 극복하는 것에 달려 있다면 실패할 것은 불을 보듯 빤하다. 누구도 인간의 본성을 바꿀 수 없다. 우리가 할 수 있는 것은 자신의 삶을 적극적으로 개선하고 본인의 성격에 내재된 기본적인 동인을 열심히 따르려는 사람들이 사회 전체를 위해 생산적이고 건설적인 방식으로 행동할 수 있도록 사회를 조직하는 일이다. 이러한 사회는 자유기업제도(free enterprise system)라고 불린다.

선택의 법칙

경제학의 근간을 이루는 열한 번째 법칙은 선택의 법칙이다. 인간의 모든 행동이 선택이며, 사람들은 항상 그 순간 자신의 주된 가치관을 토대로 선택한다. 우리 인간은 선택하는 존재이다. 우리는 자신이 생각하는 중요도를 기준으로 끊임없이 선택한다. 우리가 하는 모든 행동은 모종의 선택을 내포한다. 매분, 매시간, 매일 자신이 하는 선택을 살펴보는 것만으로 자신이 어떤 사람이고, 무엇을 믿고, 무엇을 중요하게 생각하는지 정확히 알 수 있다.

선택의 법칙에는 세 가지 원리가 있다. 첫째는 가치관이 언제나 행동으로 표출된다는 점이다. 앞서 말했듯이 우리는 진심으로 믿고 가치 있게 생각하는 것을 늘 행동으로 보여준다. 우리는 진정으로 믿고 가치 있게 생각하는 것을 말, 바람, 희망, 의도가 아니라 오직 행동을 통해 드러낸다.

가치관은 언제나 행동으로 표출된다

두 번째 원리는 우리가 그 순간에 가장 가치 있게 생각하는 것을 선택한다는 것이다. 이는 예외가 없다. 뷔페 식당에서 접시에 담는 음식은 바로 그 순간 자신이 가장 가치 있게 생각하고 원하는 음식을 정확히 반영한 것이다.

셋째, 우리가 하거나 거부하는 행동 모두 선택을 내포하고 자신의 가치관, 믿음에 관한 일종의 성명서이다. 핵심은 행동과 무행동 모두 결과를 초래한다는 사실이다. 무언가를 하겠다는 결정도, 하지 않겠다는 결정도 결과를 낳고 이러한 결정은 가치관에 기반한다.

예를 들어 아침마다 도움이 될 만한 책을 읽는다면 이는 TV를 보고 신문을 읽는 것과는 다른 일련의 가치관을 보여준다. 점심시간이나 퇴근 후에 빈둥거리며 잡담으로 소일하는 대신 최상의 컨디션을 유지하기 위해 운동한다면 그렇지 않은 사람과는 사뭇 다른 일련의 가치관을 보여준다. 저녁에 TV를 보거나 모임에 참여하는 대신 책을 읽고 공부하거나 가족과 오붓한 시간을 보낸다면 이는 특정한 일련의 가치관을 드러내는 행위이다. 모든 상황에서 자신이 하기로 선택하는 것과 하지 않기로 선택하는 것이 자신의 미래를 결정한다.

배제된 대안의 법칙

열두 번째 경제학 법칙은 배제된 대안의 법칙(law of the excluded alternative)이다. 이는 무언가를 하기로 선택할 때마다 그 순간의 다른 모든 선택지를 자연스럽게 거부하거나 배제시킨다는 법칙이다. 결혼을 결심할 때는 세상의 다른 누군가와 결혼할 가능성을 동시에 거부하는 것이며, 밤에 외출할 때는 그 순간에 선택할 수 있는 다른 모든 가능성을 배제시키는 것이다. 요컨대 모든 선택은 다른 대안을 전부 거부한다는 뜻을 내포한다.

케이크를 보관하고도 싶고 먹고도 싶은 사람들이 있다. 이것도 조금, 저것도 조금 가지고 싶다는 심산이지만 꿩도 먹고 알도 먹고 할 수는 없다. 우리는 한 번에 하나만 선택할 수 있다. 따라서 모든 선택은 다른 모든 대안을 자동으로 거부하게 된다. 한정된 돈으로 무언가를 구매하는 일은 동시에 그 순간 세상에서 판매되는 다른 모든 것을 거부해야 한다는 뜻이다. 우리는 자신의 선택으로 자신이 가장 가치 있게 생각하는 것을 표현한다. 즉, 선택은 자신이 진정으로 믿고 가치 있게 생각하는 것을 알려준다. 자신의 선택과 가치관에 대해 신중히 생각해보라. 위대한 모든 결정이 가치관에서 나온다.

주관적 가치의 법칙

이는 경제학의 열세 번째 법칙이자 경제사에서 한 획을 그은 위대한 이론 중 하나로 이어진다. 19세기에 활동한 오스트리아 출신의 한 경제학자(오스트리아 학파의 창시자인 카를 멩거(Carl Menger)이다.-옮긴이)가 훗날 주관적 가치 이론(subjective theory of value, STV)으로 불리게 되는 개념을 주창했다. 이 이론에 따르면 모든 재화나 용역의 가치는 완벽히 개인적이다. 재화나 용역의 가치는 누군가의 '지불의사 가격(willingness to pay, WTP; 소비자 혹은 고객이 한 단위의 재화나 용역을 이용하기 위해 지불할 의사가 있는 최대 금액을 말한다.-옮긴이)'에 의해 결정된다. 어떤 것에도 내재된 가치는 없다. 가치는 언제나 주관적이다. 사람들은 언제든 자신을 가장 행복하게 해주거나, 자신의 불만을 최대한 줄일 수 있는 방법을 선택하기 마련이다. 아무도 다른 사람을 대신해서 선택할 수 없다. 아무도 다른 사람에게 무언가가 특정한 가치가 있는지, 없는지 말해줄 수 없다.

사람들이 무언가가 특정 금액의 가치가 있어야 한다고 말할 때 해야 한다는 단어가 경제학에서는 무의미하다는 사실을 알지 못한다. 그건 단지 의견의 표현일 뿐이고 대개는 "나는 누군가가 이 금액을 지불하게 만들어야 한다고 생각해"라는 뜻이다. 하지만 자유 사회에서 재화와 용역에 대해 책정된 가격이나 명시된 가격은 그것의 진짜 가치와는 거의 관련이 없다. 편의성의 법칙이든 주관적 가치의 법칙이든 경제학 법칙을 위반하려는 모든 시도는 장기적으로 볼 때 애초에 시도하지 않을 경우보다 훨씬 더 나쁜 결과를 초래한다.

주관적 가치의 법칙에서는 세 가지를 당부하고 싶다. 첫째, 가격이란 본래 해당 제품에 대한 사람들의 지불 의사 가격을 경험이나 지식에 기반해 합리적으로 추측한 액수이다. 또한 할인가 판매는 판매자가 처음의 호가가 너무 높았다고 인정한다는 뜻임을 알아야 한다.

마지막으로 제품이나 서비스에 대해 지불 요청을 받은 사람만이 그것의 가치를 결정할 수 있다. 모든 임금과 가격은 최소한 처음에는 임의로 정해진다. 하지만 그 임금과 가격이 유지될지 여부는 오직 시장에서 고객이 지불하려는 액수에 달려 있다. 임금이 너무 높은 사람은 해고되고 지나치게 높은 가격은 내려갈 것이다. 궁극적으로 볼 때 모든 것의 가격은 시장의 고객이 결정한다.

한계성의 법칙

경제학의 열네 번째 법칙은 한계성의 법칙(law of marginality)이다. 마지막 고객이 마지막 제품에 얼마를 지불할지가 전체 공급량의 가격을 결정한다는 이 법칙은 경제학의 핵심 법칙이다. 경쟁 시장에서 특정 제품의 가격을 결정하는 주체는 그것에 대한 욕구가 가장 크거나 돈이 가장 많은 고객이 아니다. 그 제품을 사거나, 다른 제품을 사거나, 아무것도 구매하지 않는 세 가지 선택지 중에서 고를 수 있는 마지막 고객이 그 제품의 최종 가격을 결정한다. 패스트푸드 업체들은 한계 고객(marginal customer)을 겨냥하는 실질 가격을 결정하는 능력이 탁월하다. 그래서 매일 영업을 종료할 때면 그날 만든 제품이 사실상 솔드아웃된다.

한계성의 법칙에서는 두 가지 원리를 알아야 한다. 첫째, 시장 청산 가격(market-clearing price, MCP; 균형 가격(equilibrium price)이라고도 한다.-옮긴이)은 모든 고객이 자신의 욕구를 만족시키고 모든 판매자가 제품과 서비스를 전부 판매하는 가격이다.

시장 청산 가격은 미시경제학과 거시경제학 둘 다의 본질이며 모든 경제적 활동을 이해하는 핵심이다. 이는 공급량과 수요량이 완벽히 균형을 이루는 가격이다. 다시 말해 제품이 모두 판매될 수 있고 그 제품을 원하고 특정 액수를 지불할 의사가 있는 모든 사람이 만족할 수 있는 가격이다.

시장 청산 가격이 너무 낮으면 수요가 공급을 초과한다. 그 제품을 원하고 구매력 있는 고객은 충분한데 제품이 부족하다는 뜻이다. 반대로 시장 청산 가격이 너무 높으면 제품은 충분한데 고객은 그 제품을 구매할 수 없거나 구매할 의사가 없을 것이다.

한계성의 법칙의 또 다른 원리는 한계적으로 사고(가장 마지막 단위의 재화나 용역을 통한 이득과 손실을 따지는 사고를 말한다.-옮긴이)하는 사람들의 행동이 모든 경제적 활동을 결정한다고 규정한다. 예를 들어 저축과 투자와 생산 활동을 결정하는 것은 일반적인 세율이 아니라 한계 세율(marginal tax rate)이다. 추가 소득 1달러에 부과되는 세금이 그 소득을 창출하기 위해 필요한 추가적인 노력을 할지 혹은 말지를 결정한다.

경제적 대체재의 법칙

마지막으로 알아볼 법칙은 경제적 대체재의 법칙(law of economic substitution)이다. 쉽게 말해 상품이나 서비스의 가격이 오를 때마다 고객은 더 낮은 가격으로 동일한 만족을 제공하는 대체재를 찾는다. 상품이나 서비스, 노동력이 지나치게 비싸지면 고객은 더 저렴한 대체물을 찾기 시작하고 시장에는 그러한 것을 제공하는 기업들이 등장한다. 가령 예전에 미국산 자동차의 가격과 유지 비용이 높아졌을 때 일본과 독일의 자동차 제조사들이 더 낮은 차량 가격과 더 낮은 서비스 비용을 앞세워 시장에 진입할 수 있는 기회를 얻은 것처럼 말이다.

이 법칙에 뿌리를 두는 기업이 많다. 이들 기업은 너무 높은 가격 때문에 시장에서 외면받는 제품이나 서비스를 대체해서 사람들을 만족시킬 신제품이나 새로운 서비스를 제공할 시장 기회를 알아본 누군가가 창업한 것이다.

결국에는 세상을 우리가 보고 싶은 모습이 아니라 있는 그대로 보라는 현실의 법칙이 모든 것을 지배한다. 경제학 법칙들을 해결해야 하는 문제나 어려움이 아니라 엄연한 현실로 받아들여라. 사람들이 편의성에 따라 행동하며 그러한 행동 속에 무한한 성공 기회가 있다는 사실을 받아들여라. 사람들은 지금 보이는 모습 그대로이며 절대 바뀌지 않을 거라는 사실을 받아들여라.

성공 비결 하나는 경제적 행동을 있는 그대로 이해하고 단기적인 것이 아닌 장기적인 행동 계획을 세우는 능력이다. 성공한 사람은 장기적인 관점을 토대로 장기적으로 생각한다. 그들은 미래를 내다보면서 오늘 결정을 내리고 행동을 취하며, 이러한 결정과 행동이 장기적으로 자신과 주변 사람들에게 긍정적인 결과를 가져다주게 된다. 이러한 경제학 원리를 수용하고 적용하는 능력이 당신에게 일어나는 모든 것에 중대한 영향을 미칠 수 있다.

경제적 자유를 이루어주는 법칙

야망의 법칙. 우리의 모든 행위는 어떻게든 자신의 조건을 개선하기 위한 시도이다. 인간은 본래 목표 지향적인 존재이다.

최소 노력의 법칙. 우리는 늘 최소한의 노력으로 원하는 것을 얻고자 한다. 누구나 자신의 시간, 돈, 에너지, 자원을 가치 있게 생각하기 때문에 그러한 것을 아끼려 가능한 모든 수단을 동원한다.

극대화의 법칙. 우리는 투입하는 시간, 돈, 자원에 대해 늘 최대한의 이익을 추구한다.

시간 선호의 법칙. 시간이 곧 삶이고 누구나 자신의 삶을 가치 있게 생각하므로 우리는 무슨 욕망이든 나중보다는 더 일찍 충족되길 선호한다. 즉, 지연된 만족보다 즉각적 만족을 더 좋아한다.

허영심의 법칙. 우리는 이기적이고 자기중심적이다. 우리는 자신의 외모, 의견, 선택, 관계, 사람들이 자신을 대하는 방식에 높은 가치를 부여한다.

무지의 법칙. 우리가 무언가에 대해 알아야 하는 모든 것을 알 수 없으므로 우리의 모든 행위에는 결과에 대한 다소간의 불확실성이 존재한다.

편의성의 법칙. 사람들은 항상 자신의 행동이 가져올 부차적인 결과는 고려하지 않은 채 항상 최대한 가장 빠르고 쉬운 방법으로 원하는 것을 얻고자 한다.

이중성의 법칙. 우리가 어떤 일을 하는 데는 늘 두 가지 이유가 있다. 남들에게도 좋게 들리는 이유와 그 일을 하는 진짜 이유이다.

부차적 결과의 법칙. 모든 행동은 직접적인 결과만이 아니라 간접적이거나 부차적인 결과를 낳는다.

의도하지 않은 결과의 법칙. 많은 행동의 궁극적인 결과가 당초 아무것도 하지 않았을 경우보다 훨씬 나쁘다.

선택의 법칙. 인간의 모든 행동이 선택이며, 사람들은 항상 그 순간 자신의 주된 가치관을 토대로 선택한다. 행동도 행동하지 않겠다는 결정도 선택으로서 결과를 가져온다.

배제된 대안의 법칙. 무언가를 하기로 선택할 때마다 그 순간의 다른 모든 선택지를 자연스럽게 거부하거나 배제시킨다.

주관적 가치의 법칙. 모든 재화나 용역의 가치는 완벽히 개인적이다. 재화나 용역의 가치는 누군가의 지불 의사 가격에 의해 결정된다.

한계성의 법칙. 마지막 고객이 마지막 제품에 얼마를 지불할지가 전체 공급량의 가격을 결정한다.

경제적 대체재의 법칙. 상품이나 서비스의 가격이 오를 때마다 고객은 더 낮은 가격으로 동일한 만족을 제공하는 대체재를 찾는다.

6장

협상의 고수에
이르는
법칙

하버드 교육대학원에서 인지 교육학을 가르치는 하워드 E. 가드너(Howard Earl Gardner)는 유명한 저서 《마음의 틀: 다중지능 이론》에서 지능은 여러 형태가 있다고 설명한다. 학교에서는 수학과 언어 지능만 측정하지만 미술, 음악, 운동, 신체, 과학 등의 지능도 있다. 가드너는 사람마다 여러 지능이 독특하게 조합을 이루고, 지능 조합이 자신의 일과 잘 맞을 때 뛰어난 수행 능력을 발휘할 수 있다고 주장한다.

우리 사회에서 가장 가치 있는 지능, 즉 가장 많은 돈과 가장 큰 행복을 선물하는 지능은 사회적 지능이라고 해도 틀리지 않다. 차차 설명하겠지만 간단히 말해 이는 사람들과 효과적으로 상호 작용하고, 의사소통하고, 협상하며 타협하는 능력이나. 사람들과의 상호 작용이 성공과 행복의 약 85퍼센트를 좌우하므로 이러한 기술을 향상시키기 위해 최대한 노력하는 일은 충분히 가치가 있다.

협상의 법칙은 경제학 법칙과도 밀접한 관련이 있다. 사람마다 때와 대상에 따라서 부여하는 가치가 제각각이므로 자신에게 가장 유리한 거래를 협상하고 싶은 것은 당연하다. 즉, 우리 모두가 협상에서 경제적으로 행동하게 된다. 돈이 오가는 모든 경제적 거래에서는 주관적 가치의 법칙에 토대를 두고 이루어진다. 이는 거래의 각 당사자가 자신이 내주는 것보다 상대방이 가진 것을 더 가치 있게 생각한다는 뜻이다. 오늘날 미국 같은 자유 사회에서 상업과 무역은 각자의 가치에 기반해서 교환하지 않을 경우보다 교환할 경우에 더 유리하다고 판단할 때에만 성사된다.

협상 상황에서 우리는 두 가지 경제학 법칙에 영향을 받는다. 최소화의 법칙(law of minimization)과 극대화의 법칙이다. 협상할 때마다 모든 것을 고려해 최소한으로 최대한을 얻고자 한다는 말이다. 무언가를 사거나 팔 때, 연봉 줄다리기를 할 때, 매매 조건을 흥정할 때, 이 모든 것이 협상의 범주에 포함된다.

아니, 삶 자체가 협상이다. 아기는 가능한 한 크게 소리쳐 울어 부모의 관심을 받기 위해 협상하고, 얌전히 누워 있는 것으로 부모의 관심에 보상한다. 아이들은 사랑과 스킨십이 음식, 관심, 따뜻함, 장난감 등등을 교환할 수 있는 통화(currency)라는 사실을 무의식적으로 잘 알기에 어릴 적부터 이 통화를 신중하게 거래하는 법을 터득한다. 말하자면 아이들은 거래할 수 있는 것이 그 두 개가 전부이기에 아무렇게나 소비하지 않는다.

모든 관계에서 어느 정도의 협상과 흥정이 늘 진행 중이다. 운전할 때조차 우리는 다른 운전자가 끼어들게 해주고 우리가 다른 운전자 앞에 끼어들면서 교통 상황을 고려해 협상한다. 식당에 가서도 가급적 가장 편안한 자리를 배정받기 위해 협상한다.

사실 협상 여부가 중요한 것이 아니다. 협상을 잘하는 것이 유일한 관건이다. 더 나은 거래를 하는 데 도움이 되는 열두 가지 협상의 법칙이 있다. 이 법칙들을 적용하면 이제 당신도 협상의 달인이 될 수 있다.

협상 여부가 중요한 것이 아니다.
협상을 잘하는 것이 유일한 관건이다

니렌버그의 법칙

첫 번째 협상의 법칙은 협상 전략 전문가이자 《협상 기술(The Art of Negotiating)》의 저자인 제러드 니렌버그(Gerard Nierenberg)의 이름을 딴 니렌버그의 법칙이다. 이는 협상의 기본 법칙으로 협상의 목표를 정의한다. 협상은 양 당사자가 자신의 니즈를 충족할 뿐 아니라 합의 사항을 이행하고 미래에 같은 상대와 또 협상하도록 동기를 부여하는 합의에 이르는 것이 목표이다. 보다시피 이것은 세 가지 요소로 이루어진다

첫째, 협상의 목표는 합의를 도출하는 것이다. 말인즉슨 협상에서

는 굳이 상대방을 이기거나 상대방보다 우위를 차지할 필요가 없다는 의미이다.

두 번째 요소는 양 당사자가 각자의 욕구를 만족시킨다는 점이다. 이는 한 당사자가 패배했다고 생각하는 합의는 성공적인 협상의 기본 요건을 충족하지 못한다는 뜻이다.

마지막으로 양측이 합의 사항을 이행하고 미래에 같은 상대와 또 협상하도록 동기가 부여되어야 한다.

코비의 법칙

━━━

협상의 두 번째 법칙은 저서 《성공하는 사람들의 7가지 습관》에서 협상을 해부하는 스티븐 R. 코비(Stephen Richards Covey)의 이름을 빌린 코비의 법칙이다. 이는 모든 협상에서 윈윈 해결책을 도출하기 위해 노력하되 이것이 불가능하면 어떤 거래도 하지 말아야 한다는 법칙이다. 다시 말해 당신은 양쪽 모두 승자가 될 수 있는 해결책을 도출할 것이며 그렇지 않다면 어떤 거래도 거부하겠다고 확실하게 마음을 정하고 협상 테이블에 앉아야 한다.

코비의 법칙은 두 요소로 이루어진다. 첫째 당사자 모두 자신이 이겼다고, 자신의 욕구가 충족되었다고 생각해야 한다. 둘째, 윈윈 합의에 도달할 수 있도록 양측의 처음 입장과 다를 수도 있는 제3의 대안을 찾아야 한다. 윈윈 해결책을 도출하겠다는 굳은 마음으로 개방적이고 수용적이며 유연한 태도로 논의한다면 종종 양측 모두가 처음에 생각하지 못했지만 각자가 생각해낼 수 있는 아이디어보다 훨씬 좋은 제3의 대안을 찾을 것이다.

쉬운 예로 어떤 부부가 여름 휴가를 계획하는데 둘의 생각이 첨예하게 다르다고 가정해보자. 남편은 산에서 하이킹하고 싶다는 뜻을 굽히지 않고 아내도 바다에서 일광욕을 즐길 기회를 포기할 마음이 조금도 없다. 이러한 강 대 강 상황에서는 둘 중 한 사람이 이길 수도 있고 (윈루즈와 루즈윈 상황이다) 아예 휴가를 가지 않을 수도(루즈루즈 상황이다) 있다. 대안이 없을까? 두 사람이 반씩 양보해 휴가의 절반은 산에서, 나머지 절반은 바다에서 보내기로 절충할 수 있다. 그런데 여기에는 문제가 있다. 둘 다 휴가의 절반을 불만 상태로 지내야 하기 때문이다. 또 다른 대안으로 캐나다 밴쿠버처럼 산도 바다도 가까운 도시로 휴가를 가면 어떨까? 이 선택은 최고의 윈윈 해결책일지도 모르겠다. 한낮에 아내는 바다에서, 남편은 산에서 각자 좋아하는 방식으로 즐길 수 있다. 대신에 늦은 오후, 저녁, 이른 아침에 같이 있으면 된다. 이런 식으로 모두가 완벽히 만족스러운 가족 휴가를 보낼 수 있다.

이와 같은 제3의 대안적 해법은 찾고자 하는 의지만 있다면 그 해결책은 항상 열려 있다. 필요한 것은 윈윈할 수 있는, 협상하겠다는 의지가 전부이다. 양측 모두 만족하는 합의에만 동의한다는 방침을 정했다고 해서, 차선이라고 생각하는 합의를 받아들여야 한다는 뜻은 아니다. 가치와 의도가 명확하다면 가능한 모든 전략과 전술을 활용해 자신에게 가장 유리한 거래를 이끌어낼 수 있다.

코언의 법칙

성공적인 협상을 위한 세 번째 법칙은 협상에 관한 미국 최고의 작가이자 연설가 중 한 사람인 허브 코언(Herb Cohen)의 저서《협상의 기술 1》에서 유명해졌으니 코언의 법칙이라고 부르자. 코언의 협상 법칙은 제목 그대로이다. '모든 것은 협상할 수 있다(You Can Negotiate Anything).' 삶을 하나의 긴 협상 과정으로 생각하면 어떠한 상황에서든 더 만족스러운 결과를 얻기 위해 협상할 수 있는 요소들이 있음을 알게 된다.

모든 것은 협상할 수 있다

이 법칙에는 두 가지 원리가 작용한다. 첫째, 형성된 가격(established price)은 고객의 지불 의사 가격을 가장 근접하게 추정한 금액에 지나지 않는다. 호가는 현실과 상당한 괴리가 있다. 제품, 서비스의 생산 원가와 마케팅 비용은 해당 제품, 서비스에 부여된 가격과 거의 관련이 없다. 가격은 임의적이고, 앞서 말했듯이 시장이 얼마를 지불할지에 대한 누군가의 의견을 반영할 뿐이다.

둘째, 가격표의 가격은 누군가가 적었고 따라서 누군가가 변경할 수 있다. 쉬운 예를 보자. 몇 년 전 나는 고급 남성복 매장을 찾았다가 멋진 캐시미어 코트를 발견했다. 가격표를 보니 정가가 500달러였는데 30퍼센트가 할인되어 350달러라고 적혀 있었다. 게다가 할인 상품임을 한눈에 알아볼 수 있게 진열되어 있었다. 내가 점원에게 그 코트를 250달러에 구입할 수 있는지 물었더니 안 된다고 했다. 이런 매장에서는 아무도 가격을 흥정하지 않았다. 가격표에 적힌 금액이 가격이고 바꿀 수 없었다.

나는 결정 권한이 없는 사람을 상대하고 있음을 곧바로 깨달았다. 하필 점장은 점심시간이라 매장을 비운 상황이었다. 나는 점장이 돌아오면 전해달라면서 내 명함 뒷면에 '250달러'라고 적어 점원에게 주었다. 내 제안은 오후 3시까지 유효하다는 말도 잊지 않았다. 2시 30분, 내 사무실 전화가 울렸다. 그 점원이었다. 점장이 내 제안을 받아들였다고 했다. 전화상으로도 점원은 놀란 기색이 역력했다. 모든 것이 협상할 수 있다는 사실을 몰랐으니 당연했다.

도슨의 법칙

나의 친구 로저 도슨(Roger Dawson)의 이름을 따서 명명한 도슨의 법칙이 네 번째 협상의 법칙이다. 도슨의 오디오북 《강력한 협상 비법(The Secrets of Power Negotiating)》에서 착안한 이것은 누구나 방법만 알면 언제나 더 나은 거래를 할 수 있는 법칙이다.

이 법칙과 관련해 도슨이 들려주는 첫 번째 조언은 더 나은 거래를 원한다면 요구하라는 것이다. '요구'하리는 던어는 판매와 협상의 과정 전체에서 가장 강력한 어휘이다. 대다수 사람들은 거절이 너무 두려워서 일반적이지 않은 무언가를 요구하길 겁낸다. 구매자라면 더 낮은 가격을, 판매자라면 더 높은 가격을 요구하는 것만으로도 놀랄 만큼 좋은 거래를 할 수 있다. 내 세미나에 참석했던 어떤 부동산 중개인이 좋은 사례이다. 그의 업무는 매물로 나온 주택들을 직접 찾아다니는 일이다. 집주인이 얼마를 부르든 그는 50~60퍼센트까지 후려쳐 역제안한다. 그리고 아주 빠른 시일 내에 전액 현금으로 지급하겠다고 덧붙인다. 그는 밥 먹듯이 거절당한다. 하지만 가끔은 사정이 급한 집주인이 그의 제안을 받아들이기도 한다. 이제 중개인은 그 집을 담보로 계약 금액보다 더 많이 1차 모기지(first mortgage; 해당 부동산에 대해 최우선으로 담보 설정되어 매각 및 사용의 권한을 요구할 수 있는 모기지를 말한다.―옮긴이)를 받을 수 있다. 중개인은 즉각 대출받아 대금을 치른 뒤에 임대를 주거나 더 높은 가격으로 재판매한다. 그의 비결은 단순하다. 집주인에게 상상을 초월하는 낮은 가격으로 팔라고 요구하는 것이다.

로저 도슨이 추천하는 두 번째 방법은 상대방이 얼마를 제시하든 실망과 절망으로 반응하라는 것이다. 도슨은 가격이나 호가가 얼마든 상대방의 제안에 일단 움찔하라고 조언한다. 짐짓 매우 실망스럽다는 듯이 "그게 최선인가요?"라고 묻고 더는 아무 말도 하지 마라. 보통은 가격을 듣고 움찔하는 모습을 보이면 판매자는 즉각 가격을 낮춰 줄 것이다.

마지막으로 로저 도슨은 다른 데서 더 나은 거래를 할 수 있는 것처럼 넌지시 행동하라고 제안한다. 판매자가 가격을 내리게 만드는 가장 빠른 길은 같은 물건을 다른 데서 더 싸게 살 수 있다고 말하는 것이다.

4의 법칙

유리한 협상을 이끌어내는 다섯 번째 법칙은 4의 법칙(law of 4)이다. 이는 어떤 협상이든 일반적으로 결정해야 하는 네 가지 주요 사안이 있다는 법칙이다. 협상의 80퍼센트가 이 네 가지 사안을 중심으로 이루어질 것이다. 4의 법칙과 이 80퍼센트 비율은 거의 모든 협상 상황에 적용된다. 나는 보통 2~3일에 걸쳐 조항, 하위 조항, 세부 항목, 조건이 빼곡하게 적힌 40~50페이지짜리 계약서를 협상한다. 협상이 끝나고 나서 보면 논의의 대부분과 가장 중요한 협상 쟁점은 네 가지 기본적인 항목에 대한 것이었다.

또한 이 법칙에 따르면 언제나 네 가지 주요 사안 중 하나가 협상의 주된 쟁점이고 나머지 셋은 부차적이다. 이러한 사안에 대한 양측의 중요도 순위가 다를 때 4의 법칙은 강력한 협상 무기가 될 수 있다. 가령 한쪽은 가격에, 다른 한쪽은 조건에 더 신경을 쓰는 식이다. 이럴 경우 각자의 가장 중요한 욕구를 만족시키는 훌륭한 원원 해결책으로 이어질 가능성이 크다.

타이밍의 법칙

협상의 성공을 좌우하는 어섯 번째 법칙은 타이밍의 법칙(law of timing)이다. 쉽게 말해 협상의 타이밍이 결과에 지대한 영향을 미칠 수 있다는 말이다. 가능하다면 반드시 계획을 전략적으로 수립하고 협상의 타이밍을 자신에게 유리하게 사용해야 한다. 가령 임대용 부동산을 매수하는 경우 똑똑한 협상가는 항상 월초가 되기 전에 소유권이 이전되도록 일을 처리할 것이다. 그렇게 하면 첫 달부터 그달 치의 임대료 전부를 자신이 받을 수 있다.

타이밍의 법칙에는 네 가지 원리가 존재한다. 첫째, 다급한 욕구를 가진 사람이 불리하다. 거래를 서둘러 체결하려 하면 자신에게 유리한 협상 가능성이 크게 줄어든다. 이 법칙에서 또 알아두어야 할 점은 서두르는 사람이 협상에서 진다는 사실이다. 이는 널리 알려진 협상의 원리이므로 이 원리의 제물이 되지 않도록 주의를 기울여야 한다. 시간을 끄는 지연 전술로 협상의 우위를 차지하려는 사람이 많을 것이다. 그렇다면 당신은 시간에 쫓겨 이제까지 논의된 내용을 받아들일 수밖에 없을 테고, 종종 처음에 기대했던 것보다 더 불리한 조건에 만족해야만 한다.

세 번째 원리는 80/20 법칙이다. 어떤 협상이든 마지막 20퍼센트의 시간에 중요한 모든 사안과 항목의 80퍼센트가 논의될 것이다. 백이면 백, 협상이 막바지에 이르러서야 핵심 요소들이 해결되고 합의가 이루어지는 것처럼 보인다.

타이밍과 관련해 마지막으로 들려주고 싶은 말은 가능하다면 중요한 결정을 미루라는 것이다. 적어도 지금 결정하지 않으면 너무 늦을 거라는 상대방의 말에 넘어가 서둘러 결정하지 마라. 시간을 자신에게 유리한 무기로 사용하고 협상 능력을 키워라.

조건의 법칙

협상의 달인으로 만들어주는 일곱 번째 법칙은 조건의 법칙(law of terms)이다. 타이밍의 법칙에서 직접적으로 파생된 이것은 지불 조건이 가격 등 다른 어떤 요소보다 중요할 수 있다는 법칙이다. 나도 이런 경험이 있었다. 나는 벤츠를 생전 처음 구입했던 때를 생생히 기억한다. 나는 판매원에게 내 형편으로는 절대 살 수 없다고 말했다. 너무 고가라 내 수입으로는 그림의 떡이었다.

그전까지 나는 자동차를 구매할 때면 매번 3년짜리 장기 할부로 구입했다. 판매원이 곧바로 돌아오더니 벤츠는 잔존 가치가 높아서 5년 할부가 가능하다고 말했다. 그러고는 5년 할부 조건으로 월 상환액을 계산해서 보여주었다. 그 금액을 보자마자 나는 도저히 거부할 수 없었다. 가격은 여전히 부담스러웠지만 벤츠를 사기로 마음을 바꾸었다. 요컨대 내게는 가격보다 지불 조건이 더 중요했다.

이 법칙의 첫 번째 측면은 조건이 해결되면 가격은 거의 문제가 안 된다는 것이다. 협상 중에 무언가를 정말 사거나 팔고 싶은데 가격이 걸림돌이라면 조건에 논의의 초점을 맞추어라. 상대방이 가격을 좀 더 쉽게 받아들일 만한 조건을 협상할 수 없을지 시도해보라.

이 전략을 잘 보여주는 실제 사례가 있다. 친구 사이인 나이 지긋한 두 사업가가 애리조나주 투손 지역에 각자 땅을 소유하고 있었다. 어느 날 한쪽이 어떤 개발업자에게 내 친구에게 땅을 100만 달러에 팔았다. 그 개발업자는 다른 사업가의 땅도 사고 싶었다. 처음 땅만큼 좋지 않았는데도 그 사업가 역시 100만 달러를 원했다. 친구보다 싸게 파는 일이 그의 자존심이 허락하지 않았다. 협상하는 과정에서 뜻밖의 사실이 드러났다. 그 사업가는 땅을 판 돈이 필요하지 않았다. 오히려 세금 폭탄을 맞을 터였다. 더군다나 그는 자식들과 손주들에게 그 땅을 물려줄 생각이었다. 그래서 개발업자는 그의 땅을 100만 달러에 사되 대금을 20년에 걸쳐 저리로 분할 지급하는 조건에 동의했다. 이로 인해 실질적인 매매 금액은 상당히 낮아졌지만 결국 모두가 행복하고 만족했다. 이번 사례에서도 조건이 가격보다 더 중요했다.

조건의 법칙이 들려주는 두 번째 조언은 첫 제안을 성급하게 받아들이지 말라는 것이다. 비록 첫 제안이 가장 중요하더라도 가격 협상을 요구할 수 있는 여지가 있을 것이므로 첫 제안을 덥석 수락하지 마라. 대신 약간 실망한 것처럼 행동하라. 그리고 생각할 시간을 달라고 요구하고 제안을 심사숙고하라. 첫 제안이 아무리 좋아도 그것이 정말 무슨 의미인지 알아야 한다. 인내심을 갖고 기다리면 훨씬 유리한 거래를 할 수 있다는 뜻일 뿐이다.

첫 제안을 성급하게 받아들이지 마라

준비의 법칙

여덟 번째 법칙이 아마 협상에서 가장 중요할 수 있다. 어떤 협상이든 성공의 80퍼센트가 사전 준비에 달려 있다는 준비의 법칙(law of preparation)이다. 계획 없이 행동하는 것이 모든 실패의 원인이듯이, 준비 없이 협상하면 대부분은 나쁜 거래로 이어진다. 최고의 협상가는 협상을 시작하기 전에 가장 철저히 준비하고 상황을 완벽히 이해하기 위해 시간을 아끼지 않는 법이다.

나는 이 법칙의 첫 번째 원리를 해럴드 기닌(Harold Geneen)의 이름을 따서 기닌의 규칙이라고 부르고 싶다. 미국의 통신회사 ITT(International Telephone & Telegraph)가 150개 이상의 자회사를 거느린 다국적 대기업으로 발돋움하던 시기에 CEO를 지낸 기닌은 협상 규칙의 살아 있는 화신이었다(기닌은 1959년부터 1977년까지 ITT의 CEO를 역임했다.-옮긴이).

사실을 파악하라. 협상에 앞서 반드시 사실을 파악하기 위해 노력하라는 말이다. 피상적인 대답이나 불완전한 수치를 맹목적으로 받아들이지 마라. 성급하게 결론을 내지 마라. 질문을 하고 주의 깊게 경청하라. 직접 조사하고 메모하라. 이것은 결과에 엄청난 차이를 가져올 수 있다.

준비의 법칙 두 번째 원리는 숙제를 하라는 것이다. 협상에서는 사소한 세부 사항 하나가 승부를 가를지도 모른다. 유명한 변호사 루이스 나이저(Louis Nizer)가 자신이 담당했던 100건 이상의 굵직한 소송을 담은 《법정에서 살다(My Life in Court)》를 펴냈다. 이 책에서 나이저는 중대한 소송에서 승수할 수 있었던 비결을 들려준다. 바로 철저한 준비였다. 가끔은 그가 오랜 시간 조사해 마침내 찾아낸 사소한 사실 하나가 소송의 승패를 갈랐다.

준비의 법칙에서 마지막으로 알아두어야 하는 점은 가정을 점검하라는 것이다. "내 가정은 무엇일까?" "내 가정이 틀렸다면 어떻게 해야 할까?"라고 항상 자문하라. 잘못된 가정 때문에 실패하는 경우가 허다하다. 확신이 서지 않을 때에는 당신에게 도움을 줄 수 있는 사람에게 물어보라.

간단한 예를 들어보자. 거의 모든 사람은 협상을 시작할 때 상대방이 처음부터 거래하려는 마음이 있다고 가정한다. 하지만 실상은 전혀 아닐 수도 있다. 당신은 이 가정을 시험해야 한다. 가끔은 제3자와의 협상에서 우위를 차지하려고 당신과 협상하는 사람도 있다. 그러니 지레짐작으로 넘겨짚지 마라.

또 다른 사례도 있다. 영업직에 종사하는 대다수 사람은 매월 달성해야 하는 할당량이 있지만 매달 첫 2~3주에는 할당량을 채우는 일을 크게 걱정하지 않는다. 하지만 마지막 주에는 압박감이 심해진다. 이를 잘 이용하면 고가의 물건을 더 싸게 살 수도 있다. 월초에 일찌감치 찜해 두었다가 그달 마지막 2~3일에 협상하면 십중팔구는 성공한다. 이처럼 사소한 세부 사항 하나를 아는 것만으로도 협상에서 우위를 가질 수 있고, 이렇게 아끼거나 버는 돈이 쌓이면 수백 달러, 많게는 수천 달러가 되기도 한다.

사소한 세부 사항 하나를 아는 것만으로도
협상에서 우위를 가질 수 있다.

역지사지의 법칙

아홉 번째 협상 법칙을 말해보자면 더 효과적으로 준비하고 협상할 수 있는 노하우를 알려주는 역지사지의 법칙(law of reversal)이다. 이 법칙은 쉽게 말해 '먼저 상대방 입장에서 생각하라'란 의미이다. 결론을 먼저 협상하기 전에 변호사들이 변론을 준비하는 역할 전환 기법을 사용하라.

학생 변호사(student lawyer; 법학 전문 대학원 학생으로 미국의 주 법에 따라 특정 조건을 충족해 변호사의 지도 감독하에 의뢰인을 변호할 수 있는 자격을 부여받은 학생을 가리킨다.—옮긴이)는 종종 교육의 일환으로 기소하거나 변호해야 하는 사건을 할당받는다. 그런 다음 학생 변호사들은 자신의 변론이나 소장을 준비하기 전에 상대방의 변론이나 소장을 먼저 준비하라고 배운다. 그들은 모든 정보와 증거를 조사하고 상대방 입장에서 생각한다. 그리고 승소하겠다는 일념으로 상대방의 변론이나 소장을 철저하게 준비한다. 상대방의 관점으로 근거를 전부 조사했다는 확신이 든 뒤에야 비로소 그들은 자신의 변론이나 소장을 준비하기 시작한다.

이 법칙을 연습하는 가장 좋은 방법이 있다. 협상 상대방이 관심을 가질 만한 것을 전부 글로 적어보라. 글로 적으면 명확해져서 종종 그렇게 하지 않았다면 간과했을 가능성을 알아보는 경우도 많다. 상대방이 원할 중요한 것들을 식별하고 나면 어떤 교환 제안을 할지는 물론이고 자신의 강점과 약점 그리고 잠재적인 타협점까지 결정할 수 있다.

이처럼 역지사지 기법으로 준비하는 자세가 뛰어난 협상가의 대표적인 특징이다.

유용한 또 다른 전술도 있다. 협상을 시작하면서 상대방에게 이 협상을 하는 이유가 무엇이고 바라는 이상적인 결과가 무엇인지 직접 물어라. 단순한 이 질문을 통해 당신이 합리적이고, 개방적이며, 상호 만족할 수 있는 결과를 도출하고 싶어 한다는 의지를 보여줄 수 있다. 대개는 상대방도 기꺼이 대답할 것이고 이는 놀라운 협상 결과로 이어지게 된다.

힘의 법칙

앞서 말한 법칙은 내면의 게임이자 협상의 열 번째 법칙으로 이어진다. 바로 힘의 법칙(law of power)이 그것인데 요컨대 모든 협상에서 실제든 상상이든 더 큰 힘을 가진 사람이 더 유리한 거래를 하게 된다는 의미이다.

힘의 법칙에서는 두 가지를 알아야 한다. 첫째, 당신이 어떻게든 도움이 되거나 해를 입힐 힘이 있다고 생각하지 않으면 누구도 당신과 협상 테이블에 앉지 않는다. 둘째, 힘은 인식의 문제이다. 다시 말해 힘은 보는 사람의 눈에 달려 있다. 협상가 허브 코언은 가장 중요한 세 가지 협상 비결이 힘과 준비, 시간인데 이 중 힘이 가장 중요하고 영향력이 가장 크다고 말한다.

열 가지 힘

모든 협상에서 상대방에게 영향을 미치기 위해 사용할 수 있는 열 가지 힘이 있다. 우리는 이러한 힘을 키울 수 있고 하나씩 또는 한꺼번에 사용해도 된다. 사안이 중요할수록 협상 우위를 차지하기 위해 하나 이상의 힘을 어떻게 활용할 수 있을지 더 많이 고민해야 한다.

첫 번째는 무관심의 힘이다. 당신이 협상의 성공 여부에 철저히 무관심한 것처럼 보이는 반면, 상대방이 결과에 더 깊은 이해관계가 얽혀 있을 경우 종종 힘의 균형추가 당신에게로 기운다. 가능하다면 협상이 어떻게 되든 전혀 신경 쓰지 않는 사람처럼 약간 무심하고 무관심하게 보여야 한다.

두 번째 유형은 희소성의 힘이다. 당신의 상품이 크게 부족한데다 다른 사람들도 원한다고 은근히 흘리거나 암시할 수 있다면 협상이 당신에게 유리하게 전개되도록 영향을 미칠 수 있다.

세 번째 유형의 힘은 권위이다. 직함이 높거나 중요한 결정을 내릴 수 있는 권한이 있는 사람처럼 보일 때 이 이미지만으로도 종종 상대방의 기선을 제압하고 자신에게 유리한 거래를 이끌어낼 수 있다.

네 번째는 용기가 발휘하는 힘이다. 기꺼이 위험을 감수하겠다는 의지를 보이고, 명확하고 단호하게 말하고, 이 거래에 자신의 모든 것을 걸든 깨끗하게 거래를 포기하든 양자택일하겠다는 인상을 준다면 상대방은 당신이 용기 있다고 생각할 것이다.

다섯 번째 유형은 헌신의 힘이다. 비즈니스 조직에서 성공하기 위해 전적으로 헌신하는 것처럼 보일 때 종종 사람들이 자발적으로 협조하게 만드는 유형의 힘을 발산한다.

여섯 번째 힘은 전문성에서 나온다. 협상 중인 주제에 대한 지식과 정보가 아주 풍부하다는 것을 명확히 보여주면 이 힘을 가질 수 있다. 어떤 상황에서건 전문가로 인식되는 사람은 스스로를 정보통으로 생각하지 않는, 생각하는 사람에게 영향력을 미칠 수 있다.

일곱 번째 유형은 상대방의 욕구를 아는 데서 비롯하는 힘이다. 상대방의 상황을 정확히 파악하기 위해 더 많은 시간을 투자할수록 협상력이 커진다.

여덟 번째는 공감의 힘이다. 인간은 본래 말이며 행동이 감정에 크게 좌우된다. 사람들은 협상 상대가 자신과 자신의 상황에 깊이 공감한다고 느낄 때 상대에게 유리한 조건에 동의할 가능성이 훨씬 높다.

최고의 협상가들에 대한 모든 연구 결과도 이것을 뒷받침한다. 그들은 공감 능력과 자제력이 뛰어나고, 해결 지향적이며, 유쾌해서 함께 일하기가 좋다고 한다. 협상가의 독설가 이미지는 대부분이 허구이다. 유능한 협상가는 매우 친절하며 모두가 만족할 수 있는 합의를 진심으로 도출하고 싶다는 것을 처음부터 명확히 한다.

협상에 영향을 미치는 아홉 번째 힘은 보상이나 처벌에서 나온다. 사람들은 자신이 원하는 것을 갖도록 도와주거나 갖지 못하게 만들 힘이 있다고 생각하는 상대에게 종종 훨씬 협조적이다.

열 번째는 투자의 힘이다. 투자는 시간이나 돈 혹은 둘 다일 수도 있다. 당신이 협상 중인 사안에 많이 투자했다는 사실을 명확히 보여줄 때, 시간과 노력을 덜 들였더라면 얻지 못했을 힘을 가질 수 있다. 반대로 상대방이 협상에 많이 투자했음을 아는 것도 당신에게 힘이 될 수 있다.

쉬운 예를 들어보자. 내가 지금 살고 있는 집을 샀을 때의 일이다. 나는 집주인에게 우리 부부가 그동안 150채가 넘는 집을 구경했지만 매수 제안은 이번이 처음이라고 말했다. 우리가 진심이라는 것을 즉각 알아본 집주인은 불과 몇 주 전에 매물로 내놓았음에도 우리와 진지하게 협상했다. 그리고 집주인과 우리 부부 모두 만족스러운 매매 계약을 체결할 수 있었다. 만약 우리가 아직 몇 군데밖에 돌아보지 못했다고 말했더라면 그의 태도가 완전히 달랐을지도 모르겠다.

어쨌든 협상에서 당신에게 두 가지 선택지가 있다. 상대방에게 영향을 받거나 영향을 주는 것이다. 협상에서 이러한 힘을 더 많이 행사할수록 설득력과 협상력이 높아진다.

욕망의 법칙

협상을 잘하는 열한 번째 법칙은 협상 성공을 가장 원하는 사람의 협상력이 가장 약하다는 욕망의 법칙(law of desire)이다.

이 법칙에서는 두 가지를 알 수 있다. 첫째, 아무리 간절해도 중립적이거나 관심이 약간만 있는 것처럼 보여야 한다. 중요한 협상일수록 냉정하고 침착하며 속을 알 수 없는 사람처럼 보이는 것이 더 유리하다. 미소를 짓지 말고 어떤 식으로든 정말로 관심이 있는 것처럼 보이지 마라.

협상 중에 상대방을 애타게 만들면 더 유리한 거래를 할 수 있다. 당연히 이는 판매를 성사시키는 핵심 비결이다. 욕망은 매매 협상에서 결정적인 역할을 한다. 과거 중국의 비취 판매상은 고객에게 비취 장신구를 한 번에 하나씩만 보여주는 것으로 유명했다. 중국 사람들은 예로부터 무표정해서 얼굴만 봐서는 무슨 생각을 하는지 읽을 수가 없다. 하지만 정말 마음에 드는 비취 장신구를 보았을 때 고객의 눈동자가 커지곤 했다. 판매상은 고객의 표정을 주의 깊게 관찰하고 이때를 놓치지 않았다. 이렇게 되면 고객이 어떤 것을 가장 원하고 자신이 어떤 것을 가장 열심히 흥정해야 하는지 답이 나왔다.

상호성의 원칙

협상에 영향을 미치는 열두 번째 법칙은 상호성의 법칙(law of reciprocity)이다. 누군가 우리를 위해 무언가를 할 때마다 우리는 그것에 보답하려는 동기가 크게 부여된다. 상호성의 법칙은 가장 강력한 잠재의식적인 동인 중의 하나이다. 우리 각자의 내면에는 받은 대로 갚으려는 깊은 욕망이 자리한다. 누군가가 우리를 위해 좋은 일을 하면 우리는 마음의 빚이 생긴 기분이고, 그들에게 보답하기 위해 좋은 무언가를 할 수 있는 모든 기회를 찾는다.

누군가 우리를 위해 무언가를 할 때마다
우리는 그것에 보답하려는 동기가 크게 부여된다

  상호성의 법칙은 협상 중 양보가 쟁점으로 대두할 때 가장 명백하게 드러난다. 이 법칙에서 첫 번째 원리는 먼저 양보하는 사람이 그 거래를 가장 원할 가능성이 크다는 사실이다. 따라서 작은 것이라도 먼저 양보하지 마라. 그냥 침묵하라. 보통은 먼저 양보하는 쪽이 이후에도 더 양보하게 된다. 구매자도 판매자도 대다수가 이 사실을 잘 알고 있으니 조심해야 한다.

  두 번째 원리는 당신이 협상에서 양보할 때마다 상대방도 최소한 그것과 대등하거나 더 큰 양보로 균형을 맞추어야 한다는 점이다. 상대방이 양보를 요구한다면 양보해도 좋지만 단, 조건이 있다. 상대방에게 양보에 대한 대가를 반드시 요구하라. 상대방에게 상호성에 입각한 양보를 요구하지 않으면 당신이 양보하는 일은 그다지 가치가 없다고 여겨지고, 이는 이후 협상 과정에서 당신에게 도움이 되지 않을 것이다. 양보하는 무언가가 당신에게 전혀 중요하지 않더라도 반드시 그에 대한 대가로 상대방에게 양보를 요구하라.

  마지막으로 작은 사안에서 적게 양보해 후에 상호주의적인 행동이나 큰 사안에서 양보를 요구할 수 있는 발판을 만들어라. 최고의 협상 전략 중 하나는 얻기 위해 기꺼이 주는 것이다. 자신에게 중요하지 않은 사안에서 양보해 합리적인 사람처럼 보이려 최선을 다하면 후에 동등하거나 더 큰 양보를 요구할 수 있는 아주 유리한 입장에 서게 된다.

협상장 퇴장의 법칙

열세 번째 법칙은 협상을 결렬시키고 협상장을 떠나기 전에는 최종 가격과 조건을 알 수 없다는 협상장 퇴장의 법칙(walkaway law of negotiating)이다. 오랜 시간 밀당 줄다리기를 하고 가격과 조건의 세부 사항에 대해 흥정할 수는 있다. 하지만 빈손으로 돌아갈 각오가 되었음을 명확히 하기 전에는 얼마나 유리한 거래를 할 수 있는지 절대 알지 못한다.

이 법칙에서는 두 가지를 알면 된다. 첫째, 태연하고 당당하게 퇴장할 수 있는 사람이 힘을 가진다. 다만 협상장을 떠날 때는 밝은 표정으로 겸손하며 예의를 지켜야 한다. 한 가지 더, 나중에 체면을 구기지 않고 협상장으로 돌아올 수 있도록 문을 닫지 마라.

또한 협상장에서 철수하는 것도 명백히 하나의 협상 카드라는 사실을 알아야 한다. 미국이든 전 세계 어디든 최고의 협상가 중 일부는 이 전략을 정말 능숙하게 사용한다. 그들은 협상장을 나가는 것에 더해 건물 밖으로 나가고 아예 도시를 떠나기도 한다. 심지어 자신의 입장을 강화하고 자신의 인지된 힘에 쐐기를 박기 위해서라면 외국행도 불사한다.

협상팀이 이 법칙을 사용할 때 펼쳐지는 흔한 풍경이 있다. 협상을 주도하던 팀원 두세 명이 화를 내며 자리를 박차고 일어나 성큼성큼 협상장을 빠져나가고 절대 돌아오지 않을 거라고 엄포를 놓는다. 하지만 다른 팀원이 끝까지 자리를 지키며 상대방과 화해할 방법을 모색하고 그들을 다시 협상장으로 불러들일 것이다. 때로는 이런 역할 분담을 '좋은 놈, 나쁜 놈(good guy, bad guy) 전략'이라고 부른다. 악역을 맡은 협상가는 까칠하고 요구가 많은 반면, 착한 역할을 맡은 협상가는 우호적이고 협조적일 것이다. 이 모든 게 협상 게임의 일부이다. 누군가가 당신에게 이 전략을 시도할 수 있으므로 이 전략을 잘 알고 있어야 한다.

완결성의 법칙

열네 번째 협상 법칙은 완결성의 법칙(law of finality)이다. 쉽게 말해 양측이 합의를 도출한 다음, 합의서에 서명날인해서 한 부씩 나누어 가진다는 이유만으로 협상이 완결되는 것은 아니다.

첫 번째 협상의 법칙을 명심하라. 협상의 목표는 양측 모두가 자신의 욕구를 충족시키고 합의 사항을 충실하게 이행하며 이후에도 같은 상대와 더 많이 협상하도록 동기를 부여할 수 있는 합의를 도출하는 것이다. 협상이 완료된 뒤에 한쪽이나 양쪽 모두가 새로운 무언가를 생각해내거나 만족스럽게 해결되지 못한 사안을 발견하는 경우가 드물지 않다. 또 어쩌면 합의서에 서명하고 나서 합의 내용을 이행하는 시점 사이에 상황이 달려질 가능성도 배제할 수 없다. 어쨌든 이제 한쪽이 협상 결과에 만족하지 못하고 협상에서 졌다는 기분이 든다.

완결성의 법칙에서 두 가지 아이디어를 유추할 수 있다. 무엇보나 기존 합의 내용이 만족스럽지 않을 때는 재협상을 요청해야 한다. 대다수 사람은 상당히 합리적이라는 사실을 기억하라. 그들은 당신이 상호 합의한 조건에 만족하기를 바란다. 특히 조건을 장기간에 걸쳐 이행해야 하는 경우라면 더욱 그렇다. 하지만 특정 조건이나 규정이 마음에 들지 않는다고 다짜고짜 상대방에게 연락하지 마라. 합의 내용을 수정하는 것이 상대에게도 이득이 될 이유부터 생각해보라. 당신이 그 합의에 만족하지 못하며 더 공정하고 공평하게 수정하고 싶다고 말하길 두려워 마라.

두 번째 아이디어는 제로베이스 사고(zerobase thinking; 고정 관념에서 벗어나기 위해 백지 상태에서 모든 것을 재검토하는 것을 말한다. -옮긴이)를 자주 하라는 것이다. 자신에게 "다시 협상해야 한다면 같은 조건에 동의할까?"라고 물어 백지 상태에서 생각하라.

협상이 정상적이고 자연스러운 삶의 일부임을 명심하라. 자신을 위해 뛰어난 협상가가 되어야 한다는 사실도 잊지 마라. 이는 모두 자신에 대한 책임이다. 모든 것이 그렇듯이 탁월함의 비결은 기회가 있을 때마다 연습하는 것이다. 협상이 게임이라고 생각하라. 가격, 조건, 규정, 이자율 등 더 좋고 유리한 모든 것을 요구하라는 의미이다. 자신을 위해 뛰어난 협상가가 되는 법을 배우는 것만으로도 몇 달, 몇 년 치 수고로움을 아낄 수 있다. 할 수 있다고 생각하면 할 수 있다.

협상의 고수에 이르는 법칙 ⎯⎯⎯⎯⎯⎯⎯⎯ •

니렌버그의 법칙. 협상은 양 당사자가 자신의 니즈를 충족할 뿐 아니라 합의 사항을 이행하고 미래에 같은 상대와 또 협상하도록 동기를 부여하는 합의에 이르는 것이 목표이다.

코비의 법칙. 모든 협상에서 윈윈 해결책을 도출하기 위해 노력하되 이것이 불가능하면 어떤 거래도 하지 마라.

코언의 법칙. 모든 것은 협상할 수 있다. 어떠한 상황에서든 더 만족스러운 결과를 얻기 위해 협상할 수 있는 요소들이 있다.

도슨의 법칙. 방법만 알면 언제나 더 나은 거래를 할 수 있다.

4의 법칙. 어떤 협상이든 일반적으로 결정해야 하는 네 가지 주요 사안이 있다.

타이밍의 법칙. 협상의 타이밍이 결과에 지대한 영향을 미칠 수 있다.

조건의 법칙. 지불 조건이 가격 등 다른 어떤 요소보다 중요할 수 있다.

준비의 법칙. 어떤 협상이든 성공의 80퍼센트가 사전 준비에 달려 있다.

역지사지의 법칙. 상대방 입장에서 생각하면 더 효과적으로 준비할 수 있고 협상 능력이 커진다.

힘의 법칙. 모든 협상에서 실제든 상상이든 더 힘을 가진 사람이 더 유리한 거래를 하게 된다.

욕망의 법칙. 협상 성공을 가장 원하는 사람의 협상력이 가장 약하다.

상호성의 법칙. 누군가 우리를 위해 무언가를 할 때마다 우리는 그것에 보답하려는 동기가 크게 부여된다.

협상장 퇴장의 법칙. 협상을 결렬시키고 협상장을 떠나기 전에는 최종 가격과 조건을 알 수 없다.

완결성의 법칙. 양측이 합의를 도출한 다음, 합의서에 서명날인해서 한 부씩 나누어 가진다는 이유만으로 협상이 완결되는 것은 아니다.

7장

돈을 불리는
재테크의
법칙

━━━━━━ 행복에 커다란 영향을 미치는 요소 중 하나, 즉 우리가 반드시 충족시켜야 하는 가장 중요한 욕구 중 하나인 돈. 걱정할 필요 없을 만큼 돈을 벌어야 하는 욕구이다. 돈을 벌고 지키는 일에서는 아마도 인과의 법칙과 이것의 하위 법칙인 믿음의 법칙이 가장 큰 역할을 할 것이다. 맨주먹으로, 심지어 빚더미에서 시작하고도 경제적 자립을 이룬 자수성가한 사람이 족히 수십만 명이나 된다. 이들의 태도와 행동에 관한 연구가 광범위하게 이루어진 덕분에 오늘날 경제적 자유의 비결은 널리 알려져 있다. 돈에 대한 자신의 가장 내밀한 믿음이 근로 생애 동안 얼마를 벌고 얼마를 지키는지 크게 좌우할 것이다.

인간 본성의 가장 깊은 욕구 중 하나는 경제적인 안정감과 안전감이다. 가난과 실패의 두려움에서 벗어날 방법은 하나뿐이다. '일정 수준의 금융 자산을 축적하고 그 자산 주위에 난공불락의 튼튼한 요새를 구축하라'이다. 경제적 자립을 이루는 일을 자신에 대한 일차적인 의무이자 책임 중 하나로 받아들여야 한다. 아무도 우리를 위해 그 일을 대신 해주지 않을 것이기에 그렇다. 앞에서 말했듯이 돈은 결핍 욕구이다. 돈이 충분하다면 돈 생각은 그다지 나지 않겠지만 너무 적으면 다른 무엇도 생각하지 못한다는 뜻이다. 돈 문제는 결혼 파탄, 기업 파산, 우정 붕괴, 모든 종류의 정신, 신체 질환을 일으키는 주된 원인이다.

현실 원리(reality principle; 마음이 외부 세계의 현실을 평가하고 그에 따라 행동하는 능력을 말한다. ─옮긴이) 또는 현실의 법칙은 돈과 관련해서도 정확히 성립한다. 말인즉슨 자신의 경제적 현실도 자신이 바라는 상태가 아니라 있는 그대로 다루어야 한다. 자기 망상의 세계에 갇힌 사람이 많다. 마음 깊숙한 곳에서는 영원히 실현될 수 없음을 아는 목표들을 바라고, 희망하고, 소원하는 세계 말이다.

아마도 경제적 자립를 방해하는 가장 보편적인 장애물은 돈은 어쨌든 나쁘고, 부자는 본질적으로 악하다는 뿌리 깊은 믿음일 것이다. 이러한 믿음은 사실적인 근거가 전혀 없을 뿐더러, 그 뿌리는 어린 시절의 조건화(conditioning; 행동이 학습되는 과정을 말한다.─옮긴이)로 거슬러 올라간다. 종종 자신의 경제적 실패를 합리화하려는 어른들의 욕망으로 말미암아 성장기 아이들에게 이 믿음이 주입된다.

수십 년 전 우리 부부가 결혼할 당시 처가 식구들은 평생을 가난이 미덕이고 경제적 성공이 어떤 식으로든 나쁘다고 믿으며 살아왔다. 반면 당시 내 고용주는 자산이 5억 달러가 넘는 엄청난 부자였다. 그렇게 우리 결혼식에서 극과 극의 두 세계가 만났다.

사실 내 고용주는 처가 식구들이 만나 본 사람 중 가장 부자였다. 그들은 내 고용주가 신앙심이 깊다는 사실을 알고 깜짝 놀랐다. 그는 가정적이고, 겸손하며, 공손하고, 예의 바른 매력적인 사람이었다. 그런데도 처가 식구들이 돈과 부자에 대한 편견을 바꾸기까지 몇 달, 심지어 몇 년이 걸렸다. 그토록 돈 많은 부자는 어떤 식으로든 틀림없이 나쁜 사람이라고 평생 믿어왔으니 당연했다.

돈은 좋은 것이고 대체로 좋은 사람에게 끌린다. 돈으로 자유를 살수 있다. 돈은 우리에게 선택권을 주고 자신이 원하는 삶을 살게 해준다. 결국 돈은 우리의 자유와 우리가 원하는 삶을 여는 열쇠인 셈이다.

돈은 좋은 것이고 돈은 대체로 좋은 사람에게 끌린다

무릇 집착이 그렇듯이 돈에 대한 집착도 해로울 수 있다. 성경을 보면 "돈을 사랑함이 일만 악의 뿌리가 되나니(디모데전서 6장 10절)"라는 구절이 나온다. 찬찬히 다시 읽어보라. 돈이 아니라 돈을 사랑함이 일만 악의 뿌리라고 말한다는 사실을 주목해야 한다. 문제는 돈 자체가 아니라 삶에서 정말 중요한 것을 다 외면할 정도로 돈에 집착한다는 사실이다. 돈 자체는 좋지도 나쁘지도 않다. 돈에 어떤 것이든 가치를 부여하는 것은 딱 하나, 돈을 어떻게 벌어, 어떻게 쓰는가이다,

돈우 다수를 이롭게 하는 재화, 용역, 고용, 활동을 창출하기 위해 가장 생산적인 방식으로 사용할 수 있는 사람을 향해 흘러가는 경향

이 있다. 동시에 돈은 그릇된 방식이나 비생산적으로 사용하는 사람을 떠난다. 돈은 사랑하는 연인을 많이 닮았다. 구애하고 달래고 비위를 맞추고 관심과 주의를 기울여 대해야 한다. 돈은 돈을 존중하고 소중하게 생각하며 가치 있는 일에 쓸 수 있는 사람에게 끌린다. 돈은 돈을 이해하지 못하거나 적절하게 관리하지 못하는 사람의 손가락 사이를 빠져나간다.

자신이 돈에, 즉 이재에 어두운 편이라고 말하는 사람들이 있다. 일반적으로 볼 때 이 말은 돈을 벌거나 지키는 법을 배우지 못해 큰돈을 벌지 못했다는 사실을 합리화하는 변명에 지나지 않는다. 이재에 밝은 것은 누구든 연습을 통해 배울 수 있는 기술이다.

돈을 모으는 것은 자기 믿음에서 시작한다. 자신은 필요한 만큼 돈을 벌고 모을 수 있는 능력이 무한하다고 믿어라. 자신을 적당한 때와 장소를 기다리는 일련의 경제적 기회라고 생각하라.

돈이 따라오는 열세 가지 법칙이 있다. 이 법칙들을 사용하면 돈을 더 많이 벌고 지킬 수 있다.

풍부함의 법칙

첫 번째는 풍부함의 법칙(law of abundance)이다. 이는 돈을 진심으로 원하고 돈에 인과의 법칙을 충실하게 적용하는 모든 사람에게 돈이 풍부하게 공급된다는 법칙이다. 우리 주변에는 우리가 가질 수 있는 돈이 풍부하다. 정말로 돈은 부족하진 않다. 사실상 자신이 원하고 필요한 만큼 돈을 가질 수 있다.

풍부함의 법칙은 두 가지 조언을 들려준다. 먼저 사람들은 부자가 되기로 결심하기 때문에 부자가 된다. 또한 자신이 부자가 될 수 있는 능력이 있다고 믿기 때문에 부자가 된다고 할 수도 있다. 이렇게 믿음으로써 그들은 자신의 믿음을 현실로 만들기 위해 노력을 아끼지 않는다.

이를 뒤집은 것이 두 번째 조언이다. 가난한 이유는 아직 부자가 되겠다고 결심하지 않았기 때문이다. 마크 피셔(Mark Fisher; 캐나다 출신의 동기부여와 자기 계발 전문가이다.—옮긴이)는 저서 《2달러를 빌린 백만장자》에서 "당신은 왜 여태 부자가 되지 못했는가?"라고 묻는다. 이 질문에 어떻게 대답하느냐가 자신에 관해 많은 것을 알려준다. 당신의 대답은 자신의 자기 제한적 믿음, 의심, 두려움, 변명, 합리화, 정당화를 고스란히 드러낼 것이다.

당신은 왜 여태 부자가 되지 못했는가? 이 질문의 대답을 적어보라. 당신과 당신의 목표 금액 사이에 놓인 장애물을 없애는 일은 당신에게 달려 있다.

교환의 법칙

두 번째 돈의 법칙은 교환의 법칙(law of exchange)이다. 간단히 말해 돈은 자신이 생산한 재화와 용역을 타인의 재화와 용역과 교환하는 매개물이다. 화폐라는 개념 자체가 없었던 시대에는 사람들이 물물 교환으로 재화와 용역을 맞바꾸었다. 문명이 발전하고 물물 교환이 무척 불편해지자 사람들은 자신의 재화와 용역을 동전 같은 매개물과 먼저 교환하고 그 매개물을 다시 누군가의 재화와 용역과 바꿀 수 있음을 알게 되었다. 오늘날에는 자신의 노동력을 돈과 바꾸고, 그 돈으로 다른 이의 노동의 결과물을 산다.

교환의 법칙에서 첫 번째 원리는 돈이란 사람들이 재화와 용역에 부과하는 가치의 척도라는 것이다. 앞서 경제학 법칙에서 주관적 가치의 법칙을 설명했다. 기억을 되살리자면 오직 누군가의 지불 의사 가격만이 특정 재화나 용역의 가치를 결정할 수 있다. 판매되는 모든 것은 누군가가 그것과 교환하는 대가로 지불하려는 액수를 근간으로 가격이 책정된다.

한편 당신의 노동을 다른 모든 사람은 비용으로 간주한다. 이는 교환의 법칙에서 두 번째 원리이다. 누구나 자신의 이마에 맺히는 땀방울을 특별하게 여기는 경향이 있다. 지극히 개인적인 것이기에 그렇다. 하지만 아무도 자신의 노동에 가치를 부여할 수 없다. 경쟁 시장에서 누군가의 노동에 대한 사람들의 지불 의사 가격만이 그 사람의 가치를 결정한다. 얼 나이팅게일은 우리가 노동의 대가로 얼마를 버는지는 세 가지 요소에 정비례한다고 말했다. 어떤 일을 하고, 그 일을 얼마나 잘하고, 우리를 대체하는 것이 얼마나 어려운가, 이 세 가지이다. 다시 말해 우리가 정확히 얼마를 벌지는 다른 사람들의 기여와 비교한 우리 기여의 상대적인 양과 질, 그리고 사람들이 그러한 기여에 부과하는 가치에 달려 있다.

또한 교환의 법칙에서 보면 돈은 원인이 아니라 결과이다. 우리가 하는 일, 다른 말로 제품이나 서비스의 가치에 우리가 기여하는 것이 원인이고 그것에서 발생하는 임금, 급여, 수입이 결과이다. 따라서 결과를 늘리고 싶다면 혹은 돈을 더 많이 벌고 싶다면 어떻게 해야 하는지 명확하다. 원인을 늘려라.

이뿐만 아니라 돈을 더 많이 벌려면 교환의 법칙에 따라서 먼저 자신이 제공하는 일의 가치를 높여야 한다. 더 많이 벌고 싶다면 지식이나 기술을 늘리든가 일하는 습관을 개선하라. 아니면 더 오래, 더 열심히 일하든가 더 창의적으로 일하라. 이도 아니면 자신의 재능을 더 잘 활용할 수 있는 무언가를 하라. 어떨 때는 이 전부가 필요하다. 어느 사회든 돈을 가장 잘 버는 사람들은 자신의 일에 극적인 가치를 더하기 위해 이러한 요소를 더 많이 그리고 조화롭게 사용한다.

자본의 법칙

돈과 관련된 세 번째 법칙은 자본의 법칙(law of capital)이다. 이는 현금 흐름의 측면에서 우리의 가장 귀중한 자산이 자신의 신체적·정신적 자본, 쉽게 말해 돈 버는 능력이라는 법칙이다. 심지어 이 사실을 몰라도 우리는 이 능력을 최대한 활용해 매년 수천 달러를 벌고 원하는 모든 것과 그 이상을 살 수 있는 충분한 소득을 창출할 수 있다. 당

198

신이 현재 얼마를 버는가는 당신이 이제까지 돈 버는 능력을 얼마나 개발했는지를 가늠하는 직접적인 척도이다.

자본의 법칙에서는 두 가지를 알면 된다. 먼저 우리에게 가장 귀중한 자원이 시간이라는 사실을 알아야 한다. 사실상 시간이야말로 우리가 팔아야 하는 전부이다. 얼마의 시간을 투입하고 그 시간에 얼마나 노력하느냐가 돈 버는 능력을 크게 좌우한다. 시간 관리를 제대로 하지 못하는 것이 능력 이하의 성과와 실패를 부르는 주요 원인 중 하나이다.

자본의 법칙에서 알아야 하는 또 다른 측면은 시간과 돈은 소비할 수도, 투자할 수도 있다는 점이다. 어느 정도까지는 시간과 돈을 맞바꿀 수 있다. 시간을 아끼기 위해 돈을 쓸 수 있고, 반대로 돈을 절약하려고 시간을 쓸 수 있다. 우리는 시간이나 돈을 소비할 수 있고, 소비한 시간이나 돈은 영원히 돌아오지 않는다. 그렇지만 선택하기에 따라서는 시간이나 돈 또는 둘 다를 투자해서 수익을 얻을 수 있다.

당신이 할 수 있는 가장 똑똑한 일 중 하나는 매달 소득의 3퍼센트 이상과 매일 한 시간을 돈 버는 능력을 키우고 인적 자본(human capital; 교육과 훈련 등을 통해 축적된 지식이나 기술같이 노동 생산성을 향상시키는 노동의 질적인 측면을 말한다. - 옮긴이)을 구축하는 데에 투자하는 것이다. 자기 개발과 전문성 개발에 대한 이러한 헌신은 생각보다 훨씬 큰 보상으로 돌아올 것이다. 자신에게 시간과 돈을 투자하면 엄청난 수익을 얻을 수 있다. 예전에 모토로라(Motorola)에서 교육과 훈련 담당 최고 책임자는 직원 교육과 훈련에 지출하는 1달러당 30달러의 생산성 이익을 얻고 있다고 추정했다. 그러면서 이것이 모토로라가 받을 수 있는 최고의 보상이라고 덧붙였다. 모토로라는 직원 교육과 훈련에 대한 지출을 총 매출액의 4.8퍼센트까지 늘렸다. 모토로라 사례를 개인에 적용하면 시간과 돈을 투자하는 가장 좋은 방법 중 하나가 자신의 돈 버는 능력을 높이는 일이라는 결론이 나온다.

시간 전망의 법칙

돈을 끌어오는 네 번째 법칙은 시간 전망의 법칙(law of time perspective; 시간 전망은 지금의 행동과 의사 결정이 미치는 영향력을 얼마나 먼 미래까지 고려하는가를 말한다. —옮긴이)이다. 이 법칙은 1950년대 말부터 1960년대 초반에 걸쳐 하버드 대학교의 에드워드 밴필드(Edward Banfield)가 사회학과 성공을 주제로 진행한 선구적인 연구에 토대를 둔다. 개인의 경제적 성공에 기여한다고 여겨지는 요인들을 연구한 뒤에 밴필드는 가장 강력해보이는 하나의 요인을 식별해 그것을 시간 전망이라고 명명했다. 요컨대 가장 성공한 사람들은 일상적인 의사 결정을 할 때 가장 긴 시간을 고려한다.

가장 성공한 사람들은 일상적인 의사 결정을 할 때
가장 긴 시간을 고려한다

밴필드는 어떤 사회든 높이 올라갈수록 사람들의 시간 전망이 길어지는 현상을 발견했다. 이에 대한 명백한 사례는 의사가 되기 위해 10~12년에 걸쳐 공부하고 수련하는 사람들이다. 이들은 평생 직업의 토대를 놓기 위해 놀랍도록 긴 시간을 쓴다.

사회경제적 사다리를 한 칸씩 내려올수록 사람들의 시간 전망은 짧아진다. 사다리의 맨 아래 칸에 있는 절망적인 알코올 중독자나 마약 중독자는 시간 전망이 채 한 시간도 안 된다. 자신이 행동하거나 행동하지 않음으로써 초래할 수 있는 가장 장기적인 결과를 염두에 둔 뒤, 자신이 하는 일에 숙고하는 순간부터 우리는 사회경제적 사다리를 오르기 시작한다.

시간 전망의 법칙에서 첫 번째 원리는 지연된 만족이 경제적 성공의 열쇠라는 것이다. 욕망을 최대한 빠르고 쉬운 방법으로 충족하도록 부추기는 편의성의 법칙을 거부하는 능력이 시간 전망을 늘리는 첫걸음이다. 경제적 성취를 이루려면 이러한 태도를 반드시 갖추어야 한다.

또한 이 법칙은 자기 훈련이 장기적인 성공을 획득할 수 있는 가장 중요한 자질이라고 규정한다. 아마도 자기 훈련 능력이야말로 더 큰 성공과 성취를 향해 나아가는 과정에서 함양할 수 있는 가장 중요한 자질일 것이다.

마지막으로 단기적인 희생은 장기적인 안정을 위해 지불해야 하는 대가라는 사실을 알아야 한다. 여기서 핵심 단어는 바로 희생이다. 자녀에게 장차 훌륭한 교육 기회를 주기 위해 열심히 일하고 저축하는 부모가 그 좋은 사례이다. 이런 부모는 자녀를 위해 장기적인 전망을 실천함으로써 자신의 자녀를 넘어 그 이후 세대에까지 영향을 미칠 수 있는 결정을 내린 셈이다.

저축의 법칙

돈을 부르는 다섯 번째 법칙은 저축의 법칙(law of saving)이다. 쉽게 말해 전 생애에서 소득의 10퍼센트 이상을 저축하는 사람이 경제적 자유를 쟁취한다는 말이다. 우리가 할 수 있는 가장 영리한 일 중 하나는 생애 첫 월급을 받을 때부터 일부를 저축하는 습관을 들이는 것이다. 개인과 가족은 물론이고 심지어 사회까지 얼마나 안정되고 성공하느냐는 저축률에 정비례한다. 오늘의 저축은 내일의 안정과 가능성을 보장한다.

저축의 법칙은 세 가지를 제안한다. 첫 번째 제안은 조지 사무엘 클레이슨(George Samuel Clason)의 유명한 저서 《바빌론 최고의 부자》에서 나온다. 클레이슨은 저서에서 소득의 10퍼센트를 모아서 장기적인 자본 축적을 위해 종잣돈을 만들라고 조언한다. 그가 제안하는 규칙은 먼저 자신에게 지불하라는 것이다. 제아무리 많이 번다 하더라도 고정 생활비를 지출하기 전에 소득의 10퍼센트를 먼저 떼어 장기적인 저축이나 투자 상품에 넣는 것으로 자신에게 지불하라고 말한다. 자신에게 먼저 떼어 주고 나머지 90퍼센트의 소득으로 생활을 꾸려간다면 놀랍게도 머잖아 그 모든 일이 한결 수월해진다. 처음에는 소득의 10퍼센트부터 저축을 시작했다가 종국에는 15퍼센트, 20퍼센트, 심지어 그 이상을 저축하고 이로써 경제적 여건이 극적으로 바뀐 사람도 많다.

두 번째 제안은 과세 유예(tax-deferred) 저축과 투자 상품을 활용하라는 것이다. 세율이 높기 때문에 비과세 혜택이 있는 저축이나 투자 상품에 넣은 돈은 과세되는 돈보다 30~40퍼센트 더 빨리 불어난다. 찰스 기븐스(Charles Givens)는 저서 《위험 부담 없이 돈 버는 비결(Wealth without Risk)》에서, 사람들이 경제적 안정을 이루기 위해 일상 지출을 줄여 돈을 모으고 그 돈을 신중하고 장기적으로 관리할 수 있는 다양한 전략을 소개한다. 특히 기븐스는 과세 유예 저축을 적극 추천한다.

이 법칙이 들려주는 세 번째 조언은 일단 저축을 시작하고 나면 자본 축적 말고 다른 어떤 용도로도 그 돈을 사용하지 말라는 것이다. 슬픈 진실은 어려울 때를 대비해 저축하면 얼마 지나지 않아 어려운 일이 반드시 생긴다. 필요할 때 당장 쓸 수 있게 저축한다면 생각보다 더 빨리 돈이 필요하게 된다.

일단 저축한 돈은 하늘이 두 쪽 나도 절대 건드리지 않겠다는 원칙을 세워라. 어려울 때를 대비해 혹은 자동차나 집을 사기 위해 저축하고 싶으면 따로 통장을 만들어라. 자산 축적을 위한 저축을 시작하고 나면 어떤 이유로도 그 돈을 건드리지 않겠다는 엄격한 자기 규율이 필요하다.

보존의 법칙

여섯 번째 법칙은 보존의 법칙(law of conservation)이다. 이는 경제적 미래가 '얼마나 많이 버는가'가 아니라 '얼마나 많이 지키느냐'에 달려 있다는 법칙이다.

은퇴할 때까지 근로 생애에 걸쳐 큰돈을 버는 사람이 많다. 경기가 좋을 때는 자신의 기대보다 훨씬 더 많이, 자신이 가능하다고 생각했던 것보다 더 많이 버는 사람도 있다. 안타깝게도 그들은 물 위를 걷는 증후군(walk on water syndrome)에 걸리고 만다.

그리하여 자신이 소위 잘나가는 이유가 자신의 뛰어난 기술과 능력 때문이라고, 자신이 잘났기 때문이라고 믿기 시작한다. 하지만 안타깝게도 이는 대부분 착각이다. 단지 경제 전반이 호황이거나 자신의 산업 경기가 좋기 때문이다. 이뿐만 아니라 현재 많이 벌고 있으므로 자신이 돈을 무한정 벌 능력이 있다는 생각에 버는 대로 펑펑 써버리는 사람도 많다.

경제적으로 얼마나 잘살고 있는지를 보여주는 진정한 척도는 '자신이 벌어들인 소득에서 얼마를 따로 떼어두는가'이다. 성공한 사람들은 돈을 잘 벌고 있을 때 돈을 신중하게 관리해 소득의 상당액을 저축하고, 빚이 있다면 일단 채무부터 청산한다. 그래야 경기가 안 좋아지거나 사업이 어려워져도 끄떡없는 탄탄한 경제적 기반을 구축할 수 있기 때문이다.

파킨슨의 법칙

돈을 부르는 일곱 번째 법칙은 파킨슨의 법칙(Parkinson's law; 공무원의 수는 일의 양과 관계없이 증가한다는 생태학적 법칙을 말한다.−옮긴이)이다. 이는 돈과 자산 축적에 관한 가장 유명하고 중요한 법칙 중 하나이다. 영국 작가 C. 노스코트 파킨슨(Cyril Northcote Parkinson)이 1950년대 중반에 주창한 이 이론을 돈을 부르는 법칙에 적용하면 지출은 언제나 수입만큼 늘어난다는 의미가 된다. 다른 말로 수입은 지출을 이길 수 없다는 뜻이다. 많이 벌든 적게 벌든 사람들은 총수입보다 조금 더 많이 소비하는 경향이 있다. 지출은 언제나 수입만큼 증가하는 것처럼 보인다.

파킨슨의 법칙에서 첫 번째 원리가 대단히 중요하다. 경제적 안정은 파킨슨의 법칙을 위반해 이루어진다. 버는 돈을 다 쓰고 싶은 강렬한 충동에 저항할수록 경제적 요새를 건설하고 다른 사람들보다 앞서나갈 가능성이 커진다.

파킨슨의 법칙에서 또 알아야 할 것이 있다. 지출 증가 속도를 소득 증가 속도보다 늦추고 그 차액을 저축하거나 투자할 때 근로 생애 중, 즉 은퇴 전에 경제적 자립을 이룰 수 있다. 나는 이것을 쐐기(wedge)라고 부른다. 시간이 흐름에 따라 증가하는 소득과 늘어나는 생활비 사이에 쐐기를 박고 그 차액을 저축하거나 투자한다면 소득이 증가하는 한 생활 방식을 계속 개선할 수 있다. 요컨대 파킨슨의 법칙을 거스르는 것이 경제적 성공을 향하는 확실한 길이다.

3의 법칙

여덟 번째의 법칙은 3의 법칙(law of 3)이다. 이는 경제적 자유라는 의자는 다리가 세 개라는 법칙이다. 그것은 저축과 보험과 투자이다. 우리는 대다수 사람이 노년기에 경험하는 불안정으로부터 자신을 안전하게 지켜줄 경제적 요새를 건설해야 한다. 경제 활동으로 소득이 발생하는 동안 세 항목 각각에 일정액을 유지할 필요가 있다.

3의 법칙을 지탱하는 첫 번째 다리인 저축부터 살펴보자. 무엇보다 저축은 유동성이 있어야 한다. 또한 저축으로 두 달 내지 여섯 달 동안 평소처럼 소비하고 생활할 수 있어야 한다. 경제적 자유를 향한 첫걸음은 최대 반년간 수입 없어도 생활비를 충당할 수 있을 만큼의 여윳돈을 저축하는 것이다. 이 돈을 고금리 저축 상품에 가입하거나 금융 시장에 투자한다면 이것만으로도 엄청난 자신감과 마음의 평화를 얻을 수 있다.

언젠가 내 세미나에 참석했던 한 젊은 여성이 1년 뒤에 흥미로운 편지를 보내왔다. 그녀는 자신의 경제적 웰빙에 대한 책임이 전적으로 자신에게 있다는 생각을 한 번도 하지 않았다고 했다. 그러다가 내 세미나에 참석했고 이때부터 예전처럼 버는 돈을 전부 소비하는 것이 아니라 월급을 받을 때마다 일부를 저축하기 시작했다. 그녀는 착실하게 저축했고 불과 1년도 지나지 않아 거의 두 달 치 월급을 모았다.

그 무렵 상사와 갈등이 생기기 시작했고 결국 그녀는 퇴사했다. 그녀는 저축으로 인해 더 이상 좋아하지 않는 일을 하지 않고도 일자리를 천천히 알아볼 시간을 벌 수 있었다고 했다. 그리고 마침내 월급도 훨씬 높은 좋은 일자리를 찾았다. 그녀는 저축을 시작하지 않았더라면 예전 직장에 발목이 잡혔을 거라고 말했다. 그녀는 돈 때문에 예전 직장을 떠나지 못했을 테고 결과적으로 자기 존중감과 자부심을 잃었을 것이다.

3의 법칙에서 두 번째 다리는 보험이다. 어떤 위급한 상황이 닥쳐도 자신과 부양 가족들이 생활할 수 있도록 상당한 생명 보험과 건강 보험에 가입해야 한다. 경제력을 상실할 수 있는 모든 위급한 상황에 대한 안전 장치로 보험을 들어라. 차가 있다면 자동차 보험에 가입하라. 예상치 못한 건강 문제에 대비해 건강 보험을 들고, 당신에게 불운한 일이 생겨도 부양 가족들이 경제적 곤란을 겪지 않도록 생명 보험에 가입하라. 인간 본성의 가장 깊은 욕구 중 하나는 안정에 대한 욕구이다. 보험 없는 삶은 도박이나 다름없고, 이는 스트레스와 불행의 씨앗이 될 수 있다.

3의 법칙에서 마지막 요소는 투자이다. 투자 수익이 근로 소득을 초과할 때까지 전 생애에 걸쳐 소득의 10~20퍼센트를 투자하라.

생애 주기는 크게 세 단계로 나누어진다. 물론 각 단계는 경계가 명확하지 않아 대개는 겹치는 구간이 있다. 첫째는 배움의 단계로 이때는 성장하고 교육을 받는다. 그다음은 돈을 버는 시기로 대략 20세부터 약 65세까지 이어진다. 이 단계를 지나고 나면 그토록 기다리던 은퇴기가 찾아온다. 참고로 2023년 기준 미국의 평균 기대 수명은 79.11세이다.

가장 단순하면서도 효과적인 개인 재정 전략은 금융 소득이 근로 소득을 초과할 때까지 꾸준히 저축하고 투자해야 한다는 점이다. 이 때부터는 근로 활동을 단계적으로 줄이고 차츰 자산 관리 단계로 나아가도 좋다. 이는 매우 단순한 생애 설계 전략처럼 보이지만 놀랍게도 이 전략을 실천하는 사람이 매우 드물고 노후 자금을 거의 준비하지 않은 채 65세를 맞이하는 사람이 정말 많다.

투자의 법칙

아홉 번째 재테크 법칙은 투자의 법칙(law of investing)이다. 이 법칙은 투자하기 전에 반드시 조사가 선행되어야 한다고 못 박는다. 최소한 특정 투자를 위해 시드머니를 모으는 시간만큼 그 투자 종목을 공부해야 한다. 오랫동안 열심히 일해 모은 귀한 돈을 성급하게 투자하지 마라, 절대로. 실제로 돈을 넣기 전에 그 투자의 모든 측면을 빠짐없이 조사하라. 완벽하고 완전한 정보 공개를, 정직하고 정확하며 적절한 정보를 요구하라. 조금이라도 의심스럽거나 불안하다면 원금을 날릴 위험을 감수하느니 차라리 과세 유예 저축이나 금융 시장 투자가 훨씬 나은 선택일 수 있다.

투자의 법칙에 관한 첫 번째 조언은 돈과 관련해 쉬운 일이 딱 하나뿐이라는 것인데 바로 돈을 잃는 일이다. 경쟁 사회에서 돈을 벌기는 정말 어렵지만 돈을 날리기는 가장 쉬운 일 중 하나이다. 오죽하면 일본 속담에 "돈을 버는 것은 바늘로 땅을 파는 것과 같고 돈을 잃는 것은 모래에 물이 스며드는 것과 같다"는 말이 있을까.

> 돈을 버는 것은 바늘로 땅을 파는 것과 같고
> 돈을 잃는 것은 모래에 물이 스며드는 것과 같다

이 법칙에 관한 두 번째 조언은 자수성가한 억만장자 마빈 데이비스(Marvin Davis)가 1989년 경제 잡지 〈포브스(Forbes)〉와의 인터뷰 중에 했던 발언에서 비롯한다. 데이비스는 자신의 재테크 규칙에 대해 질문받았을 때 단순한 규칙 하나를 지킨다고 대답했다. 돈을 잃지 마라. 돈을 잃을 가능성이 있다면 애초에 투자하지 마라. 이 규칙은 아주 중요해서 적어두고 뇌리에 박히도록 반복해서 읽어야 한다.

또한 투자의 법칙과 관련해서는 약간의 손실을 감당할 수 있다고 생각하는 사람은 끝내 큰돈을 잃게 된다는 사실을 유념해야 한다. 약간의 손실 위험을 감수해도 될 만큼 돈이 충분하다고 생각하는 태도는 경계해야 한다. "바보와 그의 돈은 곧 헤어진다"는 속담을 명심하라. 또 다른 속담도 있다. "경험 있는 사람과 돈 있는 사람이 만날 때 결국 돈 있는 사람은 경험을 얻게 되고 경험 있는 사람은 돈을 얻게 된다."

투자의 법칙에 관한 네 번째 조언은 오직 돈을 관리하는 능력이 성과로 검증된 전문가와 함께 투자하라는 것이다. 나는 오리건주 포틀랜드에 사는 어떤 사람과 저녁 식사를 함께한 적이 있었다. 그는 무일푼으로 시작해 오직 자신의 노력으로 수백만 달러의 자산가가 되었다. 그의 투자 철학은 단순했다. 투자할 때 자신보다 투자 실적이 더 좋은 사람하고만 손잡았다.

그 자신이 성공한 투자자였으므로 종종 다양한 투자 상품을 판매하는 사람들이 접근해왔다. 그럴 때마다 그의 반응은 한결같았다. 서로의 개인 재무제표를 교환하자고 말했다. 투자 상품 판매자가 개인 재무제표를 보여주면 자신도 시원하게 까겠다는 말이다. 자신보다 투자를 잘하면 판매자의 조언을 받아들여 투자 상품을 구매하고, 자신보다 투자를 못하면 제안을 거절할 심산이었다. 이 백만장자에게 투자금을 받고자 접근했던 대다수는 투자 성적이 신통치 않았다. 짐작컨대 그들은 끽소리 못 하고 돌아가 다시는 접근하지 않았을 것이다.

돈을 잃을 위험을 최대한 낮출 수 있게 투자 실적이 좋은 사람하고만 손잡아라. 돈을 잃지 마라. 솔깃한 투자 제안을 들을 때는 이 규칙을 명심하고 돈을 반드시 지켜라.

복리의 법칙

돈 불리는 열 번째 비결은 복리의 법칙(law of compound interest)이다. 쉽게 말해 돈을 신중하게 투자하고 투자금을 복리로 굴리면 부자가 되는 것은 기정사실이나 다름없다. 비과세 복리 혜택을 활용하면 생각보다 훨씬 빨리 돈을 축적할 수 있다.

원금이 두 배가 될 때까지 걸리는 시간을 쉽게 계산할 수 있는 마법의 규칙이 있다. 72의 규칙이다. 숫자 72를 연 이자율로 나누면 된다. 예를 들어 투자나 저축의 연 이자율이 8퍼센트인 경우 72를 8로 나누면 9가 나온다. 이것은 연 8퍼센트의 이자율로 돈을 두 배 증식시키려면 9년이 걸린다는 뜻이다. 당연히 돈을 더 넣을수록 증식 속도는 빨라지겠지만 72의 규칙은 모든 이자율에 적용된다.

복리의 법칙에서 첫 번째 원리를 쉬운 예로 설명해보자. 예수가 살던 시대에 1달러를 투자했다고 가정해보자. 만약 연 3퍼센트로 투자했다면 오늘날 세상에서 가치가 절반에 불과할 것이다. 반면에 그 돈을 두 배로 키우고, 그런 다음 또다시 두 배로 증식시키고, 이렇게 계속 두 배로 불렸다면 오늘날 적게는 수십억 달러에서 많게는 수조 달러가 되었을 것이다.

이는 또 다른 원리로 이어진다. 복리의 핵심은 저축하거나 투자한 돈은 절대 손대지 않는 데에 있다.

축적의 법칙

돈을 지배하는 열한 번째 법칙은 축적의 법칙(law of accumulation)이다. 이는 커다란 경제적 성공은 아무도 모르거나 몰라보는 수백, 수천의 적은 노력과 희생이 축적된 결과라는 법칙이다. 이 법칙에는 예외가 없다. 경제적 자립으로 가는 길은 적은 노력이라는 무수한 벽돌로 포장되어 있을 것이다. 이 여정을 시작하려면 자기 규율과 끈기가 반드시 필요하고, 일단 이 길에 발을 들이고 나면 아주 오래 계속 가야 한다. 그렇게 가다 보면 마침내 결실을 거두기 시작하고 이내 동료들보다 앞서 나가게 될 것이다. 한 가지 더, 긴 시간 전망을 가질 때 이 길의 끝에서 부자가 될 것임을 사실상 의심하지 않게 된다.

축적의 법칙과 관련해서는 두 가지를 알면 된다. 첫째, 저축함으로써 목표 달성을 더욱 앞당길 수 있는 추진력이 생긴다. 저축과 동시에 어느 정도의 추진력이 생기기 시작하는데 이 추진력을 유지하는 것이 매우 중요하다. 자산 축적 계획을 시작하기도 어렵지만 시작하고 나서도 꾸준히 유지할 필요가 있다. 추진력을 상실해 서서히 중단한 뒤에 다시 시작하기란 지극히 어렵다. 추진력은 성공 비결 중 하나이므로 모든 일에서 추진력을 생성시키고 유지할 필요가 있다.

이 법칙에 관한 두 번째 조언은 로버트 슐러(Robert Schuller) 목사의 발언에서 나온다. 슐러 목사는 한 번에 1야드씩 가면 어렵지만 한 번에 1인치씩 가면 무슨 일이든 쉽다고 말했다. 소득의 10~20퍼센트를 저축하라는 말을 들으면 대다수 사람의 처음 반응은 거기서 거기다. 심한 부담감을 느끼고 실망한다. 그들은 이미 빚과 청구서로 숨이 막힐 지경이며 그나마 버는 돈으로 빠듯하게 살고 있다. 하지만 이런 상황에서도 찾기만 하면 저축할 방법은 얼마든지 있다. 소득의 1퍼센트만 별도의 계좌에 저축하고 이 돈은 무슨 일이 있어도 건드리지 마라. 매일 밤 그날 남은 동전을 커다란 병에 모으고 다 차면 저축 계좌에 입금하라. 무언가를 중고 거래로 팔고, 예전에 빌려준 돈을 받고, 기대하지 않은 상여금을 받는 등 가욋돈이 생길 때마다 그 돈을 고스란히 저축 계좌에 넣어라. 이렇게 하면 자신조차 놀랄 속도로 돈이 쌓이기 시작할 것이다. 소득의 1퍼센트를 저축하는 일에 익숙해지면 2퍼센트, 그런 다음 3퍼센트, 4퍼센트, 5퍼센트 이런 식으로 저축 비중을 늘려라. 1년 안에 빚의 굴레에서 완전히 빠져나올 뿐 아니라 사실상 기존 생활 방식을 그대로 유지하면서도 소득의 10퍼센트, 15퍼센트, 많게는 20퍼센트까지 저축할 수도 있다.

끌어당김의 법칙

돈을 부르는 열두 번째 법칙은 앞서 성공의 법칙의 하나로 소개했던 끌어당김의 법칙이다. 이것을 돈에 적용하면 어떤 의미일까? 돈을 모으기 시작할 때 당신은 욕망이라는 감정으로 이 돈을 자석처럼 만들어 더 많은 돈을 끌어당기게 된다.

돈에 대한 끌어당김의 법칙에서 첫 번째 원리는 번영 의식(prosperity consciousness)이다. 즉, 번영을 위해 노력하고 준비하며 기대하는 의식을 말하는데 자석에 들러붙는 쇠붙이처럼 돈을 끌어당긴다는 의미이다. 번영 의식을 함양하는 것이 얼마나 중요한가에 관한 글을 처음 읽었을 때 나는 이십 대 초반이었고 빈털터리였다. 나는 번영 의식의 의미를 완벽하게 이해하지는 못했다. 막연히 좋은 말 같긴 했지만 어떻게 실천해야 할지 몰랐다.

하지만 시간이 흐르면서 나는 이 원리를 이해하게 되었다. 돈을 긍정적으로 생각하고 기대하는 태도를 기르며 풍부함의 법칙을 믿기 시작할 때 당신의 감정이 이제껏 모은 돈을 어떻게든 자석으로 만들고 당신은 더 많은 돈을 끌어당기기 시작한다.

이 법칙의 두 번째 원리는 누구나 한 번쯤 들어본 말이다. 돈을 벌려면 돈이 필요하다. 다시 말해 돈이 돈을 번다. 돈을 모을 때 당신은 더 많은 돈과 더 많은 돈을 벌 수 있는 더 많은 기회를 끌어당기기 시작한다. 푼돈이라도 저축을 시작하는 것이 중요한 이유가 바로 여기에 있다. 놀라운 일이 일어난다.

가속화의 법칙

돈에 관한 열세 번째 법칙은 가속화의 법칙(law of acceleration)이다. 우리가 경제적 자유라는 목표를 향해 움직이는 것과 동시에 그 목표도 우리를 향해 빠르게 다가오기 시작한다.

이 법칙의 첫 번째 원리는 널리 알려진 속담과 같다. "성공이 성공을 부른다." 돈이 더 많아지고 더 성공할수록 사방에서 더 많은 돈과 더 많은 성공이 우리에게 다가오는 것처럼 보인다. 오늘날 부를 이룬 사람들의 공통점은 독하게 열심히 노력한 다음에야 비로소 첫 번째 진짜 기회가 찾아왔다는 점이다. 하지만 이후부터는 점점 더 많은 기회가 강물처럼 그들에게 흘러오기 시작했다. 지금은 돈을 불리고 웰빙을 증진할 기회를 선별하는 것이 그들의 지상과제가 되었을 정도이다. 당신도 이렇게 될 수 있다.

가속화의 법칙에서 알아야 하는 두 번째 원리는 80/20 법칙이다. 성공의 80퍼센트가 투입하는 시간의 마지막 20퍼센트에서 이루어진다. 이 놀라운 발견을 뒤집으면 우리가 투자하는 시간과 돈의 처음 80퍼센트로 성취할 수 있는 것은 기껏해야 전체 성공의 20퍼센트라는 것이다. 거듭 강조하지만 나머지 80퍼센트의 성공은 투입하는 시간과 돈의 마지막 20퍼센트에서 달성된다. 역사상 가장 성공적인 뮤추얼펀드 중 하나인 마젤란(Magellan) 뮤추얼펀드를 운용했던 전설적인 펀드 매니저 피터 린치(Peter Lynch)는 결실을 맺기까지 가장 오래 걸린 투자들이 최고 수익을 안겨주었다고 말했다. 린치가 매수한 주식이 몇 년간 가치가 오르지 않다가 어느 순간부터 열 배, 스무 배까지 급등한 적이 많았다. 린치는 장기적인 안목으로 주식을 선정하는 이 전략 덕분에 미국에서 최고액 연봉을 받는 펀드매니저 명단에 이름을 올릴 수 있었다.

이 원리를 직접 증명할 수 있는 쉬운 방법이 있다. 1센트로 시작해 30일 동안 매일 두 배로 늘려 보라. 첫날에는 1센트, 둘째 날에는 2센트, 셋째 날에는 4센트, 그다음에는 8센트, 16센트, 32센트 이런 식으로 늘리면 된다. 마지막 30일째가 되면 몇백만 달러로 커지게 된다. 하지만 29일째에는 하루 뒤에 가지게 될 액수의 절반밖에 갖지 못하고, 28일째에는 이틀 뒤에 가질 수 있는 액수의 4분의 1만 갖는다. 기다린다면 손에 넣을 수 있는 막대한 수익을 너무 일찍 발을 빼서 모조리 날리는 실수를 저지르지 마라.

돈을 불리는 열세 가지 법칙이 들려주는 메시지는 분명하다. 어디서 시작하든, 비록 빚더미에 올라 있든 평범한 직장인이든 돈을 진지하게 생각해본 적이 없든 당신은 저축하고, 신중하게 투자하고, 빚쟁이 인생을 청산하고, 마침내 경제적 목표를 달성할 수 있다. 돈과 관련해 해야 하는 유일한 진짜 질문은 "나는 돈을 얼마나 간절히 원하는가?"이다. 당신은 언제나 선택할 자유가 있고 선택할 책임도 있다. 아무도 당신을 대신해 선택해주지 않는다. 오로지 당신만이 할 수 있다. 이 책에서 소개하는 돈에 관한 법칙과 원리를 충분히, 오래, 열심히 실천한다면 사실상 어떤 것도 당신이 경제적 성공으로 가는 길에 걸림돌이 되지 못한다.

The Laws of Power

돈을 불리는 재테크의 법칙

풍부함의 법칙. 돈을 진심으로 원하고 돈에 인과의 법칙을 충실하게 적용하는 모든 사람에게 돈이 풍부하게 공급된다.

교환의 법칙. 돈은 자신이 생산한 재화와 용역을 타인의 재화와 용역과 교환하는 매개물이다.

자본의 법칙. 우리의 가장 귀중한 자산이 자신의 신체적·정신적 자본, 쉽게 말해 돈 버는 능력이다.

시간 전망의 법칙. 가장 성공한 사람들은 일상적인 의사 결정을 할 때 가장 긴 시간을 고려한다.

저축의 법칙. 전 생애에서 소득의 10퍼센트 이상을 저축하는 사람이 경제적 자유를 쟁취한다.

보존의 법칙. 경제적 미래는 '얼마나 많이 버는가'가 아니라 '얼마나 많이 지키느냐'에 달려 있다.

파킨슨의 법칙. 지출은 언제나 수입만큼 늘어난다.

3의 법칙. 경제적 자유라는 의자는 다리가 세 개이다. 저축과 보험과 투자이다.

투자의 법칙. 투자하기 전에 조사를 먼저 하라. 최소한 특정 투자를 위해 시드머니를 모으는 시간만큼 그 투자 종목을 공부하라.

복리의 법칙. 돈을 신중하게 투자하고 투자금을 복리로 굴리면 부자가 되는 것은 기정사실이나 다름없다.

축적의 법칙. 커다란 경제적 성공은 아무도 모르거나 몰라보는 수백, 수천의 적은 노력과 희생이 축적된 결과이다.

끌어당김의 법칙. 돈을 모으기 시작할 때 당신은 욕망이라는 감정으로 이 돈을 자석처럼 만들어 더 많은 돈을 끌어당기게 된다.

가속화의 법칙. 우리가 경제적 자유라는 목표를 향해 움직이는 것과 동시에 그 목표도 우리를 향해 빠르게 다가오기 시작한다.

8장

부자가 되는 법칙

━━━━━ 전 세계에서 미국에 부자가 가장 많고, 그 숫자는 꾸준히 증가하고 있다. 2023년 말 기준 백만장자 미국인은 2,200만 명에 육박하고, 〈포브스〉에 따르면 이는 전 세계 백만장자의 40퍼센트에 해당한다. 미국에서 2021년 한 해에만 250만 명의 백만장자가 새로 탄생했다. 2023년 4월 기준, 순자산이 10억 달러가 넘는 전 세계 억만장자 중에서 미국의 슈퍼리치가 가장 많았다.

이제 자신에게 두 가지 질문을 해보자. 첫째, "나는 진심으로 부자가 되고 싶은가?" 그렇다고 대답한다면 당신은 부자가 되기 위해 장기간에 걸쳐, 어쩌면 20년 이상 걸릴 수도 있지만 노력과 희생으로 대가를 기꺼이 치를 의지가 있어야 한다. 이러한 대가를 치르고 싶지 않다면 정말로 부자가 되고 싶은 것이 아니다. 혼자 즐거운 헛상 놀이에 빠져 있을 뿐이다.

두 번째 질문은 "진심으로 부자가 되고 싶다면 지금은 왜 부자가 아닐까? 무엇이 걸림돌인가? 돈을 적게 벌어서? 돈을 너무 많이 써서?" 7장에서는 경제적 자립을 위해 실천해야 하는 핵심적인 많은 원리에 대해 알아보았다. 하지만 부자가 되고 싶다면 돈을 끌어당기는 법칙과 원리를 적용하는 것만으로는 안 된다. 훨씬 더 많이 노력해야 한다.

이론적으로는 누구든지 근로 생애 동안 100만 달러 이상의 순자산을 축적하며 부자가 될 수 있다. 우리가 할 일은 명백하다. 충분히 일찍 저축을 시작하고, 충분히 오래 저축하고, 저축에 대해 최대한 세금을 적게 내고, 100만 달러의 고지를 넘을 때까지 부를 축적하는 것이 전부이다. 사실상 누구든 이렇게 할 수 있고, 지금 이 순간에도 수십만 명이 이렇게 하고 있다.

나는 그동안 수백 개의 조직과 수만 명의 사람들과 함께 일하면서 수백 명의 백만장자와 몇몇 억만장자를 만났다. 내 경험으로 보면 그들은 돈이 더 많고 그들이 말하듯이 문제의 종류가 더 나은 것을 제외하면 당신이나 나와 별반 다르지 않다. 그들은 더 똑똑하지도 특별히 재능이 뛰어나지도 않다. 대다수는 신이 주신 능력을 자신의 분야에서 놀라울 정도로 잘 활용한 평범한 사람들이다. 그들은 자신을 아주 높은 경지까지 발전시켰고 기회를 최대한 확장시켰다. 정말 원한다면 이 세상 무엇도 당신이 그들처럼 되는 것을 막을 수 없다.

앞서 소개한 믿음의 법칙을 잠깐 떠올려보자. 믿음이 현실이 된다. 생각은 스스로를 객관화한다. 마음속 생각은 같은 종류의 열매를 생산한다. 정말로 깊이 열렬히 믿는다면 당신의 경험 속에서 구현되는 경향이 있다. 믿음은 당신이 이러한 믿음을 실현할 가능성이 높은 방식으로 생각하고, 보고, 느끼고, 행동하게 만든다.

생각은 스스로를 객관화한다.
마음속 생각은 같은 종류의 열매를 생산한다

십 대 때 나는 비록 흙수저였지만 서른 살이 되면 백만장자가 되겠다는 꿈을 꾸었다. 이십 대는 대다수 사람이 그러하듯이 여행하고, 일하고, 많은 것을 시도했다. 나는 도깨비불처럼 잡히지 않는 부자의 환상을 좇아 여기저기 헤매고 다녔다. 행운의 무지개를 열심히 찾았고 벼락부자가 되는 많은 방법을 시도했다. 나는 100만 달러의 고지에 오르는 지름길을 찾아 다양한 조직에서 열과 성을 쏟아부었다.

하지만 백약이 무효했다. 서른 살이 되었을 때도 나는 빚에 허덕였고 또다시 실직 상태였다. 심지어 고등학교 졸업장도 없었다. 삼십 대를 시작하면서 마흔 살 전에 백만장자가 되는 것으로 목표를 수정한 나는 지난 경험을 밑천으로 몇 가지를 제대로 하기 시작했지만 부자가 되겠다는 목표는 여전히 한낱 꿈이었다.

그러던 중 인생의 전환점이 찾아왔다. 당시 나는 언젠가 부자가 되겠다는 막연한 꿈을 간직한 채로 열심히 사업을 하고 있었는데 누군가로부터 자수성가한 백만장자의 자질을 설명해달라는 요청을 받았다. 아무리 머리를 짜내도 목표를 세우고 일심히 노력하는 것에 관한 몇몇 상투적인 아이디어 말고는 생각나는 것이 없었다. 나는 내가 얼마나 무지한지 깨달았고, 이를 계기로 무일푼에서 시작해 경제적 자립을 쟁취한 사람들을 연구하기 시작했다. 바로 이 지점에서 믿음의 법칙이 내 인생에 서광을 비추기 시작했다. 당신에게도 똑같은 일이 일어날 수 있다.

알고 보니 세상에는 이미 부자들에 관한 정보가 수두룩했다. 나보다 앞서 이 주제에 매혹된 사람들이 많았던 게 분명했다. 이때부터 내 믿음이 자라기 시작했다. 한번 생각해보자. 당신과 매우 비슷한 상황에서 시작해 특정한 일을 특정한 방식으로 해서 부자가 된 누군가에 관한 책을 읽는다면 어떻게 될까? 최소한 당신도 할 수 있다는 작은 믿음의 싹이 트기 마련이다.

그런 다음 거의 맨주먹으로 시작해 자신의 노력으로 부와 명성을 다 이룬 10명, 100명, 1,000명에 관한 글을 읽는다고 해보자. 이제 당신의 믿음은 더욱 깊어지고 강해지면서 당신이 어떤 경제적 목표도 달성할 능력이 있다는 확신으로 변할 것이다.

내게 바로 그런 일이 일어났다. 부유한 미국인들과 특히 자수성가한 백만장자들을 공부하면서 나는 무엇보다 원인과 결과가 어떻게 연결되는지 배웠다. 이 인과 관계가 바로 그들이 부자의 반열에 오를 수 있었던 비결이었다. 또한 나도 그들처럼 할 수 있다는 믿음이 생겨났다. 이제 내 뜨거운 믿음이 활약할 차례였다. 내 안에서 끌어당김의 법칙을 활성화시켰고, 나와 내 경제적 목표가 서로를 향해 움직이게 만드는 사람, 상황, 아이디어, 자원을 내 삶으로 끌어왔다. 이뿐만 아니라 이 책에서 소개한 성공과 성취에 관한 다른 모든 법칙이 나의 든

든한 지원군이 되었다. 이렇게 해서 빈털터리였던 나는 단 몇 년 만에 경제적 자립을 이루었다. 나는 이러한 아이디어를 사람들에게 나누었고 그들도 무일푼에서 부자로 인생 역전 드라마를 쓰기 시작했다.

미국 전역에서 사람들이 이러한 원칙 중 일부를 적용함으로써 평생 열심히 노력하는 것보다 단 2년 만에 더 많은 진전을 이룰 수 있음을 알게 되었다.

지금부터 부를 창출하게 도와주는 일련의 법칙을 알아보자. 이러한 법칙을 사용하면 누구든 경제적 목표를 달성할 수 있다. 모든 부자는 이러한 법칙과 조화로운 삶을 사는 반면, 경제적인 문제로 고통받는 모든 사람은 이 중 하나 이상을 위반하면서도 아무 대가를 치르지 않으려 애쓴다. 안타깝지만 그런 눈 가리고 아웅 하는 방식은 통하지 않는다.

창조적 모방의 법칙

부를 창출할 수 있는 첫 번째 법칙은 창조적 모방의 법칙(law of creative emulation)이다. 이는 부자 세상의 문을 여는 열쇠가 이미 그 세상에서 사는 사람들을 공부하고 모방하는 것이라는 법칙이다. 다시 말하지만 바퀴를 다시 발명하려고 헛수고하지 마라. 대신 검증된 성공 기법을 사용하라

이 법칙의 첫 번째 원리는 단순하다. 어떤 사람이 한 일은 누구든

할 수 있다. 에이브러헴 링컨은 누군가가 부자가 된다는 것은 다른 사람들도 부자가 될 수 있다는 신호라고 말했다. 새로운 활동을 시작할 때 무턱대고 자신의 아이디어를 적용할 것이 아니라 그 활동을 이미 완벽히 터득한 사람을 모방해야 한다는 것은 불문율이다.

창조적 모방의 법칙의 두 번째 원리도 단순하다. 전문가에게 조언을 구하면 얻을 수 있다. 성공 철학의 거장 짐 론(Jim Rohn)은 가난한 사람은 부자에게 점심을 대접해야 한다는 말을 남겼다. 성공한 부자를 점심에 초대해 당신이 무엇을 어떻게 할 수 있는지 조언을 구하는 일이 당신이 할 수 있는 가장 저렴한 투자이다. 게다가 내 경험으로 보면 승자는 늘 다른 사람들이 승리하도록 도와준다. 성공한 사람은 다른 사람들이 성공하도록 도와주기 위해 바쁜 와중에도 언제든지 시간을 내어줄 것이다.

이 법칙의 또 다른 원리는 우리가 자신이 가장 존경하는 사람처럼 된다는 것이다. 부자는 물질적인 재화를 획득하는 것에 커다란 가치를 두며, 물질적인 재화를 획득한 사람을 크게 존경하고 우러러본다.

"나는 부자보다 행복한 사람이 되고 싶어" 같은 유치한 말로 스스로를 속이는 사람이 더러 있다. 그들은 돈을 잘 버는 사람은 딱히 도덕적이거나 행복하지 않다고 생각하는 것 같다. 노파심에 꼭 알려주고 싶은 것이 있다. 돈과 행복의 관계에 관한 연구 결과를 보면 부자들은 매우 행복하다. 돈이 많아도 문제와 어려움이야 있을 수 있다. 하지만 그들은 매일 돈 걱정에 시달리는 사람보다 대체로 더 행복하고 더 건강하다.

어떻게든 용납될 수 없는 불법적인 활동을 통해서만 경제적으로 성공할 수 있다는 그릇된 믿음을 가진 사람이 많다. 하지만 이러한 잘못된 믿음을 정면으로 반박하는 사실들이 있다. 부자의 99퍼센트 이상이 자신의 재능과 능력을 최대한 활용해 다른 사람들에게 봉사함으로써 부를 창출했다. 미국의 최고 부자들은 소매업, 식품 생산 및 유통, 휘발유와 석유 유통, 부동산 개발, 사람·재화·용역의 수송 같은 분야에서 탄생했다. 미국의 큰 부자들은 신문, 텔레비전, 라디오, 최근에는 인터넷 같은 매체의 발전에 편승해 부를 축적한다. 부자가 되는 길을 잘 요약하는 옛말이 있다. "상류층과 겸상하고 싶다면 대중에게 팔아라."

욕망의 법칙

부를 창출하는 두 번째 법칙은 욕망의 법칙(law of desire)이다. 쉽게 말해 경제적 성공에 대한 불타는 강렬한 욕망이 부자가 되고 싶은 동기를 부여한다. 무엇이든 성취하려면 먼저 크게 동기가 부여되어야 하고, 모든 동기부여는 동인이 필요하다. 동기부여가 강력할수록 장애물을 만나고 실망스러운 상황이 닥쳐도 끈질기게 버틸 가능성이 높아진다.

욕망의 법칙에서 첫 번째 원리는 무언가를 간절히 원하면 아무도 당신을 포기시킬 수 없다는 것이다. 당신의 삶에 가장 부정적인 영향을 미치는 사람들은 주변에 있을지도 모르겠다. 대개는 선의에서 하는 말이지만 어쨌든 그들은 당신이 보통 사람보다 너무 많이 성취하고 싶어 한다며 트집 잡고 비웃을 것이다. 또한 당신의 계획과 꿈과 관련해 온갖 약점과 결점을 들출 것이다. 하지만 욕망이 아주 강렬하다면 당신은 그들에게 휘둘리지 않고 묵묵히 자신의 길을 계속 갈 수 있다.

무언가를 간절히 원하면 아무도 당신을 포기시킬 수 없다

욕망의 법칙에서 두 번째 원리는 욕망은 오로지 당신의 행동으로만 드러난다는 것이다. 말이 아니라 행동이 중요하다. 앞서도 말했듯이 모두가 꿈꾸고 바라는 것은 같지만 그러한 꿈과 욕망과 일치하게 행동하는 사람은 극히 소수이다.

자신이 매일 하는 행동과 활동을 보면 부자가 될 수 있는 자신의 능력을 정말로 믿고 있는지의 여부를 알 수 있다. 놀라운 사실은 자신의 욕망과 일치하는 행동을 할 때 그 행동 자체가 그 욕망을 현실로 만들 수 있다는 자신의 믿음을 강화한다는 점이다. 따라서 당신은 이미 멈출 수 없는 돈 찍는 인간 기계가 된 것처럼 행동함으로써 실제로 그러한 존재가 될 수 있다.

욕망의 법칙을 구성하는 세 번째 원리는 목표를 더 자주 확언하고 그것이 이루어진 모습을 더 자주 시각화할수록 욕망은 더 강렬해진다는 것이다.

목적의 법칙

부를 가져다주는 세 번째 법칙은 목적의 법칙(law of purpose)이다. 성공 철학의 아버지로 불리는 나폴레온 힐의 말을 새겨듣자. "명확한 목적이 모든 부의 출발점이다." 목적을 명확히 한다는 것은 경제적 성취에 대해 잘 정의된 뚜렷한 목표를 수립하고 이를 계획과 행동으로 뒷받침한다는 뜻이다. 부자가 되는 것을 중대하고 명확한 삶의 목적으로 세우는 것은 그 목표를 실현하기 위해 반드시 필요한 과정이다.

목적의 법칙에서 가장 먼저 명확한 목적은 가장 험난한 길에서도 계속 전진하게 해주는 나침반과 같다는 사실을 알아야 한다는 점이다. 목적지를 정확히 안다면 그곳으로 가는 길을 찾을 것이다. 그 길이 아무리 고달파도, 아무리 많은 장애물을 만나도 문제 되지 않는다. 명확한 목표가 있는 한 길을 가로막는 어떤 장애물을 만나도 땅굴을 파든, 뛰어넘든, 돌아가든, 어떻게든 그것을 극복할 방법을 찾게 된다.

명확한 목적을 수립하는 여정을 시작하는 데 도움이 되는 훈련이 있다. 종이에 명확한 경제적 목표를 몇 개 적고 3년 내지 5년 계획을 세워라. 앞으로 나아가기 위해 당신이 할 수 있다고 생각하는 모든 것을 목록으로 작성하라. 이 목록을 우선순위에 따라 정리하고, 가장 중요하게 생각하는 일부터 시작하라. 연 소득 목표액, 저축과 투자 목표액, 은퇴 시점의 희망 자산 규모, 금융 자산에 대한 희망 연 이자 소득을 결정하라. 더 명확할수록 이러한 목표를 달성할 가능성이 더 높아진다.

또한 이 법칙은 많은 사람이 부자가 되지 못하는 이유를 알려준다. 그들은 첫째, 부자가 되겠다는 생각을 한 번도 하지 않고 둘째, 부자가 되기로 결심하지 않기 때문에 부자가 되지 못한다. 첫 번째 이유는 당신이 자주 어울리는 사람들을 신중하게 선택하라는 숙제를 안겨준다. 그들은 부자가 되길 생각조차 하지 않기에 그렇다. 당신은 가장 많은 시간을 함께 보내는 사람들의 버릇, 가치관, 태도, 행동에 물들게끔 되어 있다. 행여 부자가 되면 멋지겠다고 생각할 때도 마찬가지이다.

경제적 성공을 가로막는 두 번째 주요 장애물은 그렇게 되겠다고 결심하지 않는다는 것이다. 이런 사람들은 부자가 되기를 소망하고, 희망하고, 기도하며, 복권을 산다. 하지만 나중에 성공의 달콤한 열매를 즐기기 위해 그것의 대가를 미리 치르는 일에는 전심전력을 다해 완전하게 헌신하지 않는다.

독일 출신의 시인이자 철학자였던 요한 볼프강 폰 괴테(Johann Wolfgang von Goethe)가 주옥 같은 명언을 남겼다(실제 괴테의 발언인지는 정확하지 않다). "당신이 할 수 있거나 할 수 있다고 꿈꾸는 그 모든 일을 시작하라. 대범한 용기 속에 천재성과 능력과 기적이 모두 숨어 있다!"

풍요화의 법칙

부를 끌어오는 네 번째 법칙은 풍요화의 법칙(law of enrichment)이다.

쉽게 말해 어떤 식으로든 타인의 삶을 풍요롭게 만들어주는 데서 가치를 부가하고 이 중 일부를 보유하는 데서 창출되는 부가 오래간다. 이렇게 보면 타인의 삶을 풍요롭게 만들어주는 사람은 반드시 자신의 삶도 풍요롭게 만든다. 세상은 안정, 안락함, 시간적 여유, 사랑, 존중, 충만함을 편의성의 법칙을 사용해 얻으려는 사람이 가득하다. 그들은 최소한의 노력으로 최대한 많이 얻고자 한다. 이는 당신이 타인의 삶을 풍요롭게 만들어줄 수 있는 기회가 무한하다는 뜻이다. 당신이 할 일은 자신만의 독특한 방식을 찾고 그런 다음 당신이 타인의 삶과 일에 더해 준 가치의 일부를 보유하도록 자신의 일을 관리하는 것이 전부이다.

풍요화의 법칙의 또 다른 원리는 자신의 현재 수입은 자신이 지금 타인의 삶을 얼마나 풍요롭게 만들어주는지를 가늠하는 척도라는 것이다. 우리는 원하는 만큼이 아니라 벌 자격이 있는 만큼 번다. 오늘 우리가 버는 액수가 더도 덜도 말고 딱 정확히 자신의 가치이다. 지금 자신이 버는 돈은 자신이 생산하는 것을 사용하는 사람들의 삶에서 자신의 노력이 얼마의 가치를 지니는지 정확히 보여준다. 이렇게 볼 때 지금보다 더 많이 벌 방법은 하나뿐이다. 더 많이 주어야 한다.

기업가 정신의 법칙

부를 창출하는 다섯 번째 법칙은 기업가 정신의 법칙(law of entre

preneurship)이다. 오늘날은 자신이 세운 회사를 성공시켜 부자가 되는 사람이 다른 모든 방법을 합친 것보다 더 많다. CNBC(미국의 경제 전문 케이블 채널이다.—옮긴이)의 2023년 2월 어떤 기사에 따르면 백만장자의 51퍼센트는 기업가이고, 9시 출근 5시 퇴근하는 전형적인 직장인은 28퍼센트이며, 대기업의 고위 임원은 18퍼센트이다.

미국에서 자수성가한 백만장자의 74퍼센트가 사업을 시작해 아주 천천히 사업을 키워서 부를 축적한 오너 기업가이다. 그들은 사업을 통해 벌어들인 돈으로 풍족하게 생활할 수 있었고 충분한 초과 수익을 발생시켜 결국에는 백만장자의 반열에 올랐다.

기업가 정신의 법칙에서 첫 번째 원리는 단순명료하다. 인간의 욕구를 찾아내 충족시켜라. 이것은 예나 지금이나 크고 작은 기업이 쓴 모든 성공 신화의 핵심이다. 주위를 둘러보라. 사람들의 욕구를 발굴해 비용 효율적(cost-effective)인 방식으로 그것을 충족시킬 방법을 찾아라.

인간의 욕구를 찾아내 충족시켜라.
이것은 예나 지금이나 기업이 쓴 모든 성공 신화의 핵심이다

이 법칙에서 또 다른 원리는 충족되지 못한 욕구나 해결되지 않은 문제가 있는 모든 곳에 부를 창출할 기회가 있다는 것이다.

세 번째 원리는 대부분의 부가 기존 제품이나 서비스를 기존 시장에서 기존 고객에게 약간 더 나은 방식으로 판매해 발생한다는 것이

다. 창업하고 부를 창출하기 위해서는 10퍼센트 더 새롭거나 더 나은 제품이나 서비스만으로 충분하다.

이 원리를 뒤집으면 검증되지 않았거나 아무도 시도하지 않은 제품이나 서비스로 사업을 시작하면 매우 위험하다는 이야기가 된다. 자수성가한 백만장자를 가장 많이 배출한 단일 산업이 드라이클리닝 세탁업이다. 드라이클리닝은 사람들이 정기적으로 사용하는 기존 서비스 욕구이기 때문이다. 드라이클리닝은 수익성도 상당히 높은 데다 거의 모든 사람이 이용한다.

물론 제품이든 서비스든 완전히 새로운 무언가로 부를 창출하는 것이 불가능하지는 않다. 하지만 이것은 기적을 바라는 것과 약간 비슷하다. 기적은 일어나지만 기적에 의존할 수는 없다. 비즈니스 세상에서는 완전히 새로운 시장에서 완전히 새로운 무언가를 팔려다가 돈과 희망을 다 날리는 사람이 가장 많다.

부트스트래핑의 법칙

부를 만드는 여섯 번째 법칙은 부트스트래핑의 법칙(law of bootstrapping; 부트스트래핑은 '현재 상황에서 어떻게든 한다'라는 뜻으로 기업가가 외부 자본을 유치하지 않고 회사를 창업하고 운영하는 것을 의미한다.–옮긴이)이다. 이는 창업 자본이 너무 적은 기업끼기 찌나치세 많은 기업가보다 대체로 더 성공한다는 법칙이다. 비즈니스가 실패하는 가장 주된 이유가 자본 부족이라는 말을 들어보았을 것이다. 요컨대 돈이 떨어져서 실패한다는 말이다. 실제로는 초기 자본이 너무 적어서가 아니라 지나치게 많아서 실패하는 비즈니스가 더 많을 것이다. 이유는 단순하다. 기업가가 새로운 비즈니스 아이디어에 투입할 수 있는 가장 귀중한 자원이 에너지와 상상력이기 때문이다. 돈이 너무 적으면 돈을 대신해서 지적 능력과 노력을 사용해야만 한다. 이런 사람은 돈을 써서 장애물을 없애거나 돈을 완충재로 사용하는 호사를 누릴 수 없다. 돈이 바닥을 보이거나 아예 처음부터 거의 맨주먹으로 사업을 시작할 때 사람들은 스트리트 스마트(street smart; 현장 경험을 통해 얻은 지식, 지혜, 정확한 판단 능력을 말하는 것으로 책을 통해 많이 배우는 북 스마트(book smart)와 대치되는 개념이다. -옮긴이)를 터득한다. 즉, 스스로 생각하고 빨리 행동하는 법을 배운다.

가장 똑똑하고 가장 성공한 일부 사업가는 부트스트래핑을 목표를 달성하는 핵심 기법으로 사용해왔다. 큰돈이 필요하다고 확신하기 때문에 창업을 망설이는 사람이 많다. 그들은 은행 문을 두드려보지만 대출을 거절당한다. 당연하다. 은행은 창업 자금을 빌려주지 않는다. 은행의 주된 사업은 우량 대출을 제공하는 것이다. 원금과 대출금 1달러당 2~5달러의 이자를 갚을 능력이 되는 사람에게 대출해준다는 말이다. 은행은 이러한 상환 능력이 없는 사람과는 말도 섞지 않을 것이다. 벤처 캐피탈도 사정은 오십보백보이다. 이들 업체는 제안의 99퍼센트를 거절하고, 1차 관문을 통과한 1퍼센트의 제안 중 상당수도 끝내 자금을 유치하지 못한다.

사정이 이러니 대부분의 비즈니스는 부트스트래핑과 일명 '사랑의 돈', 즉 사랑하는 사람들이 빌려주거나 그냥 대가 없이 주는 돈으로 시작한다. 대다수 기업가는 자기 주머니를 털어, 혹은 부모나 가족이나 친구들의 돈으로 창업한다. 이것은 오늘날 미국에서 가장 일반적인 창업 방법이다.

이 법칙의 서두에서 언급했듯이 새로운 비즈니스에서 가장 중요한 자원은 에너지와 상상력이다. 에너지와 상상력이 충분하다면 단기적으로 무슨 일이 벌어지든 결국에는 승리할 수 있다. 반대로 에너지와 상상력이 부족한 사람은 돈이 얼마나 있든 밑 빠진 독에 물 붓기가 되어 결국 실패하게 된다. 이를 역으로 생각하면 스트리트 스마트를 일찍 터득할수록(이는 거의 무일푼으로 사업을 시작하는 것에 달려 있다) 더 빨리 성공할 것이다.

기업가 정신의 법칙에서 또 알아야 하는 것은 기술과 지식과 경험이 가용한 자본의 양과 반비례해서 늘어난다는 사실이다. 자본이 적을수록 더 똑똑해지고 성공할 가능성이 더 높아진다.

용기의 법칙

─────

부를 끌어들이는 일곱 번째 법칙은 용기의 법칙(law of courage)이다. 쉽게 말해 실패와 좌절의 위험을 감수하려는 의지는 부자가 되고 싶은 욕망을 가늠하는 척도이다.

실패와 좌절의 위험을 감수하려는 의지는
부자가 되고 싶은 욕망을 가늠하는 척도이다

이 법칙은 세 가지 조언을 들려준다. 첫 번째 조언은 딱 네 마디로 요약된다. 배짱 없이는 영광도 없다. 기꺼이 목을 내밀겠다는 각오를 해야 한다. 군중 위로 머리를 내밀고 싶다면 위험을 감수해야 한다. 바로 그곳에 삶의 열매가 있기 때문이다.

두 번째 조언도 매우 직접적이다. 두려움 말고는 두려워할 것이 없다. 미국의 프랭클린 D. 루스벨트(Franklin Delano Roosevelt) 대통령이 대공황 시절에 말한 이것은(프랭클린 D. 루스벨트가 대통령 취임사에서 한 말이다.-옮긴이) 한 세기가 지난 오늘날에도 정확히 들어맞는다.

두려움을 다스리는 최고의 방법 중 하나는 "일어날 수 있는 최악의 상황은 무엇인가?"라고 자문하는 것이다. 대부분의 두려움은 자신의 상황에서 벌어질 수 있는 최악의 결과를 식별하지 못하는 데서 비롯한다. 일어날 수 있는 일을 명확하게 정의할 때 그 일이 절대 일어나지 않도록 모든 조치를 다할 수 있다.

용기의 법칙이 말하는 세 번째 조언은 자신이 두려워하는 일을 하라는 것이다. 그렇게 하면 두려움은 틀림없이 사라진다. 두려움에 맞서고 두렵지만 앞으로 나아가는 일은 장기적인 성공에 필수적인 용기를 기르는 방법이다. 용기를 갖고 과감히 나아가라. 윈스턴 처칠의 말을 명심하자. "용기는 덕목 중에서 으뜸으로 여겨진다. 당연하다. 다른 모든 것이 용기에 달려 있기 때문이다."

위험의 법칙

여덟 번째 법칙은 위험의 법칙(law of risk)이다. 위험 수준과 손실 가능성은 직접적인 관계가 있다. 사실 위험은 손실 가능성의 또 다른 이름이다. 모든 상황에서 위험 수준을 아주 철저하게 평가하는 사람이 부자가 된다. 이런 사람은 위험 대비 수익률을 신중하게 분석하기 전에는 시간이나 돈을 투자하지 않는다.

분석의 첫 단계는 금융 시장이나 저축 상품에 완벽히 안전하게 투자하면 연 4~5퍼센트의 수익률(이는 2023년 말 기준 가장 높은 이자율이다)이 가능하다는 사실을 이해하는 것이다. 수익률이 손실 가능성을 보상할 정도로 충분히 높다고 확신할 수 있을 때에야 비로소 시간과 돈을 투자해야 한다.

위험을 평가할 때 잠재적인 모든 비용을 포함시켜라. 당신의 노동력도 당신이 바라는 시간당 임금으로 환산해 투자금으로 산입하라. 자신의 노동력을 비즈니스 운영 비용으로 간주하지 않기 때문에 자신이 잘하고 있다고 생각하는 기업가가 많다. 그렇다면 기업가는 자신의 노동력의 가치를 어떻게 평가할 수 있을까? 다른 회사에서 일한다면 얼마를 받을지 결정하고 그것을 비즈니스 운영 비용으로 생각하라. 또한 비즈니스에 묶여 있는 돈도 평가 대상에 넣어야 하는데 이돈을 안전하게 투자해 얻을 수 있는 예상 수익을 계산하면 된다. 기회비용이라고 부르는 이것과 노동력의 기회비용을 합치면 당신의 실질적인 투자금과 위험 수준을 알 수 있다.

위험의 법칙에서 첫 번째 원리는 〈포브스〉의 발행인이자 경영인이었던 맬컴 포브스(Malcolm Forbes)의 발언에서 나온다. "사실이라기에 너무 좋게 들린다면 아마 사실이 아닐 것이다." 시간과 인생과 돈을 가장 크게 낭비하는 일 중 하나는 벼락부자가 되는 비결을 따르는 것이다. 이러한 비결이 놀랄 만큼 규칙적으로 세상에 나오는 듯하다. 확실하게 부자가 될 수 있는 방법은 하나뿐이다. 천천히 부자가 되는 것이다. 부를 축적하는 일은 힘들고 시간도 오래 걸린다. 그렇다고 더 빠르고 쉬운 지름길을 찾는 것은 어리석다.

확실하게 부자가 될 수 있는 방법은 하나뿐이다.
천천히 부자가 되는 것이다

이 법칙의 두 번째 원리는 이익을 추구하는 과정에서 위험을 회피해야 부를 성공적으로 창출할 수 있다는 것이다. 기업가에 대한 고정관념 하나는 위험을 감수하는 사람이라는 것이다. 그렇지 않다. 오히려 그들은 위험 회피자이다. 그들은 가치를 더하고 이익을 얻는 과정에서 위험을 피하는 기술이 탁월하다. 얼마나 큰 부자가 되느냐는 모든 경제적 활동에 내재된 위험을 얼마나 잘 피하는가에 달려 있다.

마지막으로 기업가는 계산된 위험을 감수는 하지만 도박은 하지 않는다는 사실을 알아야 한다. 성공한 기업가들의 행동을 광범위하게 연구한 결과에 따르면 그들은 돈을 벌려고 열심히 일하기 때문에 그 돈을 걸고 도박하고 싶어 하지 않는다. 그들은 자신이 하는 모든 일에 다소간의 위험이 존재한다는 것을 받아들이되 자신에게 유리한 방향으로 상황을 전환시킬 수 있다고 믿는다. 그들은 그 방정식에 세 가지 변수, 즉 지식, 기술, 능력을 추가함으로써 위험을 줄일 수 있다. 그들은 스스로가 결과에 직접적으로 영향을 미칠 수 있을 경우에만 기꺼이 도박을 감행한다. 카지노나 주식 시장을 기웃거리는 기업가는 보기 힘들다. 행여 주식 투자를 하더라도 그들은 장기 투자 포트폴리오에 따라 여유 자금을 굴린다. 또한 우량 주식에 신중하게 분산 투자하고 전문 펀드 매니저가 그들의 투자를 관리한다. 자수성가한 평범한 백만장자에게 오늘 주식 시황을 물어보면 대답은 들으나 마나이다. 모른다고 솔직히 인정할 것이다. 그들은 가격이 날마다 춤추는 주식에는 관심이 없어서 주식 시장을 추종하지 않는다.

과도한 낙관주의 법칙

부를 끌어오는 아홉 번째 법칙은 과도한 낙관주의 법칙(law of undue optimism)이다. 이는 부 창출만이 아니라 기업가 정신에도 필수적인 요소이다. 이 법칙에 따르면 성공에 대한 맹목적인 기대는 양날의 칼일 수도 있다. 먼저 과도한 낙관주의는 새로운 비즈니스 모험을 시작하게 해주는 주된 원동력이다. 지나치게 낙관하지 못할 때, 성공에 대한 깊은 확신이 없을 때, 대다수 사람은 너무 안전하게만 행동하는 경향이 있다. 애초에 시작하려면 보통 사람들보다 훨씬 희망적으로 생각하고 긍정적으로 기대하는 태도가 필요하다.

동시에 과도한 낙관주의는 자기 기만과 비현실적인 기대로 이어질 위험이 있으므로 현실을 감안해 낙관주의의 수위를 조절할 필요가 있다. 비즈니스의 모든 측면을 점검하기 전에는 자원을 투입하면 안 된다. 당신의 아이디어에 대해 당신만큼 긍정적이지 않을 사람들에게 조언을 구하고, 행동하기 전에 그들의 조언을 신중하게 고려하라.

이 법칙에는 세 가지 원리가 있다. 첫째, 손익분기점에 도달하는 실제 기간은 최적 추정치보다 세 배 더 걸린다. 사업 계획서를 작성하고 나면 손익분기점에 대한 최적 추정치에 3을 곱하고 그 기간 동안 버틸 수 있는 자원을 반드시 확보해야 한다. 사업을 시작할 때는 근검절약을 생활화하며 무엇보다 현금을 가장 아껴야 한다.

둘째, 창업 예산을 얼마로 잡든 예상치보다 최대 두 배 더 필요하다. 따라서 매출과 수익은 보수적으로 예측하고 비용은 후하게, 심지어 과도하게 추정하라. 반드시 비용을 최대한으로, 상상할 수 있는 최고 수준으로 추정하라. 모든 비용을 포함시킨 다음에는 비용을 더욱 현실적으로 추정하기 위해 이것에 퍼지 요인(fudge factor; 오차 범위. 수학, 과학, 정책 분석 같은 여러 분야에서 사용되는 용어로 실질적인 계산이나 모델링의 불확실성을 고려하기 위해 임의로 추가되는 값이나 수정 요소를 의미한다.—옮긴이)으로 20퍼센트를 더하라. 재무적인 기대치를 초과 달성한다면 매우 좋지만 예측할 때는 신중하고 비관적이어야 한다.

지나친 낙관주의 법칙에서 알아야 하는 마지막 원리는 머피의 법칙으로 불리는 것이다. 앞서 5장 경제적 자유를 이루어주는 법칙을 소개하면서 말했듯이 머피의 법칙에 따르면 잘못될 가능성이 있는 것은 무엇이든 잘못될 것이다. 설상가상으로 잘못될 수 있는 모든 것 중에서 최악의 것이 최악의 순간에 잘못되는 것을 피할 방법은 없다. 이렇게 되면 금전적으로 최악의 대가를 치르게 된다.

기업가의 길을 시작하는 사람은 적어도 처음에는 자신이 이러한 법칙을 거스를 것이며 그럼에도 불구하고 성공할 거라고 확신한다. 하지만 성공하는 사람은 이러한 법칙에 순응할 뿐 아니라 이러한 법칙을 이기려는 시도를 더는 하지 않는다.

끈기의 법칙

열 번째 법칙은 충분히 오래 버티면 반드시 성공한다는 끈기의 법칙 (law of persistence)이다. 우리와 끈기의 관계는 강철과 탄소의 관계와 같다. 끈기는 자신에 대한 믿음을 측정하는 척도이다. 끈기는 행동으로 드러나는 자기 규율이며 대개는 우리 각자의 가장 귀중한 자산이다.

끈기의 법칙에서 첫 번째 원리는 부를 창출하는 과정 전체가 알고 보면 중요한 교훈을 하나씩 알아가는 과정에 불과하다는 것이다. 알아야 하는 모든 것을 안다는 기분이 들자마자 습격을 당하듯이 완전히 새롭고 예상하지 못한 일련의 문제와 어려움에 직면할 것이다.

이 법칙의 두 번째 원리는 당신과 비즈니스가 함께 성공할 수 있는 유일한 방법이 당신의 실수에 대한 값을 지불할 수 있는 충분한 돈을 계속 버는 것이라는 점이다. 실패할 자유는 성공할 기회를 가져다주고, 당신은 매 순간 배운다. 긍정적이든 부정적이든 모든 경험에서 배움을 얻고 이러한 배움이 마침내 당신을 승자로 만들어 줄 것이다.

축적의 법칙을 명심하라. 작은 모든 행동이 점진적으로 쌓여 부를 창출하고 지키게 해주는 임계 질량에 도달한다. 요컨대 궁극적인 성공은 수백, 심지어 수천에 이르는 작은 행동의 총합이다.

일반적으로 가장 중요한 일은 매일 자신의 목표에 대해 생각하고, 자신이 무엇을 잘했고 앞으로는 무엇을 다르게 할지 차분하게 반성하는 것이다. 생각하지 않고 하는 행동이 모든 실패의 원인이다.

당신은 부자가 될 수 있다. 이제까지 무수한 사람들이 부를 획득했다. 당신도 그들과 같은 것을 하고 그들과 같은 교훈을 배운다면 부자가 될 수 있다. 당신의 잠재력을 실질적으로 제한하는 것은 당신의 욕망이 얼마나 강하고 역경에서도 끈기를 갖고 버티려는 의지가 얼마나 강한지, 이 두 가지뿐이다. 명확한 목표를 세우고, 서면으로 계획을 작성하고, 이 계획을 행동으로 옮기고, 투지와 끈기로 행동을 뒷받침한다면, 당신은 성공할 수밖에 없고 성공할 것이다. 당신이 당신 세대의 선두 그룹에 당당히 들어가는 모습을 그려라.

부자가 되는 법칙

창조적 모방의 법칙. 부자 세상의 문을 여는 열쇠는 이미 그 세상에서 사는 사람들을 공부하고 모방하는 것이다.

욕망의 법칙. 경제적 성공에 대한 불타는 강렬한 욕망이 부자가 되고 싶은 동기를 부여한다.

목적의 법칙. 명확한 목적이 모든 부의 출발점이다. 목적을 명확히 한다는 것은 경제적 성취에 대해 잘 정의된 뚜렷한 목표를 수립하고 이를 계획과 행동으로 뒷받침한다는 뜻이다.

풍요화의 법칙. 어떤 식으로든 타인의 삶을 풍요롭게 만들어주는 데서 가치를 부가하고 이 중 일부를 보유하는 데서 창출되는 부가 오래간다.

기업가 정신의 법칙. 자신이 세운 회사를 성공시켜 부자가 되는 사람이 다른 모든 방법을 합친 것보다 더 많다.

부트스트래핑의 법칙. 창업 자본이 너무 적은 기업가가 지나치게 많은 기업가보다 대체로 더 성공한다.

용기의 법칙. 실패와 좌절의 위험을 감수하려는 의지는 부자가 되고 싶은 욕망을 가늠하는 척도이다.

위험의 법칙. 위험 수준과 손실 가능성은 직접적인 관계가 있다.

과도한 낙관주의 법칙. 성공에 대한 맹목적인 기대가 신생 기업에는 성공으로도 실패로도 이끄는 양날의 칼일 수 있다.

끈기의 법칙. 충분히 오래 버티면 반드시 성공한다.

9장

판매의
달인이 되는
법칙

━━━━━━━ 우리 모두는 누군가에게 무언가를 팔아 생계를 잇는다. 우리 모두는 자신, 아이디어, 제품, 서비스를 얼마나 잘 파느냐에 따라 유·무형으로 보상을 받는다. 중요한 것은 파느냐 마느냐, 판매 여부가 아니다. 얼마나 잘 파느냐가 관건이다. 예를 들어 부모는 자녀에게 가치관, 태도, 행동을 끊임없이 팔고, 자녀가 얼마나 올바르고 강인하게 성장하는가는 부모가 이 일을 얼마나 잘하느냐에 달려 있다. 최고의 관리자와 리더는 너나없이 고압적이지 않고 뛰어난 세일즈맨으로 묘사된다. 누군가가 지시하거나 가르치려 들거나 얕잡아보는 것을 좋아하는 사람은 없다. 가장 성공한 인간관계 전문가들은 이를 잘 알아서 아이디어를 제시할 때 상대가 그것을 자신의 아이디어로 생각하게끔 만든다.

미국의 드와이트 D. 아이젠하워(Dwight David Eisenhower) 대통령

은 리더십이란 사람들이 당신이 원하는 것을 하면서도 그것을 자신의 아이디어라고 생각하게 만드는 기술이라고 말했다. 당신의 주된 수입 창출원은 당신의 직업적 성공을 좌우하는 사람들에게 당신의 질 좋은 일을 판매하는 능력이다. 일터에서 자신을 적극적이고 효과적으로 마케팅하는 사람은 그렇지 않은 사람보다 훨씬 빨리 치고 나간다. 심지어 재능이 더 뛰어나지 않는데도 더 많은 성과나 더 나은 성과를 내지 않는데도 그렇다. 모든 것이 판매에 달려 있다. 많은 사람은, 즉 많은 판매원을 포함해 판매라는 말을 불편하게 생각한다. 하지만 타인을 설득하고 그들에게 영향을 미치는 능력은 행복한 삶을 위한 핵심적인 조건이다.

사람들에게 영향을 미치고 설득하는 정반대 개념은 이러한 능력이 아예 없는 것이라 볼 수 있다. 이러한 사람은 사건들이 흘러가는 속에서 그저 수동적으로 존재할 뿐이다. 타인의 동의를 이끌어내지 못하는 사람은 영향력도 거의 없고 그다지 존중받지도 못한다. 반대로 타인을 설득하고 이해시키는 능력을 지닌 사람은 우리 사회에서 가장 존중받고 성공할 수 있다.

뛰어난 판매 능력은 미국에서 가장 드문 재능 중의 하나이다. 최고의 판매 전문가는 업종을 불문하고 자신의 분야에서 가장 많이 벌고 가장 존중받으며 가장 안정적인 집단에 속한다. 따라서 고객이든, 관리자든, 판매원이든 그 누구든 간에 사람들에게 잘 판다는 것은 자신에 대한 책임이다.

특히 판매 직군에는 파레토의 법칙(Pareto principle; 이탈리아의 경제학자 빌프레도 파레토(Vilfredo Pareto)가 이탈리아 인구의 20퍼센트가 이탈리아 전체 부의 80퍼센트를 소유하는 현상을 관찰한 것에서 유래한다.─옮긴이)

이 적용된다. 이것은 결과의 대략 80퍼센트가 20퍼센트의 원인에서 비롯한다는 법칙이다. 고로 상위 20퍼센트의 판매원이 판매량의 80퍼센트를 달성하고 전체 급여의 80퍼센트가 그들의 주머니로 들어간다. 어떤 연구 결과에 따르면 판매원의 상위 10퍼센트가 신규 고객의 80퍼센트를 유치하고 이들 모두는 비즈니스 세상에서 최고액 연봉자에 이름을 올린다.

오늘날은 인류 역사를 통틀어 효과적인 판매 기술에 관한 연구가 가장 활발하다. 덕분에 판매왕이 되는 방법은 널리 알려져 있고 그 방법을 이번 9장에서 자세히 알아보자.

판매에는 세 가지 필수 요소가 있다. 첫째는 제품이나 서비스이고, 둘째는 판매원이며, 셋째는 고객이다. 판매가 이루어지려면 이 삼박자가 서로 이상적으로 잘 맞아야 한다. 쉽게 설명하면 제품이나 서비스가 고객에게 맞아야 하는 것은 당연하고 판매원에게도 맞아야 한다. 어떤 이는 A 유형의 제품이나 서비스를 판매하는 능력이 뛰어나고 또 어떤 이는 B 유형의 제품이나 서비스를 잘 판다. 이는 제품이나 서비스 자체와는 거의 무관하다. 보통은 판매자 개인의 기질, 성격, 가치관, 태도와 관련이 있다. 자신이 온 마음을 쏟을 수 없는 무언가를 팔기란 쉽지 않다. 제대로 밥값도 못하다가 판매하는 제품이나 서비스를 바꾸고 나서 업계 정상에 오른 사람도 많다.

이렇게 볼 때 성공적인 판매는 이 세 요소가 적절히 삼각 편대를 형성하도록 하는 것에서 시작한다. 이는 당신이 가장 즐겁게 응대할 수 있는 적절한 고객에게 판매할 수 있는 적절한 제품이나 서비스가 있다는 뜻이다.

당신을 판매의 달인으로 만들어주는 열세 가지 법칙이 있다.

판매의 법칙

첫 번째는 판매가 이루어지기 전에는 아무 일도 일어나지 않는다는 판매의 법칙(law of sales)이다. 이는 뛰어난 세일즈맨이자 세일즈 코치였던 레드 모틀리(Arthur Harrison Red Motley)의 발언에서 빌린 것이다. 생산 과정 전체가 판매에서 시작한다. 판매는 공장을 가동시키고 고용을 창출한다. 판매는 급여와 임금을 주고, 세금을 내고 배당금을 지급하며, 사회의 전체 방향을 결정한다. 판매 경기가 좋을 때 경제는 튼튼하고 성장과 번영의 기회로 넘쳐 난다. 경제가 둔화하기 시작하면 판매가 가장 먼저 타격을 입는다.

판매가 이루어지기 전에는 아무 일도 일어나지 않는다

판매의 법칙에는 다섯 가지 원리가 있다. 첫 번째는 제품과 서비스가 구매되는 것이 아니라 판매된다는 원리이다. 제품이든 서비스든 아무리 훌륭해도 시장과 고객과 판매할 사람이 없으면 무용지물이다.

요컨대 제품과 서비스는 경쟁 시장에서 정신없이 바쁜 고객에게 판매되어야 하고 판매할 사람도 필요하다. 따라서 판매는 행복하고 번영하는 삶을 보장해주는 하나의 기술이다.

두 번째 원리는 고객은 구매하도록 요청받을 필요가 있다는 것이다. 당신이나 당신의 제품을 좋아해도 고객은 구매 시점이 되면 약간 주저하거나 망설이기 마련이다. 고객이 제품이나 서비스를 소유하고 사용하는 즐거움을 누릴 수 있게 이 고비를 잘 이겨내도록 도와주는 것이 판매원의 역할이다.

또 다른 원리는 판매의 80퍼센트가 다섯 번째 세일즈 통화 후 또는 다섯 차례 시도한 뒤에 최종 성사된다는 점이다. 여러 사람이 고객과 여러 차례 만나는 복합 판매(complex sales)의 경우 대부분은 만남이나 상호 교류가 다섯 차례 이루어진 뒤에 거래가 타결된다. 클라이언트나 고객과 한 차례 만남으로만 이루어지는 단순 판매(simple sales)에서는 판매원이 고객에게 구매 결정을 다섯 번 요청한 다음에야 판매가 성사되는 것이 일반적이다. 따라서 판매원은 고객과의 대화를 어떻게 마무리할지 미리 계획을 세우고 고객에게 구매 결정을 요청하는 다양한 방법을 아는 것이 매우 중요하다.

이 법칙의 네 번째 원리는 복합 판매에서는 판매원의 절반이 첫 번째 세일즈 전화 통화를 하고 나서 포기하고, 단순 판매에서는 판매원의 절반이 구매 요청을 한 번도 하지 않는다는 것이다.

쉬운 예를 보자. 내가 함께 일했던 어떤 판매 조직이 영업 직원들에게 컨설턴트를 배정해 함께 영업을 나가도록 했다. 그리하여 회사는 영업 직원들이 고객과의 대화 중에 평균 네 차례 구매 요청을 하며 그들의 실적이 별로 높지 않다는 사실을 알게 되었다. 이에 직원들에게 고객과의 통화 중 최소 다섯 번 이상 구매 요청 방식을 가르쳤고, 채 한 달도 지나지 않아 그들의 실적이 곱절로 껑충 뛰었다. 보통은 구매 결정을 요청받을 때마다 고객은 최종 결정의 순간에 한 걸음 더 다가간다. 안타깝게도 많은 판매원이 구매 요청을 한 번 더 하지 않아 거의 다 된 밥에 코를 빠뜨린다.

판매의 법칙에서 다섯 번째 원리는 신약성경에서 그 답을 찾을 수 있다. "구하라, 그러면 받을 것이다(마태복음 7장 7절)." 판매 성공은 기적이 아니다. 최고의 판매원에게 남모르는 비결 같은 건 없다. 그저 더 많은 사람을 만나고 더 자주 요청할 따름이다. 고로 최고의 판매 전문가가 되고 싶은 사람은 고객과의 접촉 빈도를 반드시 늘려야만 한다.

또 다른 사례도 있다. 캘리포니아에 본사를 둔 어떤 대기업은 판매가 감소하는 이유를 찾고자 수천 달러를 써서 외부 컨설팅 업체를 고용했다. 그 결과 영업 직원들이 영업 활동을 대충 건성으로 하고 매주 고객과의 접촉 횟수가 단 네 번에 불과하다는 사실이 드러났다. 곧바로 회사는 모든 영업 직원이 매주 최소 열 명의 고객과 대면 접촉해야 한다고 규정하는 관리 절차를 시행했다. 이 절차를 시행한 첫 달 중에 판매가 50퍼센트 급등했다. 이 사례는 아무리 많은 훈련이나 기술도 고객과의 대면 접촉 필요성을 대체하지 못한다는 사실을 또다시 증명했다.

야망의 법칙

판매의 두 번째 법칙은 야망의 법칙(law of ambition)이다. 이 법칙은 쉽게 말해 얼마나 높이 올라가느냐는 대개의 경우 얼마나 높이 오르고 싶은가에 달려 있다는 의미이다. 자신의 분야에서 얼마나 멀리 가고 얼마나 많이 버는지는 외부 요인들에만 좌우되는 것이 아니다. 오히려 내부 요인들이, 즉 욕망과 야망이 얼마나 강렬한지가 더 많은 영향을 미친다.

야망의 법칙이 들려주는 첫 번째 조언은 자신의 분야에서 최고가 되기로 다짐하라는 것이다. 탁월함을 추구하겠다는 결심은 더 멀리, 더 높이 갈 수 있는 동력이 될 것이며 사실상 위대한 성공을 이루게 해주는 보증 수표나 다름없다. 최고의 판매 전문가들은 자신이 맡은 일에서 최고가 되겠다고 굳게 다짐한 뒤에야 비로소 지금의 자리에 올랐다.

야망의 법칙이 말하는 두 번째 조언은 높은 판매 목표를 달성하려면 애초에 그러한 목표를 세워야 한다는 것이다. 판매의 달인으로 가는 첫걸음은 연간 수입 목표와 이 목표를 달성하기 위한 판매량을 결정하는 것이다.

연간 판매 목표를 정할 때에는 월간, 주간, 심지어 일일 목표로 세분화해야 한다. 그런 다음에는 연간 수입 목표를 1년 평균 근로 일수인 250으로 나누어서 자신이 매일 얼마나 벌고 싶은지를 결정하라. 마지막으로 일일 수입 목표를 8로 나누어 시간당 벌고 싶은 액수를 구하라. 이때부터는 시간당 희망 수입을 창출하지 않는 일은 아무것도 하지 마라.

예를 들어 연간 25만 달러를 벌고 싶다고 하자. 이 액수를 250으로 나누면 일일 수입 목표액은 1,000달러가 되고 이 액수를 일일 근로 시간인 8시간으로 나누면 시간급은 125달러가 된다. 이때부터는 다른 사람에게 시간당 125달러를 주고 싶지 않은 일은 아무것도 하지 마라. 세탁물을 맡기거나 마트에 가거나 사적 전화로 수다를 떨지도 마라. 이러한 활동으로 시간당 125달러를 벌 수 없다. 매일 8시간 동안 시간당 125달러어치의 일을 하지 않는다면 인과의 법칙에 따라서 연간 25만 달러를 벌 수 없다. 바로 이래서 최고의 판매원이라면 누구나 일하는 동안에는 한 시간도 허투루 보내지 않게 시간을 쓰는 방식에 극도로 엄격하다.

마지막으로 지그 지글러의 말처럼 독수리 떼와 함께 날고 싶을 때는 계속 칠면조 무리에 끼여 바닥을 긁고 있어서는 안 된다. 자신의 분야에서 정상에 오르고 싶은 사람은 이미 그 자리에 있는 사람들과 어울려야 한다. 동시에 아무 발전도 없는 80퍼센트의 사람들과는 거리를 두어야 한다.

최고 자리에 오른 판매 전문가는 대다수가 외톨이이다. 그들은 긍정적인 태도와 집중력과 동기가 부여된 상태를 유지하려면 그렇지 않은 칠면조들을 멀리해야 한다는 사실을 안다. 당신도 그렇게 하도록 자기 훈련에 힘써라. 최고의 판매원이 되고 싶다면 최고의 판매원들과 어울려라.

욕구의 법칙

세 번째는 욕구의 법칙(law of need)이다. 이는 제품이든 서비스든 모든 구매 결정은 욕구를 만족시키거나 불만을 해소하려는 시도라는 뜻이다. 판매를 성사시키기 위해 당신이 해야 하는 가장 중요한 일 중 하나는 잠재 고객의 입장이 되어 그들의 눈으로 당신의 제안을 보는 것이다.

욕구의 법칙은 다섯 가지 원리로 이루어진다. 첫째는 누군가에게 무언가를 팔기 전에 자신이 고객들에게 충족시키고자 하는 욕구부터 명확히 알아야 한다는 것이다. 유능한 판매원은 질문을 하고 대답을 경청하는 능력이 뛰어나다. 이를 통해 그들은 자신의 제품이나 서비스로 고객의 가장 중요하고 긴급한 욕구를 만족시키는 데에 집중할 수 있다.

두 번째 원리는 새로운 욕구를 만들어내는 것이 아니라 기존의 욕구를 고객들에게 충족시킬 때 판매가 성공적으로 이루어진다는 사실이다. 판매원의 역할은 사람들이 이미 가지고 있는 욕구를 드러내는 것이지, 그들이 애초에 생각하지도 않았을 욕구가 있다고 설득하는 것이 아니다.

이 법칙의 세 번째 원리는 기본적인 욕구일수록 판매 프레젠테이션을 기본적인 요소에 집중해야 한다는 것이다. 감자를 예로 들어 보자. 음식에 대한 욕구를 만족시키는 감자는 매우 단순하게 판매할 수 있다. 크기와 무게에 따라 판매하면 된다. 판매 소구점은 감자의 맛과 모양일 것이며, 간단하고 직접적인 기준으로 다른 식자재와 비교할 것이다.

이는 네 번째 원리로 이어진다. 욕구가 복잡할수록 판매 프레젠테이션은 더 정교하고 섬세해야 한다. 가령 여성용 향수는 광고와 판매 접근법이 매우 은근하고 부드러워야 한다. 향수는 우아하게 사용되는 고상한 상품이다. 판매원이 향수의 매력을 아름다움과 자아 실현을 향한 내면의 깊은 욕구와 연결시키는 방식으로 포지셔닝할 때에만 판매가 이루어진다.

욕구의 법칙에서 마지막 원리는 종종 밖으로 드러난 욕구가 고객이 제품을 구매하는 진짜 욕구가 아니라는 사실이다. 고객이 무슨 욕구를 충족시키려 제품을 구매하는지 안다고 예단하지 마라. 고객마다 욕구는 제각각이다. 무언가를 구매하게 만든 욕구가 고객마다 다를 수 있다. 잘못된 욕구에 호소한다면 판매 과정이 순조롭지 못할 것이다. 거듭 말하지만 최고의 판매원은 고객에게 매우 민감하게 반응하고 세심한 주의를 기울인다. 심지어는 고객이 정말로 무엇을 구매하고 싶어 하는지 확실히 알 때까지는 판매 시도조차 하지 않는다.

문제의 법칙

판매 성공을 부르는 네 번째 법칙은 문제의 법칙(law of problems)이다. 모든 제품과 서비스는 문제를 해결하거나, 욕구를 충족시키거나,

불확실성을 해소한다고 여겨질 수 있다. 판매원으로서 당신은 사실상 문제 해결 전문가이다. 사람들은 당신의 제품이나 서비스를 통해 현재 위치에서 자신이 원하는 곳으로 나아간다.

모든 제품과 서비스는 문제에 대한 해결책이라고 여겨질 수 있다

문제의 법칙에서는 먼저 고객이 제품이나 서비스가 아니라 해결책을 구매한다는 것을 알아야 한다. 예를 들어 생산성 제고, 매출 증대, 비용 감소, 순이익 증가를 원하는 사업가가 있다고 하자. 이 사업가는 당신이 컴퓨터를 판매하든 홀라후프를 팔든 상관하지 않는다. 당신의 제품이나 서비스에도 당신이 그것을 얼마나 팔고 싶어 하는지에도 관심이 없다. 오직 자신의 문제와 이것에 대한 잠재적인 해결책에 관심이 있을 뿐이다. 스스로를 판매하는 사람이 아니라 문제 해결 전문가라고 생각할 때 판매 성공률이 극적으로 향상될 것이다.

이 법칙의 두 번째 측면은 고객의 문제나 욕구가 긴급한 것일수록 고객은 가격에 덜 민감하고 판매 과정이 한결 순조롭다는 사실이다. 제품이나 서비스가 정말 필요하다면 고객은 가격과 타이밍에 크게 신경 쓰지 않는다. 배가 진짜 고픈 사람은 가격이 눈에 들어오지 않을 것이다.

판매 대화에서는 고객이 제품이나 서비스가 제공하는 편익과 즐거움을 더 갈망하게 만들어 가격이 판매 클로징에 커다란 걸림돌이 되지 않도록 해야 한다.

설득의 법칙

판매를 잘하는 다섯 번째 법칙은 설득의 법칙(law of persuasion)이다. 쉽게 말해 판매는 돈을 가지고 있는 것보다 제품을 통해 삶이 더 나아질 것이라고 고객을 이해시키는 과정이다. 판매한다는 것은 고객에게 거래를 요청하는 의미이다. 다른 말로 당신의 제품이나 서비스가 고객이 지불하는 돈보다 혹은 그 순간 동일한 금액으로 구매할 수 있는 다른 어떤 것보다 더 큰 가치가 있을 거라고 설득한다.

배제된 대안의 법칙을 명심하라. 모든 선택은 거부를 내포한다. 고객에게 당신의 제품이나 서비스와 자신의 한정된 돈의 일부를 교환하자고 요청하는 일은 고객이 그 돈으로 얻을 수 있는 다른 모든 쾌락과 만족을 포기하라고 요청한다는 뜻이다. 고로 이를 결코 쉽게 볼 일이 아니다.

설득의 법칙에서는 세 가지를 알아야 한다. 먼저 고객은 최대한 많은 미충족 욕구를 가장 낮은 가격에, 가장 좋은 방법으로 충족시키기 위해 행동한다는 점이다. 판매원으로서 당신의 주된 업무는 고객이 그 돈을 계속 지니거나 다른 무언가를 사는 것보다 당신의 제품이나 서비스를 구매함으로써 자신이 원하는 것을 더 많이, 더 빨리 얻을 것이라 명확히 알려주는 것이다.

두 번째 요소는 자신과 비슷한 사람들이 구매했다는 증거가 제품에 대한 고객의 신뢰를 높이고 저항을 낮추며 판매를 촉진한다는 것이다. 고객에게 자신과 비슷한 사람들이 자신과 같은 고민을 하다가 구매했고 결과적으로 만족한다는 것을 보여주는 모든 정보는 판매 성공률을 높인다.

이 법칙의 세 번째 원리는 재미있는 비유로 갈음하려 한다. '고객 후기를 활용하지 않는 판매원의 집 아이들은 말랐다.' 추천글, 제품이나 서비스를 즐겁게 사용하며 행복해하는 고객 사진, 만족하는 고객들의 명단은 사람들의 구매 결정에 막강한 영향을 미친다. 기존 고객의 추천 후기를 최대한 활용하고 가급적 모든 출처로부터 가능한 모든 수단을 동원해 고객 후기를 수집하라. 이러한 정보를 활용하면 판매 과정이 한결 매끄럽게 진행될 수 있다. 최고의 판매원은 지금 눈앞의 고객과 지금 판매하는 제품이나 서비스와 직접 관련 있는 추천글을 사용해 지금의 자리에 올랐다.

위험의 법칙

여섯 번째 판매 법칙은 시간, 돈, 감정을 투자하는 일에는 늘 위험이 내재되어 있다는 위험의 법칙(law of risk)이다. 위험은 피할 수 없는 삶의 현실이며 우리는 항상 위험을 줄이기 위해 가능한 모든 방식으로 행동한다. 위험 감소가 보험 산업의 본질이다. 보험은 간단히 말해 소수가 경험할 손실을 보상하기 위해 다수로부터 보험료를 받아 위험을 집단화(pooling; 손식을 합데 ㅁ요ㅡ고ㅆ 개빌 위범을 손실 집단으로 전환시키는 것을 말한다.—옮긴이)하는 하나의 방법이다. 적절히 보험을 들면 위험이 줄어들어 커다란 마음의 평화가 찾아온다.

위험의 법칙에서 첫 번째 원리는 자신의 제품이나 서비스와 관련된 위험도가 낮다는 것을 얼마나 확실하게 주지시킬 수 있느냐에 판매원으로서 얼마나 성공할지가 달려 있다는 것이다. 저위험은 판매에서 가장 중요한 개념 중 하나이므로 모든 판매 노력에 포함시켜야 한다. 실제로 고객이 제품을 안심하고 혹은 즐겁게 사용할 수 있다는 확신을 갖지 못해서, 또는 사후 서비스와 유지 보수가 확실하게 보장된다고 생각하지 않아서 실패하는 판매가 많다. 따라서 저위험이라는 이 아이디어를 판매 프레젠테이션에 반드시 포함시켜야 한다.

위험의 법칙에서 또 알아야 할 점은 구매를 방해하는 주요한 심리적 장애물이 실패에 대한 두려움이라는 사실이다. 다시 말해 고객은 잘못된 구매 결정을 할까 봐 두려워한다. 실패에 대한 두려움은 인간의 행동을 억제하는 가장 강력한 요인 중 하나이다.

구매 실패에 대한 두려움은 기존의 경험에 뿌리를 둔다. 고객이 제품이나 서비스를 구매했는데 정상적으로 작동하지 않았거나 결과적으로 돈이 너무 많이 들었던 경험이 있을 것이다. 누구나 나쁜 구매 경험이 있다는 점에서 보면 모두가 그런 경험을 되풀이할까 조심스러워하고 두려워하도록 조건화되어 있다. 실패에 대한 이런 두려움은 중대한 심리적 장애물이므로 고객이 구매 결정을 할 수 있도록 판매원인 당신이 반드시 해결해야 한다.

구매를 방해하는 주요한 심리적 장애물은 실패에 대한 두려움이다

이 법칙에서 세 번째 원리는 판매 시 대화에서 당신의 모든 말과 행동이 잠재 고객의 위험 인식과 실패에 대한 두려움을 높이거나 낮춘다는 것이다. 판매 상황에서 당신은 고객에게 자신의 돈과 이별하고 자아를 위험에 빠뜨릴 위험을 감수하도록 요청하는 것이므로 구매 결정에 감정이 개입할 수밖에 없다. 당신에 관한 모든 것이 위험과 불확실성에 관한 고객의 인식을 강화하거나 약화시킨다.

판매 상황에서 중립적인 것은 없다. 대량 판매 상황이라면 더욱 그렇다. 모든 것이 중요하다. 당신이 하는 모든 것은 판매 성공에 가까워지게 하거나 멀어지게 만든다. 당신은 "아, 그건 중요하지 않아"라며 배짱부릴 처지가 아니다. 모든 것이 중요하다. 모든 것이 결과에 영향을 미친다. 모든 것이 판매에 도움이 되거나 방해가 되거나 둘 중하나이다. 당신이 할 일은 고객의 위험 인식을 낮추고 안전 인식을 높이는 데 어떤 식으로든 도움이 되도록 말하고 행동하는 것이다.

신뢰의 법칙

일곱 번째 법칙은 모든 판매의 법칙 중에서 가장 중요한 것 중 하나인 신뢰의 법칙(law of trust)이다. 요컨대 판매원과 고객 사이의 신뢰 관계가 성공적인 판매의 토대이다. 당신과 잠재 고객 사이에 신뢰 수준이 높을수록 실패에 대한 고객의 두려움과 위험 인식이 낮아진다.

신뢰의 법칙에서 첫 번째 원리는 제품이나 서비스를 충족시킬 수 있는 고객의 진짜 욕구에 표적화된 질문을 해야 고객의 신뢰를 얻을 수 있다는 것이다. 고객의 삶과 상황에 대해 쉼 없이 질문하면 고객이 일시적으로는 흥미를 가질 수 있어도 신뢰 수준을 높이지 못한다는 사실을 모르는 판매원이 많다. 제품이나 서비스가 해결할 수 있는 고객의 진짜 욕구를 겨냥한 날카로운 질문을 해야만 고객은 마음을 열고 당신을 믿기 시작할 것이다.

두 번째 원리는 성공적인 판매원은 자신이 말하는 것보다 듣는 시간이 두 배 더 많다는 사실이다. 그들은 이른바 70/30 규칙을 실천한다. 시간의 70퍼센트 이상을 경청에 쓰고 자신이 말하는 시간은 채 30퍼센트가 안 된다. 귀가 두 개이고 입이 하나인 이유는 말하기보다 듣기를 두 배 더 하라는 뜻이라는 격언이 있다. 판매 시 대화에서는 귀와 입을 반드시 이 비율에 맞추어 사용해야 한다. 최고의 판매원들은 탁월한 경청자이다. 또한 굉장히 효율적으로 일한다. 그들 중에는 특별히 사교적이거나 외향적이지 않으며 내성적인 사람이 많다.

신뢰의 법칙에서 세 번째 원리는 이제까지 경청하지 않고도 판매를 성사시킨 사람이 없었다는 것이다. 끈기 있게 열심히 귀를 기울인다면, 즉 그 순간 고객의 말보다 더 중요한 것이 없다는 듯이 경청한다면 대개는 생각보다 더 많은 판매 기회가 찾아올 것이다.

마지막 원리는 경청이 신뢰를 낳는다는 것이다. 이것은 어떤 판매 기술 못지않게 중요하다. 한쪽이 상대방에게 귀를 기울이는 것보다 두 사람 사이에 신뢰를 형성하는 더 좋거나 빠른 방법은 없다. 이는 판매 상황만이 아니라 모든 인간관계에 해당된다. 생각해보라. 당신은 당신에게 중요한 무언가를 말할 때 가장 열심히 귀를 기울이는 사람을 가장 좋아하지 않는가. 고객도 똑같다.

관계의 법칙

판매왕으로 만들어주는 여덟 번째 법칙은 관계의 법칙(law of relationship)이다. 판매에서 이 법칙은 판매 성공이 고객과 양질의 관계를 구축하는 판매원의 능력에 달려 있다는 뜻이다. 하버드 경영대학원의 교수를 지낸 시어도어 레빗(Theodore Levitt)은 저서 《마케팅 상상력》에서 마케팅과 판매 부문에서 나타난 변화를 설명한다. 결론만 말해 레빗은 위험, 불확실성, 고객에게 주어진 다양한 선택지로 말미암아 관계가 판매에서 핵심이 되었다고 진단했다.

관계의 법칙에서는 세 가지를 알면 된다. 첫째, 고객은 구매 결정을 하기 전에 관계부터 먼저 맺길 원한다. 종류를 떠나 복잡한 제안의 경우, 고객은 대금 결제가 이루어진 뒤에 판매원과 회사가 자신의 약속을 이행할 거라는 확신이 생겨야 비로소 제안을 진지하게 고려하게 된다.

둘째, 복합 판매에서는 거래가 체결된 이후에도 관계가 계속된다. 고객이 제품이나 서비스를 구매하기 전에는 판매원과 그 회사와는 거의 별개인 존재이다. 다른 말로 고객은 어떤 식으로는 그늘이 필요하지 않다. 하지만 일단 구매 결정을 하고 나면 상황이 달라진다. 고객은 제품을 만족스럽고 즐겁게 사용하기 위해 그 회사가 제공하는 보증과 보장 서비스에 의존하게 된다. 판매 후에도 관계가 계속되고, 보통은 고객이 제품이나 서비스를 사용하는 동안 관계가 지속된다. 이런 점에서 보면 구매 결정은 판매원과 그 조직과의 장기적인 관계를 시작하기로 결정한다는 의미이기도 하다.

이 법칙의 세 번째 원리는 관계가 제품이나 서비스보다 더 중요하다는 사실이다. 대개의 경우 고객은 제품이나 서비스를 여러 출처로부터 얻을 수 있는 상품으로 인식한다. 따라서 고객은 다수의 경쟁 업체 중에서 선택해야 하고 십중팔구는 비즈니스 관계를 맺는 것이 가장 편안한 판매원과 회사의 손을 들어줄 것이다.

관계가 제품이나 서비스보다 더 중요하다

판매에서는 관계가 정말 중요하다. 고로 판매원은 자신의 판매 철학도, 회사의 경영 이념도 고객과의 장기적인 관계를 시작해 고객이 제품이나 서비스를 사용하는 전 기간에 걸쳐 관계를 유지하는 것임을 분명히 알려야 한다.

가장 성공한 판매원과 가장 성공적인 기업은 좋은 고객과 장기적인 관계를 구축한다는 공통점이 있다. 그들은 탁월한 서비스와 유지 관리는 물론이고 관심, 세심한 주의와 배려, 민감성, 의존성, 불만과 요청 사항 신속 처리 등을 통해 고객과 양질의 관계를 유지하기 위해 최선을 다한다.

우정의 법칙

아홉 번째 판매 법칙은 종종 우정 요소(friendship factor)라고도 하는 우정의 법칙(law of friendship)이다. 쉽게 말해 사람들은 당신이 친구이며 자신들에게 가장 이익이 되는 행동을 할 것이라는 확신이 생길 때까지 당신의 제품이나 서비스를 구매하지 않는다. 성공적인 모든 비즈니스 관계의 토대는 양 당사자 간의 우정이다. 판매의 달인은 친구 만들기의 달인이기도 하다. 그들은 어디서건 낯선 사람을 쉽게 친구로 만드는 능력이 있다. 그들은 느긋하고 호감이 가며 사람들에게 관심이 많다. 사람들은 그들을 좋아하고, 그들이 좋아서 그들과 비즈니스 관계를 맺고 싶어 한다. 자신이 좋아하는 사람과 거래하고 싶은 것은 인지상정이다. 게다가 인간의 심리 구조 자체가 제품이나 서비스를 원해도 자신이 좋아하지 않는 사람에게서 구매할 수 없고 구매하지 않게끔 되어 있다. 공적인 관계의 친구가 많을수록 판매원으로서 당신은 더 크게 성공하고 더 많이 벌 것이다.

포지셔닝의 법칙

열 번째 법칙은 포지셔닝의 법칙(law of positioning)이다. 당신과 당신 회사에 대한 고객들의 인식이 그들의 현실이며 그들의 구매 행동을 좌우한다는 뜻이다.

알 리스(Al Ries)와 잭 트라우트(Jack Trout)는 마케팅 고전으로 불리는 공동 저서 《포지셔닝》에서 제품도 서비스도 고객의 마음에서 확실한 위치를 차지하거나 획득해야 고객이 그것을 토대로 구매 결정을 할 수 있다고 지적한다. 적절하게 포지셔닝한다면 고객은 당신의 제품이나 서비스가 원조이고 다른 모든 것은 당신의 '오리지널' 제품이나 서비스의 대용품이나 복제품이라고 인식할 수도 있다. 훌륭한 포지셔닝에 관한 몇 가지 사례로는 코카콜라, 크리넥스, 제록스가 있다. 이들 제품 각각은 오늘날 회사 이름이자 제품명이지만 대다수 고객은 그것이 제품 자체라고 인식한다.

포지셔닝 법칙의 첫 번째 원리는 판매원의 복장, 제품, 포장, 활자, 홍보의 모든 측면이 일종의 인식을 생성시킨다는 것이다.

두 번째 원리는 최고의 판매원은 스스로를 제품과 서비스의 우선 공급자로 포지셔닝한다는 사실이다. 고객은 같은 제품이나 서비스라도 당신이 판매하고 보증한다는 이유만으로 상당한 웃돈을 지불하는 경우가 많다. 고객의 마음에서 당신의 위치가 아주 견고해 어떤 경쟁자도 당신을 밀어내고 그 자리를 대신 차지할 수 없다.

인식의 법칙

판매를 성사시키는 열한 번째 법칙은 인식의 법칙(law of perspective)이다. 말인즉슨 고객이 당신을 어떻게 생각하느냐가 당신의 수입을 좌우한다. 고객이 당신을 어떻게 알게 되고, 어떻게 생각하며, 당신이 없는 자리에서 당신에 대해 어떻게 말하는지가 판매자로서 당신의 수입과 성공이 크게 달라진다.

이 법칙에서는 두 가지 원리를 알아야 한다. 첫째, 고객들이 자신들을 위해 일한다고 생각하는 판매원이라야 상위 10퍼센트에 들어갈 수 있다. 최고의 판매원에게서 구매하는 수천 명을 대상으로 구매 습관과 특정 판매원에게서 구매하는 이유에 관한 광범위한 설문 조사가 이루어졌다. 가장 보편적인 이유는 고객들은 판매원이 소속 회사가 아니라 정말로 그들을 위해 일한다고 생각하기 때문이다. 다시 말해 고객들은 판매원이 판매를 성사시키거나 월급을 주는 회사의 요구를 충족시키는 것보다 그들의 욕구에 더 신경을 쓴다고 느낀다.

"고객들이 나를 어떻게 생각하는 것이 유익할까?"라고 자신에게 끊임없이 물으면 도움이 된다. 기존 고객이 잠재 고객에게 당신에 대해 말하는 것을 몰래 들을 수 있다면 어떤 말을 듣고 싶은가? 고객은 자신과의 상호 작용에서 보여준 당신의 모든 것을 당신이 없는 자리에서 말하고 싶은 마음이 생겨야 한다.

> "고객들이 나를 어떻게 생각하는 것이 유익할까?"라고
> 자신에게 끊임없이 물으면 도움이 된다

이 법칙에서 또 알아야 할 점은 판매 부문의 연봉왕 혹은 연봉여왕은 고객들이 그들을 판매자가 아니라 컨설턴트, 조력자, 상담사, 조언

가로 생각한다는 사실이다. 앞서 조사에 따르면 고객들은 자신이 구매했던 판매자가 자신이 문제를 해결하거나 목표를 달성하도록 헌신적으로 도와준다고 생각했다.

준비의 법칙

열두 번째는 최고의 판매원은 잠재 고객을 만나기 전에 철저하게 준비한다는 준비의 법칙(law of preparation)이다. 사실 준비는 성공적인 판매에 관해 이제까지 설명한 모든 것의 선행 조건이자 후행 조건이다. 이는 아주 단순해서 간과되는 경우가 많다. 하지만 진정한 전문가라면 누구나 모든 경쟁에 앞서 철저하고 광범위하게, 그것도 반복해서 준비한다.

최고의 판매원은 경력 전반에서 새로운 잠재 고객과 접촉하기 전에 더욱 프레젠테이션을 다듬고 제품에 관한 지식을 업데이트하며 자료를 반복적으로 검토한다. 최고의 운동선수가 대회를 앞두고 계속 훈련하지 않는 일은 상상할 수도 없다. 솔직히 운동선수가 경기에 참가하는 시간보다 훈련 기간이 훨씬 더 길다. 어떤 분야든 가장 철저하게 훈련하고 헌신의 노력을 기울이는 프로가 정상의 자리에 오른다.

준비의 법칙에는 세 가지 원리가 있다. 첫째, 고객의 실제 상황을 가장 잘 아는 판매원이 판매를 성사시킬 가능성이 가장 크다. 잠재 고객과 그들의 상황을 완벽히 이해하기 위해 시간과 노력을 들일수록 결정적인 순간이 찾아왔을 때 판매할 수 있는 위치에 있을 확률이 높아진다.

둘째, 판매 전문가는 질문을 미리 계획한다. 고객에게 문제의 초점을 맞춘 좋은 질문을 하는 것과 판매 가능성 사이에는 직접적인 관계가 있다. 날카롭고 정확한 질문을 할 수 있는 유일한 방법은 사전에 단어 하나하나까지 글로 적는 것이다.

뉴욕생명보험(New York Life Insurance Company)의 전설적인 보험왕 벤 펠드먼(Ben Feldman)을 예로 들어보자. 1979년 초반 펠드먼은 역대 최다 생명 보험 판매원의 기록을 보유했다. 1942년부터 1993년 사망할 때까지 그가 뉴욕생명보험에서 판매한 생명 보험 증권의 누적 액면가가 약 15억 달러였다. 또한 펠드먼은 역사상 최고의 판매원으로 기네스북에 등재되었다. 펠드먼은 매일 밤 두 시간씩 자료를 검토하고 리허설을 했으며 덕분에 다음 날에도 기민함과 만반의 준비를 갖출 수 있었다. 앤드루 톰슨(Andrew Thomson)은 유명한 저서 《펠드먼은 어떻게 보험왕이 되었나(Feldman Method)》에서 펠드먼의 주된 성공 비결이 적절한 때에 적절한 질문을 할 수 있는 능력이었다고 말한다. 펠드먼은 적절한 단어로 구성된 질문이 중립적이거나 부정적인 잠재 고객마저도 관심 있는 고객으로 바꿀 수 있다는 사실을 깨달았다. 때로는 단 몇 초만에도 말이다.

마지막으로 가장 잘 기록하고 가장 완벽히 준비한 판매원이 승리한다는 것을 알아야 한다. 고객과 만나기 전에 자신의 목표에 대해 충분히 생각하라. 고객과의 대면 접촉에서 달성하고 싶은 것을 항목별로 정확히 기록하라. 만남이 끝난 뒤에는 그 메모에 이번 만남에서 있었던 내용을 꼼꼼하게 추가하라. 절대로 기억에 의존하지 마라. 중국 속담에 "가장 희미한 연필 자국도 가장 또렷한 기억보다 더 낫다"는 말이 있다. 많이 만난 고객이라도 판매 대화를 시작하기 전에 고객 정보 파일, 그들의 상황, 과거의 만남을 기록한 메모를 반드시 검토하라. 최고의 판매원은 판매에 앞서, 프레젠테이션을 하기 전에, 판매를 종결하기 전에 철저하게 준비한다. 그들은 사전에 모든 것을 숙고하고 아무것도 운에 맡기지 않는다. 세부 사항이 차이를 만든다.

비뚤어진 동기부여의 법칙

열세 번째 판매 법칙은 비뚤어진 동기부여의 법칙(law of perverse motivation)이다. 쉽게 말해 모든 사람이 사는 것을 좋아하고 판매 당하는 것을 싫어한다는 의미이다. 사람들은 자신이 판매 프레젠테이션의 대상이거나 피해자라는 느낌을 받고 싶어 하지 않는다. 대다수 고객은 독립심이 매우 강하며, 조종당하거나 압박받거나, 강요받고 있다는 생각을 좋아하지 않는다. 자신에게 주어진 좋은 정보를 바탕으로 스스로 결정하는 것처럼 생각하고 싶어 한다. 비뚤어진 동기부여의 법칙에서는 가장 먼저, 최고의 판매원은 잠재 고객이 원하거나 필요로 하는 것을 가지도록 도와주는 사람으로 인식된다는 점을 알아야 한다.

또한 최고의 판매원은 고객들에게 제품이 그들의 욕구를 어떻게 충족시키는지 가르쳐준다는 사실도 알아야 한다. 고객은 한순간이라도 당신이 무언가를 사도록 설득한다고 느끼면 즉각 반발할 것이다. 판매는 누군가를 위해서가 아니라 누군가를 대상으로 하는 행위이며, 판매에서 가장 중요한 것은 고객과의 좋은 신뢰 관계이다. 그렇기 때문에 그 관계를 위험하게 만드는 어떤 것도 해서는 안 된다.

마지막으로 자신이 하는 일을 잘 알고, 믿고, 사랑하는 판매원에게는 모든 가능성이 열려 있다는 사실을 명심하라. 적절한 조직의, 적절한 제품이나 서비스를, 적절한 사람에게 판매한다면 당신의 미래는 무한할 수 있다.

The Laws of Power

판매의 달인이 되는 법칙

판매의 법칙. 판매가 이루어지기 전에는 아무 일도 일어나지 않는다.

야망의 법칙. 얼마나 높이 올라가느냐는 대개의 경우 얼마나 높이 오르고 싶은가에 달려 있다.

욕구의 법칙. 제품이든 서비스든 모든 구매 결정은 욕구를 만족시키거나 불만을 해소하려는 시도이다.

문제의 법칙. 모든 제품과 서비스는 문제를 해결하거나, 욕구를 충족시키거나, 불확실성을 해소한다고 여겨질 수 있다.

설득의 법칙. 판매는 돈을 가지고 있는 것보다 제품을 통해 삶이 더 나아질 것이라고 고객을 이해시키는 과정이다.

위험의 법칙. 시간, 돈, 감정을 투자하는 일에는 늘 위험이 내재되어 있다.

신뢰의 법칙. 판매원과 고객 사이의 신뢰 관계가 성공적인 판매의 토대이다.

관계의 법칙. 판매 성공은 고객과 양질의 관계를 구축하는 판매원의 능력에 달려 있다.

우정의 법칙. 사람들은 당신이 친구이며 자신에게 가장 이익이 되는 행동을 할 것이라는 확신이 생길 때까지 당신의 제품이나 서비스를 구매하지 않는다.

포지셔닝의 법칙. 당신과 당신 회사에 대한 고객들의 인식이 그들의 현실이며 그들의 구매 행동을 좌우한다.

인식의 법칙. 고객이 당신을 어떻게 생각하느냐가 당신의 수입을 좌우한다.

준비의 법칙. 최고의 판매원은 잠재 고객을 만나기 전에 언제나 철저하게 준비한다.

비뚤어진 동기부여의 법칙. 모든 사람이 사는 것을 좋아하고 판매 당하는 것을 싫어한다.

10장

비즈니스를
정복하는
법칙

──────── 우리가 사업체의 오너이거나 민간 기업에서 일할 때 성취를 이룰 가능성이 가장 클 것이다. 미국의 캘빈 쿨리지(Calvin Coolidge) 대통령은 "미국의 사업이 곧 비즈니스이다"라고 말했다. 미국의 중소기업청(Small Business Administration, SBA) 통계에 따르면 2023년 미국의 총 기업 수는 3,320만 개, 한 해 평균 창업 건수는 440만 개였다. 이 숫자는 부엌 식탁에서 일하는 1인 기업부터 수십 만 명의 종업원을 거느린 대기업까지 크기와 분야를 막론하고 모든 사업체를 포함한다.

비즈니스 시스템은 우리의 삶의 방식에서 커다란 부분을 차지한다. 따라서 비즈니스 시스템이 어떻게 작동하는지 이해하는 능력이 있으면 그것을 배우지 않은 사람보다 훨씬 크게 성공하는 데 도움이 될 수 있다. 기업의 변화 속도는 갈수록 빨라지고 있다. 이것은 오늘날 비즈니스 세상의 피할 수 없는 하나의 현실이다.

이러한 변화의 격동은 중소기업 전반으로 확대된다. 미국 노동통계국(Bureau of Labor Statistics) 자료에 따르면 신생 기업의 20퍼센트가 창업 후 2년을 버티지 못하고, 45퍼센트는 5년 안에, 65퍼센트는 10년 안에 문을 닫는다. 신생 기업이 15년 이상 생존하는 비율은 25퍼센트에 불과하다. 게다가 성공 신화를 쓰는 신생 기업도, 엄청난 덩치가 무색하게 놀라운 속도로 성장하는 대기업도 많다.

자신이 몸담은 조직에 크게 기여하고 이를 통해 자신의 삶과 직업적 경력을 성공의 고속도로 위에 올릴 수 있는 기회는 어디에나 있다. 10장에서는 비즈니스에서 작동하는 일부 법칙과 원리를 소개하고 그것들을 가장 유리하게 사용할 수 있는 방법을 알려주려 한다.

나는 열 살 때 동네 YMCA에서 비누를 파는 일로 비즈니스 세상에 첫발을 들였다. 그다음 신문팔이, 잔디깎이 인부, 크리스마스트리 판매원을 거쳐 백화점에서 일했다. 이후에는 사무용품, 부동산 투자 상품, 자동차, 광고, 훈련 및 컨설팅을 판매했다. 나는 수십 년 동안 크고 작은 조직들에서 일했고, 기업을 매각한 적도 관리한 적도 있었으며, 짜릿한 승리와 참담한 실패를 두루 맛보았다. 또한 지금부터 소개하는 법칙과 원리의 일부를 적용해 수천만 달러의 가치가 있는 기업들, 다양한 제품, 많은 프로젝트를 관리하고 운영했다. 나는 연 매출 7,500만 달러에 2억 6,500만 달러의 가치가 있는 기업의 최고운영책임자(chief operating officer, COO)를 끝으로 월급쟁이 삶을 졸업하고 기업가로 변신해 내 사업을 운영하는 데 전념했다.

나는 가장 철저한 계획 끝에 탄생한 기업과 가장 어처구니없는 기업까지 온갖 종류의 기업을 목격했다. 가장 성취적이고 유능한 사람부터 가장 무능하고 자기 기만에 빠져 사는 사람까지 사실상 모든 종류의 사업가와도 함께 일했다. 이뿐만 아니라 비즈니스와 비즈니스 관리의 다양한 측면에 관한 수백 권의 책과 수천 개의 기사를 읽었다. 하지만 나는 여전히 내가 수박 겉만 핥고 있다고 믿는다.

그렇지만 소득이 없던 것은 아니었다. 나는 몇몇 비즈니스 황금률을 알아냈다. 이러한 황금률은 내가 여러 회사를 설립하고 성공시키는 데서는 물론이고 내 클라이언트의 상당수가 성장률, 시장 점유율, 수익성을 크게 향상시키는 데서 핵심적인 역할을 했다. 내가 찾아낸 열네 가지 비즈니스 성공 비법은 업종과 규모를 떠나 모든 비즈니스에 적용할 수 있다.

목적의 법칙

첫 번째는 앞서 부자가 되는 법칙의 하나로 소개했던 목적의 법칙(law of purpose)이다. 쉽게 말해 비즈니스의 목적은 고객을 확보하고 유지하는 것이다. 기업의 목적이 이익 창출이라고 생각하는 사람이 많다. 물론 창업자나 기업에 투자하는 사람에게는 이익 창출이 목적일 수 있다. 하지만 기업은 말 그대로 독립체이고 저마다 본연의 목적을 갖는다.

기업의 존재 이유를 평가하는 좋은 방법이 있다. 기업이 매년 영업 허가를 갱신해야 하고 그래서 소유주가 법정에 나가 자신의 회사가 지속되어야 하는 정당성을 진술한다고 상상해보라. 이렇게 생각하면 기업이 지속적인 운영을 정당화할 만큼 충분한 공헌을 하는가와 관련해서는 이익 창출이 무의미하다는 사실을 금방 알 수 있을 것이다.

비즈니스의 목적은 고객을 확보하고 유지하는 것이다

목적의 법칙에서는 두 가지를 알면 된다. 첫째, 이익이란 기업이 자사의 목적을 얼마나 잘 달성하는가를 나타내는 척도이다. 기업의 목적은 고객을 확보하고 유지하는 것이므로 기업과 모든 구성원이 그 목적을 달성하는 데 얼마나 잘 기여하느냐가 이익을 좌우할 것이다.

고객 확보가 기업의 목표라는 명확한 증거가 있다. 성공한 기업에서 가장 중요한 사람들은 고객들에게 시간과 관심을 대부분 집중하기 때문이다. 재무적인 결과는 그 주된 목적을 얼마나 잘 달성하는가를 측정하는 척도로만 사용된다.

둘째, 비즈니스에서 목적의 법칙은 이익이 비즈니스를 운영하는 비용, 즉 미래의 비용이라고 규정한다. 이익이 좋은 것인지 나쁜 것인지 혼란스러워하는 사람이 많다. 이익을 탐욕의 상징으로 간주하는 사람도 있고, 이익을 둘러싼 혼란 때문에 파멸의 길을 걸은 국가도 한둘이 아니다. 내가 이제 이러한 오해와 혼란을 불식시켜주겠다. 이익은 좋은 것이다. 이익은 모든 비용을 지급하는 원천이다. 임금과 급여, 세금, 신제품과 새로운 공정에 대한 투자, 연구 개발은 물론이고 기업이 고객 만족을 개선할 수 있는 모든 건설적인 일에 비용을 댄다.

이익의 반대는 손실이다. 손실이 발생하는 곳에 해고가 있고 경제 활동이 감소하며 종종 기업이 무너지기도 한다. 손실이 발생하는 비즈니스에는 거기서 일하는 사람들의 미래가 없다. 이익에 반대하는 모든 사람은 자신이 알든 모르든 그 기업에 생계를 의존하는 모든 사람의 미래도 함께 반대하는 것이다. 이익이 없는 곳에서 그들은 미래를 가질 수 없다. 돈을 잘 버는 기업이 많은 사회에는 고임금 일자리와 미래를 꿈꿀 수 있는 좋은 기회도 풍부하다. 2023년 12월 기준 미국 기업들의 평균 이익률은 10.96퍼센트로 장기적인 평균 이익률 7.18퍼센트의 1.5배였다.

반면에 세계에서 가장 가난하고 낙후된 국가들은 이익 추구 동기(profit motive)가 누구도, 무엇도 중요하게 생각하지 않는 수준까지 떨어졌다. 이러한 국가에서는 평범한 사람들을 위한 기회는 거의 없다.

조직의 법칙

─────

비즈니스 세상을 지배하는 두 번째 법칙은 조직의 법칙(law of organization)이다. 이는 비즈니스 조직이란 고객을 확보하고 유지하는 공통의 목적을 위해 모인 사람들의 집합체라 불가하다고 정의한다. 비즈니스 조직은 고객들을 만족시키는 것과 관련 있는 직무가 너무 커져서 한 사람이 감당할 수 없을 때 형성되기 시작한다. 그런 다음 새로운 직무가 만들어지고 새로운 활동이 관여한다. 직원 수의 증가로 조직이 수익을 내면서 만족시키는 고객 수가 계속 늘어나는 한 이러한 성장 과정은 이어진다.

고객 만족의 법칙

세 번째 비즈니스 법칙은 고객 만족의 법칙(law of customer satis faction)이다. 이는 세 마디로 정의할 수 있다. "무조건 고객이 옳다". 미국 최고의 기업들은 이 철학을 근간으로 한다. 톰 피터스(Tom Peters)가 저서 《초우량 기업의 조건》에서 말했듯이 최고의 기업들과 그곳의 최고 인재들은 고객 서비스에 집착한다. 세상에서 가장 성공한 기업들은 고객을 왕 혹은 여왕으로 받들고 고객 만족이 모든 활동을 이끄는 원동력이다.

고객 만족의 법칙에서 첫 번째 원리는 고객 만족이 반드시 사람에게서 나온다는 것이다. 기계나 종이로는 사람을 만족시킬 수 없다. 흔한 말로 인간은 감정의 동물이다. 따라서 우리는 다른 사람과 상호 작용할 때에만 구매 활동을 즐길 수 있다.

가장 성공적인 기업들이 매우 명확한 고객 정책을 시행하고 이들 조직의 모든 구성원이 고객을 잘 섬기는 것에 헌신하는 이유가 바로 여기에 있다. 좋은 사례를 보자. 월트디즈니(Walt Disney Corporation)

는 여름 동안 놀이공원들에서 일할 대학생 수천 명을 채용한다. 이들 단기 아르바이트 학생은 5월 중순에 채용되어 4~6주간 직무 훈련을 받고 어린이들의 여름 방학 기간 약 8주간 일한다. 겨우 8주 일하는데 4~6주에 걸쳐 왜 그토록 강도 높은 직무 훈련을 받는지 궁금하지 않는가? 이러한 질문을 받을 때 디즈니 직원들의 대답이 디즈니의 고객 철학에 관해 많은 것을 보여준다. 디즈니의 관리자들은 대학생들이 사실상 생각하지 않고도 몸에 익어 일할 수 있을 정도로 직무 훈련을 받는다고 설명한다. 이는 그들이 손님들(디즈니는 방문객을 손님이라고 부른다)에게 더 많은 관심을 기울이도록 하기 위해서이다. 그들은 직무를 완벽히 외우기 때문에 손님들을 행복하게 만들어줄 수 있는 작은 것들에 더 신경을 쓴다.

고객 만족의 법칙에서 두 번째 원리는 최고의 기업들은 너나없이 최고 인재들을 보유한다는 점이다. 최고의 기업들은 성공의 95퍼센트가 자신들이 선택하는 사람들에 달려 있다는 사실을 오래전에 배웠다. 잘못 뽑은 직원은 퇴사할 때까지 막대한 피해를 야기할 수 있다. 따라서 그들 기업은 채용 과정에 많은 시간을 투자하고, 면접과 평판 조회(reference check)에 상당히 공을 들인다. 관리자로 승진하면 자신의 가장 큰 성공이 주요 직책을 맡을 직속 직원들을 잘 뽑는 데서 비롯한다는 사실을 알게 된다.

또한 관리자의 핵심 임무는 고객을 만족시킴으로써 인적 자원 투자 수익률을 극대화하는 것이다. 이것이 고객 만족의 법칙에서 세 번째 원리이다. 관리자는 모든 일에서 두 가지 선택권이 있다. 일을 직접

할 수도 있고, 누군가에게 위임할 수도 있다. 관리자의 역할은 스스로 일을 하기보다 멀티플라이어(multiplier; 주변 사람들이 자신의 능력 이상으로 일을 할 수 있게 만들어 팀과 조직의 성과를 증폭시키는(multiply) 사람을 가리킨다. - 옮긴이)가 되어 다른 사람들을 통해 일을 완수하는 것이다.

마지막으로 직원은 상사가 자신을 대우하는 방식으로 고객을 대우하게끔 되어 있다는 사실을 반드시 알아야 한다. 우리가 매장이나 식당의 종업원에게서 특별히 좋은 대우를 받을 때 어김없이 그곳에 좋은 관리자가 있다. 반대로 어떤 이유로든 우리를 나쁘게 대우하는 종업원은 대부분 자신을 나쁘게 대우했다고 생각하는 관리자에 대한 보복심리로 그렇게 행동한다.

직원은 상사가 자신을 대우하는 방식으로
고객을 대우하게끔 되어 있다

고객의 법칙

비즈니스의 네 번째 법칙은 고객의 법칙(law of the customer)이다. 고객은 항상 최소한의 비용으로 최대한을 추구하면서 자신의 이익을 충족시키려 행동한다. 고객은 자원을 극대화하고 지출을 최소화하려고 노력한다는 점에서 경제적이다. 고객은 부차적이거나 장기적인 결과는 일절 신경 쓰지 않고 자신이 원하는 것을 지금 당장 가장 빠르고 쉬운 방법으로 얻고자 한다는 점에서 편의성의 법칙을 따른다.

고객의 이러한 태도는 모든 비즈니스가 직면하는 현실일 뿐, 문제가 아니다. 비즈니스에서는 사실과 문제가 끊임없이 나타난다. 사실은 피할 수 없는 삶의 일부이며 우리는 사실을 받아들이고 그것에 맞춰 일한다. 사실은 움직일 수 없는 물체와 같다.

반면 문제는 지적 능력과 상상력을 사용해 해결할 수 있다. 비즈니스에서는 사실과 문제를 구분하고 당신이 아무것도 할 수 없는 무언가에 낙담하지 않는 것이 매우 중요하다. 이미 벌어졌거나 일어나지 않은 무언가에 대해 걱정하기 전에 자신에게 물어라. 이것은 문제일까, 사실일까?

고객의 법칙과 관련해서는 세 가지를 말하고 싶다. 첫째, 고객은 까다롭고 요구가 많으며 무자비하다. 고객은 자신에게 가장 큰 만족을 주는 기업은 후하게 보상하고 불만을 안겨주는 기업은 문을 닫게 만든다. 오해하지 마시라. 고객이 특정 기업이 망하건 말건 신경을 쓰지 않아서가 아니다. 그저 기업의 성공이나 실패보다 자신과 자신의 만족이 더 중요하기 때문이다.

기업이 실패했다면 소유주(들)가 회사의 생존을 보장하는 가격으로 충분히 많은 고객을 만족시키기 위해 자신의 행동을 조정할 수 없었거나 조정할 의지가 없었다는 증거이다. 고객은 아무 말 없이 떠나서 주변에 소문을 냈고 다시는 돌아오지 않았다.

둘째, 고객은 자신의 가장 기박한 요구를 충족이기 위해 서항이 가장 적은 경로를 추구하면서 늘 합리적으로 행동한다는 점을 알아야 한다. 고객의 관점에서 보면 모든 행동이 완벽히 이해가 간다. 고객의 모든 행동은 더 큰 만족을 얻고 자신의 현재 상태를 개선하는 것이 목표이다.

고객은 매우 똑똑하며 무엇이 자신에게 가장 이익인지 언제나 알고 있다. 고객의 결정은 무조건 합리적이다. 고객은 항상 옳다. 사업을 시작한다는 것은 자신의 경제적 미래를 매일 고객을 만족시키는 일에 온전히 맡긴다는 뜻이다. 창업하는 순간부터 무엇을, 얼마에, 얼마나 많이 팔고, 얼마나 많은 돈을 버느냐는 고객의 손에 달려 있다. 고객의 변덕에 일일이 맞추고 환상에 부응해야만 비즈니스 세상에서 살아남고 성장할 수 있을 것이다.

이 법칙에 관해 마지막으로 하고 싶은 말은 적절한 사업 계획은 고객을 관심과 토론의 중심에 두는 데서 시작한다는 것이다. 기업의 구성원들은 고객의 진짜 생각, 감정, 욕구와 단절되는 위험한 경향이 있다. 이런 기업에서는 대체로 직원들끼리 대화를 너무 많이 하고, 설상가상 그들은 서로의 이야기에 귀를 기울이며 현실에서 멀어진다. 자신이 회사에서 하는 일이 고객에게 영향을 미친다면 제품이나 서비스에 관해 무언가를 결정할 때 고객의 동상을 가상으로 만들어 토론 테이블의 중앙에 놓아야 한다. 그리고 항상 자신에게 물어라. 고객이 여기에 앉아 우리 이야기를 듣는다면 고객은 어떤 생각을 할까? 무슨 말을 할까? 우리가 계획하는 일에 동의할까, 반대할까?

고객은 매우 중요하다. 회사의 제품이나 서비스를 구매하는 사람과 직접 상호 작용하지 않는다는 이유로 자신은 충족시켜야 하는 고객이 없다고 생각하는 사람들이 있다. 이는 잘못된 생각으로 자칫 치명적인 실수가 될 수 있다.

사실 모든 사람에게 고객이 있다. 실제로는 여러 명의 고객이 있을지도 모르겠다. 주요 고객은 당신의 직업적인 성공을 좌우하는 사람이다. 이 정의에 따르면 상사가 있다면 상사가 당신의 최우선 고객이다. 상사를 만족시키느냐 여부에 당신이 조직의 사다리를 얼마나 높이, 얼마나 빨리 올라가는지 달려 있다. 직속 직원들이 있다면 그들이 당신의 고객이다. 당신이 그들을 어떻게 만족시키느냐가 당신 부서가 생산하는 것을 사용해야 하는 사람들을 그들이 어떻게 만족시키는지 좌우할 것이다. 회계팀이나 경영관리팀에서 일하는 사람에게 고객은 재무제표, 컴퓨터 출력물, 그 밖의 다른 정보 등 자신이 생산하는 것을 사용해야 하는 사람들이다. 요컨대 누구나 고객이 있다. 누구나 고객을 만족시키는 일을 한다. 얼마나 성공할지는 가장 중요한 고객을 얼마나 잘 만족시키느냐에 달려 있다.

품질의 법칙

다섯 번째 비즈니스 법칙은 품질의 법칙(law of quality)으로 고객은 최저의 가격으로 최고의 품질을 요구한다는 뜻이다. 아주 단순한 법칙처럼 보이는데도 이것을 위반하려다가 결국 파산하는 기업이 많다. 고객은 매우 똑똑하다. 고객은 구매 결정을 할 때마다 최대한 많은 욕구를 충족시키기 위해 행동하기 마련이다. 고객은 욕심쟁이로 언제나 점점 더 좋은 품질을 원하고 이 욕구에 부응하는 기업만이 시장에서 성공한다. 1989년 토요타의 렉서스(Lexus)와 닛산의 인피니티(Infiniti)가 미국에서 출시되었을 때의 일이다. 두 회사는 렉서스와 인피니티가 더 비싼 유럽산 자동차의 고급 기능을 전부 갖춘 미래의 자동차이지만 가격은 1만 달러, 2만 달러, 심지어 3만 달러 더 저렴하다고 광고했다. 토요타와 닛산은 미국에서 동급 최고의 품질을 가진 자동차를 만드는 것에 역량을 총동원했다.

1991년 시장조사업체 제이디파워(J.D. Power)가 미국에서 판매되는 557개 자동차 모델 전체에 대한 고객 만족도 조사를 실시해 결과를 발표했다. 제이디파워의 순위에 따르면 렉서스와 인피니티가 품질 면에서 공동 1위를 차지했다. 이 결과가 발표되기 전에도 품질에 대한 두 회사의 헌신에 힘입어 렉서스와 인피니티의 매출은 수억 달러까지 상승했다.

품질의 법칙에서 첫 번째 원리는 고객이 품질을 정의하고 고객은 품질에 기꺼이 지갑을 연다는 것이다. 오직 고객만이 품질을 정의할 수 있다. 간혹 품질을 명확히 정의할 수 없는 경우에도 그들은 자신의 돈을 쓰는 방식으로 품질의 손을 들어줄 것이다.

필립 B. 크로즈비(Philip Bayard Crosby; 무결점 운동(Zero-Defect, ZD) 개념의 창안자이다.-옮긴이)는 저서 《눈물 없는 품질(Quality without Tears: The Art of Hassle-Free Management)》에서 품질은 상당히 쉽게 정의할 수 있다고 말한다. 품질은 제품이 약속한 기능을 계속 제공하는 시간 비율로 측정할 수 있다. 예를 들어 시계의 품질은 정확한 시간을, 얼마나 오래 계속 알려주느냐로 측정할 수 있다. 정확한 시간을 영원히 알려준다면 그 시계의 품질 등급은 100퍼센트이다. 자동차의 품질 등급은 구매 시점에 명시된 사항을 제외하고 수리나 유지 보수가 필요 없이 무고장 서비스를 제공하는 기간을 말한다. 자동차가 한 번도 고장을 일으키지 않는다면 100퍼센트 품질 등급을 달성한다. 안타깝지만 일부 공장에서 생산된 제품의 무려 25퍼센트가 품질 결함으로 말미암아 공장에서 재작업되고 재조립되는 경우도 드물지 않다.

품질은 제품이 약속한 기능을 계속 제공하는
시간 비율로 측정할 수 있다

크로즈비는 또 다른 저서 《품질은 공짜다(Quality Is Free)》에서 무결점의 고품질 제품을 생산하면 단기적으로도 장기적으로도 돈을 절약하고 이익을 증대시킬 수 있다고 주장한다. 단기적으로는 품질이 고객을 확보하고, 장기적으로는 품질이 고객을 유지한다.

품질의 법칙에서 두 번째 원리는 품질이란 제품이나 서비스에 더해 판매, 전달, 유지 관리 방식까지 전부 가리킨다는 것이다. 품질은 사실상 제품이나 서비스를 구매, 소유, 보유하는 것과 관련 있는 모든 활동을 아우른다. 예를 들어 고급 식당의 음식 가격은 좋은 음식을 제공한다는 사실 하나만으로 결정되는 것이 아니다. 평균 이상의 가격을 요구하고 평균 이상의 이익을 달성할 수 있는 고급 식당은 사람들이 더 많은 돈을 기꺼이 지불할 의사가 있는 편안하고 즐거운 분위기에서 음식을 제공한다.

단순한 제품이라도 유쾌하고 정중한 방식으로 판매되고 제공될 수 있으며 이로써 지각된 가치가 올라간다. 고객은 경험 전체를 정의한다. 말인즉슨 제품과 서비스는 품질에 대한 고객 인식에 영향을 미치는 하나의 요소일 뿐이다.

한편 기업의 재무적 성공은 고객이 지각하는 품질 등급과 비례한다. 이것이 바로 품질의 법칙에서 알아야 하는 세 번째 원리이다. 시장 조사원이 현장에 나가 고객들을 대상으로 정직하고 객관적인 설문 조사를 한다면 각 회사의 품질 등급을 경쟁 기업들과 비교해 도출할 수 있다. 예를 들어 특정 시장 영역에서 동일한 제품이나 서비스를 제공하는 기업이 열 곳이라고 가정해보자. 고객 설문 조사를 하면 해당 시장에서 고객들이 가장 높이 평가하는 기업이 어디인지 알 수 있다. 또한 기업들의 순위도 결정할 수 있다. 결과적으로 말해 특정 시장에서 최고의 품질 등급을 받는 기업이 해당 시장에서 수익성이 가장 높다.

이것은 안정성에 대한 인간의 깊은 욕구 때문이다. 사람들은 가격이 높은 제품과 낮은 제품 중에서 하나를 선택해야 할 때 경제적으로 여력이 된다면 언제나 더 비싼 제품을 선택할 것이다. 가격과 품질이 비례한다는 인식 때문이다. 품질이 더 좋다는 인식은 구매 결정을 내릴 때 느끼는 불확실성이나 위험성을 줄여준다. 품질을 살 수 있는 여력이 된다면 품질을 사지 않을 수 없다고 말하는 이유가 바로 여기에 있다.

우리가 지불하는 금액과 제품이나 서비스의 품질 사이에는 거의 항상 직접적인 관계가 있다. 적은 돈으로 좋은 품질을 사는 경우는 극히 드물다. 세상에 공짜로 얻는 것은 없다. 대개는 지불한 만큼 얻는다. 경쟁 사회에서는 가격이 높을수록 더 좋은 품질과 더 낮은 위험이 보장된다고 생각해도 틀리지 않을 것이다. 돈을 조금 아끼려고 낮은 품질의 제품을 구매하는 것보다 돈을 더 주더라도 품질 좋은 제품을 구매할 때 심리적인 안전감이 훨씬 크다. 영국의 예술 평론가 존 러스킨(John Ruskin)의 말을 새겨듣자. "품질 불량으로 인한 괴로움은 저렴한 가격이 주는 기쁨이 잊혀진 뒤에도 아주 오랫동안 기억된다."

현재 품질 등급이 어떻든(십중팔구는 설문 조사를 하지 않아도 자신의 현재 등급을 안다) 당신도 회사도 품질 일등에 헌신해야 한다.

당신은 자신의 분야에서 최고가 되기 위해 최선을 다해야 한다. 품질 리더를 목표로 삼아라. 이것은 조직의 모든 구성원이 가치 있는 그 목표에 헌신하도록 의욕을 북돋우고 자극할 뿐 아니라 수익에도 반영될 것이다. 품질 일등 회사는 수익성이 가장 높고 미래를 위한 가장 큰 기회를 제공한다. 가장 성공적인 기업은 실적이 부진할 때도 혁신을 멈추지 않으며 신제품과 새로운 서비스를 계속 출시한다.

노후화의 법칙

비즈니스 세상의 여섯 번째 법칙은 노후화의 법칙(law of obsolescence)

이다. 모든 것은 이미 노후화가 진행 중이다. 제품, 서비스, 광고, 마케팅 전략은 물론이고 조직의 다른 모든 계획이나 정책이 급속하게 노후화되고 있다. 따라서 사람도, 회사도 발 빠르게 움직여야 하고 지속적인 변화를 불가피한 삶의 현실로 받아들일 준비가 되어 있어야 한다.

노후화의 법칙에서는 세 가지를 알면 된다. 첫째는 내일이 오늘과 다를 것이라는 사실이다. 비즈니스 세상에서 가장 큰 좌절은 사방에서 맹공을 퍼붓는 치열한 경쟁에 적응하지 못하거나, 너무 느리게 적응함으로써 흐름을 저지하고자 할 때 찾아온다.

둘째, 지속적인 혁신과 개선이 생존의 필수 조건이라는 사실을 알아야 한다. 지속적인 혁신과 개선은 시간과 돈이 충분할 때에만 하는 사치품이 아니다. 모든 기업에는 내일의 제품과 서비스를 개발하는 일에 전적으로 헌신하는 최고 인재들이 필히 있어야 한다. 이렇게 하지 않는 기업은 결국 내일이 없을 것이며 내일을 열정적으로 준비하는 경쟁자들에게 뒤처질 것이다. 기업이 생산하는 새로운 아이디어의 양과 궁극적인 재무적 성공은 직접적인 관계가 있다. 그러니 혁신 외에는 답이 없다. 혁신하고, 혁신하고, 혁신하라.

노후화의 법칙에서 마지막으로 알아야 하는 것은 미래를 예측하는 가장 좋은 방법이 미래를 창조하는 것이라는 사실이다. 디즈니 왕국을 세운 월트 디즈니를 본받아라. 사람들이 자신의 아이디어를 훔칠까 봐 걱정하냐는 질문을 받았을 때 디즈니는 이렇게 말했다. "누군가 우리 아이디어를 훔칠 수 있는 것보다 우리가 더 빨리 새로운 아이디어를 생각해낼 것입니다."

당신도 월트 디즈니의 접근법을 비즈니스 철학으로 삼아야 한다. 시장에 내놓을 좋은 제품과 서비스에 대한 아이디어가 이러한 아이디어를 개발할 자원보다 항상 더 많아야 한다. 당신은 여러 가능성 중에서 그 순간 시장 잠재력이 가장 큰 가능성을 선택할 수 있도록 다양한 가능성이 늘 준비되어 있어야 한다.

혁신의 법칙

일곱 번째 비즈니스 법칙은 혁신의 법칙(law of innovation)으로 노후화의 법칙과 밀접한 관련이 있다. 이것은 비즈니스의 모든 돌파구가 혁신에서 나온다는 법칙이다. 현재 시장에 더 좋거나, 더 저렴하거나, 더 새로운 무언가를 제공하는 데서 또는 무언가를 더 빠르거나 더 효과적으로 제공할 때 돌파구가 만들어진다는 말이다.

평범한 직장인이 회사와 자신의 삶에 혁명을 일으킬 수 있는 어떤 제품이나 서비스에 대한 필요성을 인지하는 경우도 종종 있다. 예컨대 미국 미네소타에 본사가 있는 3엠(3M Corporation)에서 일하던 한 과학자가 교회 성가대에서 활동했는데 찬송가집에 끼워놓은 책갈피가 자꾸 떨어져서 성가셨다. 그는 자국을 남기거나 점성을 잃지 않고도 여러 번 붙였다 뗐다 할 수 있는 접착제를 찾고자 다양한 풀로 실험했다. 마침내 그가 개발한 제품이 점착 메모지 시장을 창조했다. 바로 포스트잇(Post-its)이다. 2019년 기준 3엠은 시장 점유율 77.4퍼센트로 21억 9,000만 달러 규모의 점착 메모지 시장을 지배하며 여전히 건재를 과시했다. 그리고 그 아이디어를 생각해낸 과학자는 부자가 되었다.

피터 드러커는 명저 《미래사회를 이끌어가는 기업가 정신》에서 일곱 가지 주요한 혁신 원천에 대해 말한다. 아울러 사람도 기업도 혁신을 삶의 방식으로 만들 수 있는 방법에 관한 여러 아이디어도 소개한다. 당신에게 필요한 것은 위대한 비즈니스 성공으로 가는 고속도로에 올려주는 좋은 아이디어 하나이다. 본인의 아이디어여도 좋고 회사의 다른 누군가가 생각한 것이어도 된다.

핵심 성공 요인 법칙

———

여덟 번째 비즈니스 법칙은 1982년 〈하버드비즈니스리뷰(Harvard Business Review)〉에 실린 한 기사에서 요약된 어떤 연구 결과에 바탕을 둔다. 바로 핵심 성공 요인의 법칙(law of critical success factors, CSF)이다. 쉽게 말해 기업마다 대략 5~7개의 핵심 성공 요인이 있고, 이러한 요인의 성과가 기업의 성패를 좌우한다는 말이다. 핵심 성공 요인은 심장 박동수, 호흡수, 혈압 같은 신체의 필수 기능에 비유할 수 있다. 이러한 기능은 생명과 활력을 나타내며 이 중 하나가 단 몇 분만 멈추어도 죽음을 의미한다.

기업에도 핵심 성공 요인들이 있다. 이 중 많은 요인은 모든 기업에 공통적으로 해당되고 일부 요인은 기업마다 다르다. 가장 보편적인 핵심 성공 요인에는 리더십, 제품 품질, 마케팅과 판매, 제조, 유통, 재무, 회계 등이 포함될 수 있다. 기업이 탁월한 결과를 얻으려면 이러한 모든 영역에서 탁월한 성과를 내야 한다.

어떤 영역에서든 성과가 전무하거나 저조할 경우 기업의 생명까지 위태로울 수 있다. 던앤드브래드스트리트(Dunn and Bradstreet; 세계 최초로 설립된 기업 정보 제공업체이다. – 옮긴이)에 따르면 미국에서 기업 파산의 46퍼센트는 판매 부진, 마케팅 축소, 매출액 감소에서 촉발되었다. 따라서 이러한 영역은 기업의 핵심 성공 요인 또는 필수적인 기능이다.

이 법칙의 첫 번째 원리는 사람도 저마다 핵심 성공 요인이 있고 이러한 요인의 성과에 성공이 달려 있다는 것이다. 누구나 자신의 일을 하기 위해 도구처럼 사용하는 일단의 핵심 기술이나 능력이 있다. 핵심 기술 중 하나라도 취약하거나 사용할 수 없는 사람은 자신의 일을 제대로 못할 가능성이 크다.

예컨대 문제 해결과 의사 결정은 관리자와 경영자 모두에게 핵심적인 기능이다. 건강이 안 좋거나 감정적으로 힘든 시간을 보내고 있는 사람은 문제를 효과적으로 해결할 수 없거나 좋은 의사 결정을 못할 수도 있다. 이렇게 되면 마치 도미노 현상처럼 이 사람의 이러한 능력에 의존하는 모든 사람의 성과도 감소할 위험이 있다. 요컨대 누군가가 자신의 핵심 성공 요인 중 하나를 제대로 하지 못해 부서 전체가 서서히 멈출지도 모른다.

어떤 사람은 판매의 핵심 성공 요인 중 딱 하나가 부족해서 자신의 역량보다 훨씬 적게 팔 수도 있다. 많은 기업은 판매 직원들을 충분히, 심하면 아예 교육하지 않는다. 그러면서도 고위 경영진은 저조한 판매에 펄쩍 뛰고 어째서 회사의 생존에 필요한 만큼 매출이 나오지 않는지 의아해한다. 때로는 약간의 판매 교육만으로도 조직의 평균 매출이 두 배, 세 배로 증가할 수 있다.

자신의 핵심 성공 요인을 결정하고 싶다면 스스로에게 두 종류의 질문을 해보자. 조직에 매여 사는 동안에는 매일 이러한 질문을 해야 한다. 첫 번째 종류의 질문은 세 가지이다. "나는 왜 월급을 받는가?" "나는 무엇을 달성하기 위해 채용되었는가?" "나는 어떤 결과를 책임져야 하는가?" 그런 다음 두 번째 질문들을 해보라. "내가 할 수 있고 지금 내가 하고 있는 일 중 어떤 일에 집중해야 회사에 실질적인 변화를 만들고 내 성과에도 큰 차이를 만들어낼 수 있는, 그 단 하나의 일은 무엇일까?" "내가 할 수 있고 나만이 할 수 있는 일 중 회사에 실질적인 도움이 되고 내 성과에도 큰 차이를 만들어낼 수 있는, 단 하나의 일은 무엇일까?"

조직의 모든 구성원은 이러한 두 질문, 즉 "나는 왜 월급을 받는가?"와 "내가 할 수 있고 나만이 할 수 있는 일 중에서 진정한 변화를 몰고 올 일은 무엇일까?"에 대한 질문을 반복적으로 하고 그 답 또한 명확히 알아야 한다. 이는 우리가 자신만의 핵심 성공 요인 중에서 반드시 이루어내야 할 성과 중 하나이다.

시장의 법칙

아홉 번째 비즈니스 법칙은 시장의 법칙(law of the market)이다. 이
법칙은 시장을 이렇게 정의한다. 시장이란 제품과 서비스의 구매자와
판매자가 가격을 결정하고 돈, 노동력, 천연자원 등 모든 생산 요소를
어떻게 배분할지 결정하기 위해 만나는 공간이다.

　오늘날 시장은 허구의 공간이다. 하지만 시장은 사회 각계각층에서
그리고 민간 기업과 공공 조직의 모든 영역에서 매일 이루어지는 수
백만 건의 매매 결정 모두를 대표한다. 각자가 편의성의 법칙에 근거
해서 내리는 이러한 모든 결정이 합해져 우리 사회에서 정부가 통제
하지 않는 거의 모든 것의 가격이 결정된다.

　시장의 법칙에서 첫 번째 원리는 효율적 시장 가설(efficient market
hypothesis, EMH)에 바탕을 둔다. 효율적 시장 가설에 따르면 자유 시
장에서 자원은 완벽히 효율적으로 배분되고 가격은 그 순간 공급과
수요를 정확히 반영한다.

　　　　자유 시장에서 자원은 완벽히 효율적으로 배분되고
　　　　가격은 그 순간 공급과 수요를 정확히 반영한다

　효율적 시장 가설은 보통 주식 시장에 적용되며 크게 두 가지를 주
장한다. 먼저 매일 모든 주식이 종가는 주식으로 내번뇌는 각 회사의
현재와 미래 전망에 대해 알려진 모든 정보를 정확히 반영한다. 또한

변동하는 주가에 관한 정보는 주가 변동에 경제적 이익이 영향을 받을 수도 있는 사람들 사이에 급속도로 확산될 것이다.

시장의 법칙에서 두 번째 원리는 자유 시장은 수백만 명의 사람들이 최소한의 비용으로 욕구를 충족시킬 수 있는 가장 효율적인 방법이라는 것이다. 자유 시장은 정부가 임금, 가격, 경제 활동을 통제하지 않을 때 자동적으로 형성된다. 시장의 자유가 커질수록 경제는 더 활성화되고 부와 기회가 더 많이 창출된다.

시장의 자유를 침해하려는 시도는 하나같이 좋게 들리는 이유에서 이루어진다. 하지만 진짜 이유는 시장이 자유로울 때보다 제품이나 서비스를 더 비싸게 구매하도록 강제함으로써 특수 이해관계자에게 이득을 주고 구매자에게 불이익을 주는 것이다. 시장 간섭은 누구를 위해서도, 어떤 제품이나 서비스에 대해서도, 어떤 경우에도 가격을 떨어뜨리지 않는다는 말이다.

전문화의 법칙

열 번째 비즈니스 법칙은 전문화의 법칙(law of specialization)으로 시장의 법칙과 밀접한 관련이 있다. 이 법칙은 제품이든 서비스든 경쟁 시장에서 성공하려면 전문화되어야 하고 명확히 정의된 고객 욕구까지 잘 충족시켜야 한다고 규정한다. 제품 본연의 기능이 무엇이고 누구를 위해 그 기능을 하도록 고안되었는지 명확해야 한다.

또한 전문화의 법칙은 기업의 실패 이유 하나를 다음과 같이 정의한다. 기업은 전문성을 잃거나 비용 효율적인 방식으로 충분히 많은 고객에게 제품이나 서비스를 제공하지 못할 때 실패한다.

성공적인 마케팅은 전문화에서 시작한다. 당신이 무엇을, 누구를 위해 제공하는지 명확히 하라.

차별화의 법칙

———

비즈니스 세상의 열한 번째 법칙은 차별화의 법칙(law of differentiation)이다. 요컨대 제품이 시장에서 성공하려면 어떤 식으로든 경쟁 제품들과 차별화되는 고유한 영역이 무조건 있어야 한다. 미투 제품(me too; 통상 1위 브랜드나 인기 브랜드 또는 경쟁 관계에 있는 유명 브랜드를 모방하여 그 브랜드의 인기에 편승해 자사 제품을 판매할 목적으로 만든 제품을 말한다.－옮긴이)만으로는 성공할 수 없다. 제품이든 서비스든 잠정적인 어떤 대체재보다 차별화되고 더 나은 특별한 강점이나 특성이 있어야 한다.

차별화의 법칙의 첫 번째 요소는 고유 판매 제안(unique selling proposition, USP; 경쟁사가 제공하지 않거나 제공하지 못하는 특징적인 무언가를 제공해 기업이 자사 제품을 경쟁 제품과 차별화하는 마케팅 전략을 말한다.－옮긴이)을 결정하는 것이 성공적인 모든 광고와 판매의 출발점이라는 것이다. 기업은 제품이나 서비스의 독특하고 차별적인 특징을 25자 내외로 요약할 수 있어야 한다. 아이보리(Ivory) 비누는 "99.44

퍼센트 순수하다"는 단순한 광고 덕분에 오랫동안 명성을 유지했고, 그 뒤 "물에 뜬다!"는 광고 슬로건으로 명성을 이어갔다. 폭스바겐은 미국의 대형 자동차와 경쟁할 당시 자사의 고유 판매 제안을 강조하는 광고 문구를 내놓았다. "이 차를 집 앞에 세워 두면 당신 집이 더 커 보입니다."

최고의 마케팅, 광고, 판매 캠페인의 중심에는 잠재 고객에게 유의미한 방식으로 전달될 수 있는 고유 판매 제안이 있다.

차별화의 법칙에서 두 번째 요소는 제품이나 서비스가 시장에서 생존하고 번영하려면 경쟁 제품이나 서비스보다 우월한 경쟁 우위가 반드시 필요하다는 것이다. 제품이나 서비스의 경쟁 우위를 정하는 것이 기업이나 조직에서 가장 중요한 단일 마케팅 결정이라고 볼 수 있다. 〈유에스에이투데이(USA Today)〉 같은 전국 신문이든 선출직 후보든, 광고주는 잠재 고객이 다른 모든 경쟁자를 제치고 자신들을 구매해야 하는 좋은 이유를 제공하는 유의미한 경쟁 우위를 필히 창조해야 한다.

제너럴일렉트릭의 전설적인 CEO였던 잭 웰치는 자신의 경영 철학이 회사가 경쟁하는 모든 시장 영역에서 1위 아니면 2위가 되는 것이라고 말했다. 그런 다음 웰치는 쐐기를 박았다. "경쟁 우위가 없다면 경쟁하지 마라."

이제 공은 당신에게 돌아왔다. 당신의 경쟁 우위는 무엇인가? 당신의 제품이나 서비스는 경쟁자들보다 어떤 면에서 더 우월한가? 아직 경쟁 우위가 없다면 어떤 것이 경쟁 우위가 될 수 있을까? 경쟁 우위는 어떤 것이어야 하는가? 경쟁 우위가 없는 제품이나 서비스는 시장에서 실패할 수밖에 없다.

세분화의 법칙

열두 번째 비즈니스 법칙은 기업이 상당한 매출을 달성하려면 특정 고객 집단이나 세분 시장을 표적으로 해야 한다는 세분화의 법칙(law of segmentation)이다. 현재 우리는 대중 시장의 종말에 급속도로 가까워지고 있다. 오늘날 가장 성공한 기업들은 특정한 세분 시장을 식별할 수 있었고, 이러한 시장의 독특한 욕구와 취향을 만족시킬 맞춤형 제품과 서비스를 설계한다. 최초의 커스터마이징 자동차, 포드의 머스탱(Mustang)이 좋은 예이다. 머스탱이 출시와 동시에 큰 성공을 거두었던 부분적인 이유는 고객이 다양한 색상과 액세서리로 각자 취향에 따라 주문 제작할 수 있었기 때문에 거의 모든 머스탱이 독특하고 차별화되었다. 이는 그렇고 그런 뻔한 자동차가 아니라 확실한 존재감을 드러내는 자동차를 소유하고 싶은 개인의 갈망을 만족시켰다.

세분화의 법칙에서는 두 가지 원리를 알아야 한다. 첫째, 잘못된 제품을 가지고, 잘못된 방식으로, 잘못된 시장을 공략하기 때문에 실패하는 기업이 많다. 애초에 A 세분 시장을 겨냥해 광고를 시작하는데 전혀 엉뚱한 B 세분 시장이 그 제품을 구매하는 경우도 허다하다.

경량 픽업트럭은 본래 건설 현장과 소량의 화물을 운반하는 용도로 설계되었다. 하지만 젊은이들 사이에서 아웃도어 스포츠 차량으로 엄청난 인기를 끌었다.

독일의 고급 맥주 브랜드 뢰벤브로이(Löwenbräu)는 오랫동안 버드와이저(Budweiser)와 밀러(Miller) 같은 미국 토종 맥주와 경쟁하려고 노력했다. 뢰벤브로이는 생각할 수 있는 온갖 형태의 광고를 시도했지만 백약이 무효했다. 미국의 공룡 맥주 회사들이 철통같이 지키고 있어 시장에 진입할 수 없었다. 결국 뢰벤브로이는 마케팅 전략을 바꾸었고 고소득자들을 공략하기 시작했다. 뢰벤브로이가 새로운 이 전략을 사용해 처음 선보인 광고는 미국에서 수입 맥주의 역사를 새로 썼다. 광고 문구는 단순했다. "샴페인이 떨어지면 뢰벤브로이를 주문하세요." 뢰벤브로이는 값싼 맥주가 아니라 샴페인과 연결시켜 포지셔닝하는 전략으로 최고만을 살 여유가 있는 사람들이 마셔야 하는 맥주라는 인식을 창조했다.

하지만 뢰벤브로이의 운명은 품질의 법칙을 보여주는 또 다른 반전이 있었다. 1975년 밀러브루잉컴퍼니(Miller Brewing Company)가 뢰벤브로이의 북미 판매권을 획득했다. 뢰벤브로이의 독일 본사는 맥주 재료로 맥아, 물, 홉만 사용할 수 있다고 명시한 독일의 맥주 순수령(Reinheitsgebot, Purity Order)을 엄격히 준수했다. 그런데 밀러는 그러한 독일 방식 대신에 미국식 맥주 양조법으로 뢰벤브로이를 생산했다. 더 문제는 밀러가 독일 뢰벤브로이의 양조법을 사용하는 것처럼 눈속임을 했다는 점이다. 진실이 드러났을 때 뢰벤브로이의 매출은 곤두박질쳤다. 뢰벤브로이도 품질이 확연히 떨어지면서 미국 시장에서 유명무실한 브랜드로 전락했다.

세분화의 법칙에서 두 번째 원리는 이상적인 세분 시장은 제품의 경쟁 우위가 가장 긴급한 욕구를 충족시키는 고객들을 포함한다는 것이다. 시장 조사의 목적은 다음의 네 가지 질문에 답을 찾는 것이 전부이다. 이상적인 고객은 누구인가? 그 고객이 왜 구매하는가? 그 고객은 왜 구매하기를 꺼리는가? 그 고객은 왜 경쟁자에게서 구매하는가? 확보하고 유지해야 하는 고객에 대해 더 정확히 알수록 마케팅 노력을 이들에 더욱 집중할 수 있고 시장에서 성공할 가능성이 커진다.

집중의 법칙

비즈니스의 성공을 부르는 열세 번째 법칙은 집중의 법칙(law of concentration)이다. 시장에서 성공하려면 제품의 차별화 영역을 가장 가치 있고 중요하게 생각하는 고객들에게 판매하는 것에 오롯이 집중해야 한다.

렉서스와 인피니티 이야기를 다시 해보자. 두 자동차는 처음 출시되었을 때 특정한 틈새 시장, 다른 말로 세분 시장에서 경쟁을 펼쳤다. 메르세데스와 BMW를 동경하지만 넘사벽 가격 때문에 엄두를 못 내는 사람들에게 마케팅 노력을 집중했다. 그들의 주된 타깃 고객은 대졸의 중상층 고소득 전문직 종사자였다. 토요타와 닛산은 가격 곡선(price curve)에서 아래로 내려갈수록 자사 자동차를 구매할 수 있는 잠재 고객의 수가 늘어난다는 사실을 잘 알았다. 참고로 오늘날 이러한 자동차의 가격대는 대동소이하다.

집중의 법칙에서 첫 번째 원리는 최고의 고수익 전략 중 하나를 알려준다. 특정 틈새 시장의 고객들을 겨냥한 최고의 제품으로 그 시장을 지배하라. 이 전략에 대한 좋은 사례는 필기구 제조사인 에이티크로스(A. T. Cross)이다. 크로스는 오래전부터 평범한 검은색부터 18K 금으로 도금한 것까지 다양한 펜을 앞세워 미국 기업인들의 마음속에 최고급 사무용 필기구로 확실히 포지셔닝할 수 있었다. 오랫동안 파카(Parker)와 몽블랑(Montblanc) 같은 경쟁 업체들이 미국의 고급 필기구 시장의 문을 두드렸지만 좀처럼 열리지 않았고 오늘날까지도 크로스는 이 부문에서 선두 자리를 지키고 있다.

또한 집중의 법칙은 고수익 제품으로 고수익 세분 시장에 집중하면 영업 이익률, 투자 수익률, 자본 이익률 모두를 최대한 달성할 수 있다고 약속한다. 미국에서 수익성이 가장 좋은 기업들을 보면 하나 같이 고수익 제품을 고수익 시장에 팔고 있다. 명품 시계의 대명사 롤렉스(Rolex)처럼 품질이 가장 좋고 가장 고가인 최고의 제품을 생산하는 기업들은 이러한 제품을 팔아 최대한의 이익을 창출한다.

탁월함의 법칙

열네 번째 법칙은 탁월함의 법칙(law of excellence)이다. 쉽게 말해 시장은 탁월한 성과, 탁월한 제품, 탁월한 서비스에 항상 탁월한 보상을 돌려준다. 이뿐만 아니라 시장은 평균적인 성과에는 평균적인 보상을, 평균 이하의 성과에는 평균 이하의 보상을 한다. 시장은 공명정대한 작업 감독이다. 언제나 공정하다. 늘 공평하다. 고객이 표현하는 진정한 의도를 어김없이 반영한다. 시장은 시장이 원하는 상품과 서비스를 시장의 지불 의사 가격으로 시장에 제공하는 기업과 사람을 반드시 보상한다. 반대로 이렇게 하지 않는 기업에 대해서는 구매하지 않음으로써 기필코 불이익을 준다. 일에서 탁월한 보상을 얻는 비결은 가장 중요한 고객들을 만족시키는 자신의 핵심 성공 기능들을 탁월하게 수행하는 것이다.

비즈니스 성공의 비결은 예나 지금이나 똑같다. 이 주제에 관한 수천 권의 책과 수많은 논문이 나와 있지만 결국에는 내가 다섯 가지 기본이라고 부르는 것으로 귀결된다.

1. 제품이나 서비스는 기존 시장만이 아니라 사람들이 원하고, 필요로 하고, 기꺼이 구매할 의사가 있는 것과도 이상적으로 맞아야 한다. 기존 시장과 어울리지 않고 맞지 않는 제품은 신속하게 변해야 하고, 그렇지 않으면 사라질 위험을 감수해야 한다.

2. 회사 전체가 마케팅, 판매, 매출 창출에 초점을 맞추어야 한다. 사내 최고 인재들의 가장 중요한 에너지는 고객에게 그리고 점점 더 많은 고객에게 판매하는 일에 집중되어야 한다. 이렇게 하지 못하는 것

이 어떤 경제에서든 비즈니스가 붕괴하는 가장 큰 원인이다.

3. 부기, 회계, 재고 관리, 비용 통제에 관한 효율적인 내부 시스템이 있어야 한다. 내부의 비용과 운영을 통제하지 못하는 것이 비즈니스가 실패하는 두 번째 큰 원인이다.

4. 관리자와 직원들 사이에 명확한 방향 감각과 높은 수준의 시너지와 팀워크가 있어야 한다. 무릇 기업이란 구성원 모두 각자에게 맞는 자리가 있고 각자가 맞는 자리에 있으면서 최고의 성과를 내는 기름칠이 잘된 기계처럼 기능해야 한다.

5. 기업은 학습, 성장, 혁신, 개선을 절대 멈추어서는 안 된다. 일본어로 이것은 '카이젠(개선, 改善)'이라고 부른다. 품질의 아버지로 일컬어지는 W. 에드워즈 데밍(William Edwards Deming)은 기업의 모든 계층에서 지속적인 교육 훈련과 개선이 유의미한 경쟁 우위를 확보하고 비즈니스 성공을 이루는 열쇠라고 믿었다.

　미국의 자유기업제도는 욕구를 충족시키고 기회를 창출하기 위해 진화된 인류 역사상 가장 훌륭한 시스템이다. 이 체제는 모두에게 문이 열려 있다. 모두가 고객들에게 상품과 서비스를 누구보다 더 나은 방식으로 또는 더 저렴한 가격으로 제공하기 위해 시장에 진입할 자유가 있다. 사람들이 원하고 기꺼이 지불할 의사가 있는 제품이나 서비스를 제공하면 누구든 이 시스템의 일부가 될 수 있다. 지금까지 소개한 비즈니스 법칙을 실천하는 사람은 회사를 성공시켜서 자신이 원하는 보상과 만족 두 마리 토끼를 다 잡을 수 있다.

The Laws of Power

비즈니스를 정복하는 법칙

목적의 법칙. 비즈니스의 목적은 고객을 확보하고 유지하는 것이다.

조직의 법칙. 비즈니스 조직이란 고객을 확보하고 유지하는 공통의 목적을 위해 모인 사람들의 집합체에 불과하다.

고객 만족의 법칙. 무조건 고객이 옳다.

고객의 법칙. 고객은 항상 최소한의 비용으로 최대한을 추구하면서 자신의 이익을 충족시키려 행동한다.

품질의 법칙. 고객은 최저의 가격으로 최고의 품질을 요구한다.

노후화의 법칙. 모든 것은 이미 노후화가 진행 중이다. 제품, 서비스, 광고, 마케팅 전략은 물론이고 조직의 다른 모든 계획이나 정책이 급속하게 노후화되고 있다. 따라서 사람도, 회사도 발 빠르게 움직여야 하고 지속적인 변화를 불가피한 삶의 현실로 받아들일 준비가 되어 있어야 한다.

혁신의 법칙. 비즈니스의 모든 돌파구는 혁신에서, 즉 현재 시장에 더 좋거나, 더 저렴하거나, 더 새로운 무언가를 제공하는 데서 또는 무언가를 더 빠르거나 더 효과적으로 제공할 때 만들어진다.

핵심 성공 요인의 법칙. 기업마다 대략 5~7개의 핵심 성공 요인이 있고, 이러한 요인의 성과가 기업의 성패를 좌우한다.

시장의 법칙. 시장은 제품과 서비스의 구매자와 판매자가 가격을 결정하고 돈, 노동력, 천연자원 등 모든 생산 요소를 어떻게 배분할지 결정하기 위해 만나는 공간이다.

전문화의 법칙. 제품과 서비스가 경쟁 시장에서 성공하려면 전문화되어야 하고 명확히 정의된 고객 욕구까지 잘 충족시켜야 한다.

차별화의 법칙. 제품이 시장에서 성공하려면 어떤 식으로든 경쟁 제품들과 차별화되는 고유한 영역이 반드시 있어야 한다.

세분화의 법칙. 기업이 상당한 매출을 달성하려면 특정 고객 집단이나 세분 시장을 표적으로 해야 한다.

집중의 법칙. 제품의 차별화 영역을 가장 가치 있고 중요하게 생각하는 고객들에게 판매하는 것에 오롯이 집중해야 시장에서 성공할 수 있다.

탁월함의 법칙. 시장은 탁월한 성과, 탁월한 제품, 탁월한 서비스에 항상 탁월한 보상을 돌려준다.

11장

운을
끌어당기는
법칙

우리가 사는 세상은 법칙과 원리가 지배한다. 우리는 이
중 많은 것을 완벽히 알고 또 많은 것을 부분적으로만 안다. 이 책 초
반에서 나는 인과의 법칙, 작용과 반작용의 법칙, 파종과 수확의 법칙
이 세상을 다스리고 세상에 우연은 없다는 말을 했다. 성공하고 실패
하는 데는 다 이유가 있다. 모든 결과에는 비록 우리가 무엇인지 정확
히는 몰라도 나름의 원인이 있다. 우리는 자신의 경험과 직관을 토대
로 이러한 법칙이 상당한 예측 가치(predictive Value)가 있을 만큼 대
부분 성립한다고 가정해야 한다. 이 책에서 소개한 법칙과 원리들을
적용한다면 어떤 상황에서도 무슨 일이 일어날지 대부분 알 수 있다.
우리는 자신과 자신의 활동이 이러한 법칙과 조화를 이룰 때 자신이
시도하는 모든 일에서 대체로 성공을 확신할 수 있다. 하지만 이러한
법칙을 위반하면서 무언가를 성취하고자 한다면 실패는 예정된 것이

나 다름없다.

　이런 논리라면 운도 우발적이지 않다는 결론으로 이어진다. 운 역시도 인과의 법칙을 비롯해 많은 법칙을 따른다. 운은 일반적으로 예측가능하다. 운을 더 잘 이해할수록 더 많은 운을 끌어올 수 있다. 사실상 누구나 행운아가 될 수 있다.

　운은 거의 모든 위대한 성공과 관련이 있는 듯하다. 평범하지 않은 무언가를 성취하는 사람은 늘 운이 따라주었다고 말한다. 혹은 순전히 운빨이라고 사람들이 수군댄다. 하지만 운동선수가 큰 대회에서 우승할 때, 음악가가 정상에 오를 때, 장인이 멋진 가구를 만들 때, 의사가 의학적인 쾌거를 이룰 때, 그것을 운이라고 말하는 사람은 찾기 힘들다.

　어째서일까? 그들이 가시적이고 예측가능한 활동을 했기 때문에, 특히 열심히 노력하고, 준비하고, 자신의 천부적인 재능을 충분히 활용한 덕분에 성공했다고 생각하기 때문이다. 우리는 이러한 경쟁 분야에서의 성공은 당사자의 교육, 경험, 훈련, 집념 어린 헌신의 결과라고 생각하지 그 사람이 단지 운이 좋았다고 폄훼하는 경우는 좀처럼 없다.

　우리는 자신이 이해하지 못하고 설명할 수 없는 일을 표현할 때 보통 운이라는 단어를 사용한다. 당신을 포함해 모든 사람은 자신의 삶과 주변에서 일어나는 일을 이해하고픈 강렬한 욕구가 있다. 심리학자들은 이것을 통합성(sense of coherence)의 욕구 또는 상황이 어떻게 서로 연결되는지 이해하고픈 욕구라고 부른다. 긍정적이든 부정적이든 우연히 일어나는 것처럼 보이는 상황으로 이 통합성의 욕구가 위협을 받을 때 우리의 방어 기제가 작동한다. 다시 말해 우리는 그것을 일종의 운이라고 치부함으로써 정신적 질서와 마음의 평화를 되찾는다. 일단 "그는 단지 운이 좋았을 뿐이야"라거나 "나는 그냥 운이 따라주었어"라고 말할 수 있게 되면 마음이 편안해지고 안정감을 느끼며 특정한 일이 어떻게, 왜, 일어났는지에 대한 생각을 멈출 수 있다.

흥미로운 사실은 성공한 사람들이 스스로 운이 좋다고도 느끼지만 실제로 운이 좋은 경향이 있다는 점이다. 게다가 자신이 재수가 좋아 성공했다고 생각하는 사람도 많다. 때로는 자신의 커다란 성취에 대한 사람들의 질투를 피하려고 일부러 그렇게 말한다. 그들은 남들의 눈에 겸손하고 평범하게 보이려 운이 좋았을 뿐이라고 몸을 낮추는 것이다.

반면에 성공하지 못한 사람들은 타인의 성공이 운칠기삼이라고 생각한다. 동시에 자신의 실패는 대부분 운 탓으로 돌리며 피해자 코스프레를 한다. 마치 자신의 상황에서는 인과의 법칙이 어떻게든 작용하지 않아 결국 자신이 우연히 불운하고 억울한 피해자가 되었다고 말이다.

그렇다면 성공한 사람들의 진짜 속마음은 어떨까? 대다수는 자신이 보통 사람들보다 훨씬 많이 노력했기 때문에 성취를 이루었다고 생각한다. 그들은 이런 식으로 말한다. "열심히 노력할수록 더 많은 운이 따른다." 요컨대 그들은 자신이 노력으로 성공을 획득했으며 보통 사람들보다 훨씬 더 빨리 나아가도록 해주는 것 같은 우발적인 행운의 주인공이 될 자격이 있다고 믿는다.

사실 운은 특정한 정신의 법칙과 물리의 법칙을 적용해 관리하고 증가시킬 수 있다. 지금부터 알아볼 운과 성공에 관한 법칙들이 당신의 미래를 바꿀 수 있다.

이제까지 소개한 다른 모든 법칙과 힘을 합쳐 당신이 생각했던 것보다 더 빨리, 더 많이 성취하도록 도와줄 수 있는 열두 가지 운의 법칙이 있다.

운은 특정한 정신의 법칙과 물리의 법칙을
적용해 관리하고 증가시킬 수 있다

확률의 법칙

행운아로 만들어주는 첫 번째 법칙은 확률의 법칙(law of probability)이다. 쉽게 말해 관찰과 측정과 경험을 통해 상당히 정확하게 추론할 수 있는 사건이라면 일어날 확률을 수학적으로 계산할 수 있다는 의미이다.

게임 이론(game theory)이라고 불리는 수학 학파가 있다. 게임 이론은 특정 개수의 사건이나 특정 순서의 사건들을 토대로 특정 사건이 일어날 확률을 계산하는 학문이다. 예를 들어 동전을 던지면 두 번에 한 번꼴로 앞면이 나오고 같은 비율로 뒷면이 나올 것이다. 동전을 열 번, 천 번 던져도 동전의 앞면이나 뒷면이 나올 확률은 여전히 50 대 50이다. 동전을 던질 때마다 어떤 면이 나올지는 정확히 예측하지 못해도 확률은 변하지 않는다.

1950년대 미국에서 비행기 추락 사고로 사망할 확률은 대략 100만분의 1이었다. 이후 수십 년 동안 항공기 안전이 극적으로 향상된 덕분에 오늘날은 그 확률이 1,100만 분의 1로 낮아졌다. 그럼에도 어떤 항공기가 추락할지는 아무도 예측할 수 없다. 다만 비행기 추락 사고로 부상을 입거나 사망할 확률이 미국의 주 정부가 발행하는 복권에 당첨되거나 벼락을 맞을 확률과 거의 비슷할 정도로 매우 낮다는 것은 안다.

도박 카지노는 게임당 카지노의 예상 승률을 근간으로 설계된다. 가령 블랙잭은 갬블러에게 가장 높은 승률을 제공하는데 약 45퍼센트이다. 이것은 블랙잭에서 카지노의 승률이 55퍼센트라는 뜻이다. 손실 때문에 파산하는 카지노는 없지만 적은 확률 차이로 말미암아 도박으로 패가망신한 사람은 무수히 많다.

확률의 법칙에서 첫 번째 원리는 사건의 수를 늘려 어떤 사건이 일어날 확률을 높일 수 있다는 것이다. 이것은 너무 명백해서 논의할 필요조차 없지만 많은 사람이 이것을 간과한다. 좋은 예가 있다. 미국의 석유회사 아모코퍼트롤리엄(Amoco Petroleum)은 경쟁사들보다 천연가스와 석유를 더 많이 발견한 걸로 예전부터 유명했다. 한번은 아모코 사장이 경쟁사들보다 시추 성공률이 훨씬 높은 비결이 무엇이냐는 질문을 받았다. 그는 모든 석유 회사가 동일한 데이터에 접근할 수 있고 거의 같은 지리학자, 지구물리학자, 석유 기술자들을 활용하며 그들 각자의 능력도 대동소이하다고 지적했다. 그렇다면 아모코가 경쟁사들보다 더 성공한 이유를 그는 어떻게 말했을까? "우리는 구멍을 더 많이 뚫습니다." 기적은 없었다. 아모코는 단지 더 많이 시추했고 그리하여 확인된 것(proved)과 추정치(probable)를 합쳐 천연가스와 석유의 매장량을 늘렸을 뿐이었다(석유 매장량은 확실성에 따라 확인 매장량, 추정 매장량, 가능 매장량(possible)으로 나누어진다. -옮긴이).

확률의 법칙에서 또 알아야 하는 것은 끈질기게 버티면 확률이 올라간다는 사실이다. 잇따른 실패에도 오래 버틸수록 운이 찾아올 가능성이 높아진다. 존 그린리프 휘티어(John Greenleaf Whittier; 19세기에 활동한 미국의 농민 시인이다. - 옮긴이)가 쓴 〈포기하지 마라(don't quit)〉란 시를 보면 이런 구절이 나온다. "당신이 얼마나 가까이 있는지 알 수 없다. 아주 멀리 있는 것 같지만 가까이 있을지도 모른다."

가장 성공한 사람들은 어떤 역경에도 포기하지 않고 보통 사람들보다 훨씬 오래 버틴다. 그리하면 아니나 다를까 확률의 법칙이 작동해서 상황이 반전한다. 일이 그들의 뜻대로 흐르기 시작하는 것이다. 요컨대 그들은 행운을 스스로 쟁취한다.

이 법칙과 관련해 마지막으로 하고 싶은 말은 당신은 인생이라는 야구 경기에서 타자이자 심판이라는 것이다. 당신은 타석에 서서 투수가 공을 던질 때마다 방망이를 휘두른다. 실제 야구 경기에서는 헛스윙 세 번이면 아웃이다. 하지만 당신만의 야구 경기에서는 당신이 심판이므로 아웃을 선언할 수 있는 사람은 당신뿐이다. 당신은 원하는 만큼 오래, 강하게, 계속 스윙할 수 있다. 당신 스스로가 아웃이라고 결정하기 전에는 절대 아웃이 되지 않는다.

명확성의 법칙

운을 끌어당기는 두 번째 법칙은 명확성의 법칙(law of clarity)이다. 자신이 무엇을 원하고 그것을 얻기 위해 무엇을 할지 명확히 알수록 운이 찾아올 가능성이 높아진다. 큰 성공을 거두는 두 가지 비결은 첫째는 자신이 무엇을 원하는지 명확히 아는 것이고, 둘째는 그것을 얻기 위해 치를 대가를 명확히 아는 것이라는 말이 있다.

　내 개인적으로는 명확성의 힘을 굳게 믿는다. 나는 사람들의 행복이나 불행의 크기는 삶의 핵심 사안들을 얼마나 명확히 인식하느냐에 따라 결정된다고 믿는다. 대다수 문제는 명확성이 부족한 데서 비롯하는 것처럼 보인다.

　이 법칙의 첫 번째 원리는 열렬히 바라는 목표는 대뇌 망상 피질을 활성화시키고 당신이 간과했을 수도 있는 기회를 인식하게 만든다는 것이다. 살을 빼기로 마음먹으면 식이 요법, 운동, 체중 감량에 관한 갖가지 기사와 정보가 눈에 들어오기 시작한다. 돈을 더 많이 벌겠다고 다짐하면 지출을 줄이고 수입을 늘릴 온갖 종류의 가능성을 알아보기 시작한다.

　명확성의 법칙에서 두 번째 원리는 무언가를 더 많이 원할수록 그것을 획득할 기회가 찾아올 때 그것에 더 민감하게 반응하게 된다는 것이다. 명확성의 법칙은 욕망과 목적의 강도와 밀접한 관련이 있다. 이 두 가지는 자신에게 도움이 될지도 모르는 우연한 말 한마디나 이야기에 훨씬 더 민감하게 반응하도록 해준다.

내 친구는 미국 서부의 한 중소 도시에 있는 대학을 졸업했다. 친구는 뉴욕 같은 대도시에 가면 아직 자신의 도시에는 알려지지 않은 새로운 비즈니스 기회를 발견할 수 있을 것이라 생각했다. 주변의 만류에도 아랑곳하지 않고 친구는 기어코 뉴욕행 비행기에 몸을 실었다. 네 시간의 비행 중에 친구는 옆자리 승객과 대화를 나누었다. 알고 보니 그는 대규모 프랜차이즈 회사의 비즈니스 개발 담당 임원으로 가맹점 개설을 물색하러 친구의 도시를 방문했다가 빈손으로 돌아가는 참이었다.

그 프랜차이즈 조직은 오렌지 줄리어스(Orange Julius; 미국의 과일 주스 전문 체인점이다.-옮긴이)였다. 친구는 그의 일에 대해 질문하고 상세한 내용을 듣고는 가슴이 벅차올라 그 자리에서 바로 가맹점 계약을 체결했다. 그와 함께 비행기에서 내린 친구는 곧장 가장 빠른 비행기를 타고 집으로 돌아갔다. 자신이 무엇을 찾는지 명확히 알고 있었기에 그 우연한 만남의 결과로 친구는 새로운 쇼핑센터에서 마지막 남은 매장을 임대했고 친구의 성공 스토리가 시작되었다. 매장은 엄청난 성공을 거두었고 그곳에서 창출한 현금 흐름으로 친구는 일련의 비즈니스 투자에 필요한 자금을 조달할 수 있었다. 마침내 친구는 25살에 백만장자가 되었다. 내 친구처럼 명확성과 목적, 욕망에 뿌리를 두는 성공 스토리는 무수히 많다. 이 세 가지 법칙은 더 많은 운을 끌어당긴다.

끌어당김의 법칙

행운의 여신이 미소 짓게 만드는 세 번째 법칙은 끌어당김의 법칙(law of attraction)이다. 앞서 소개한 이 끌어당김의 법칙은 운의 영역에서도 매우 중요한 역할을 한다. 잠시 기억을 소환해보자. 끌어당김의 법칙은 자신의 지배적인 생각과 조화를 이루는 사람, 아이디어, 상황, 자원을 자신의 삶으로 끌어당기게끔 되어 있다고 말했었다. 이 법칙에 따라서 우리는 마음속에 계속 간직할 수 있는 것은 무엇이든 가질 수 있다. 가능성을 제약하는 요소는 스스로가 자신의 생각에 부여하는 한계뿐이다.

운에 적용되는 끌어당김의 법칙에서 가장 먼저 알아야 하는 것은 우리가 원하는 것이 우리를 원한다는 점이다. 열렬히 갈망하는 무언가에 대해 생각할 때 이 생각은 일종의 자석이 된다. 그리고 우리는 그 생각과 조화를 이루는 자원과 연결되는 정신적 에너지의 파동을 뿜어내기 시작한다. 이러한 자원은 자신이 무엇을 원하는지 명확히 알 때 우리에게 끌리는 경향이 있다.

끌어당김의 법칙에서 누 번째 원리는 우리가 어떤 목표를 향해 나아갈 때 그 목표도 우리를 향해 다가온다는 것이다. 원하는 무언가를 반복해서 생각할 때 가속화의 법칙에 따라서 우리는 사실상 자신도 모르게 그것을 향해 나아가고 어디에 있든 그것도 우리를 향해 움직인다. 이것은 막대한 부를 창출하는 비결 중 하나이다.

기대의 법칙

네 번째 법칙도 앞서 소개한 것이다. 바로 기대의 법칙(law of expectation)이다. 이 법칙은 운에 어떻게 적용될까? 운 좋은 일이 일어날 것이라고 계속 기대하면 삶에 더 많은 운이 찾아올 수 있다.

> 운 좋은 일이 일어날 것이라고 계속 기대하면
> 삶에 더 많은 운이 찾아올 수 있다

긍정적인 자기 기대의 태도에는 놀라운 무언가가 있다. 이 태도는 우리의 기대와 일치하는 방식으로 일이 실제로 일어나게 만든다. 자기 실현적 예언이라고 불리는 이것은 신뢰성과 예측 가능성이 가장 높은 정신 현상 중 하나이다. 운과 성공을 양손에 쥔 사람들은 눈앞에 있는 문제가 어떤 것이든 늘 이런 식으로 말한다. "걱정하지 마, 무언가가 일어날 거야." 침착함과 명확성과 자기 확신으로 무장한 태도는 삶에서 긍정적인 사건을 촉발하는 정신적인 분위기를 조성하는 것 같다.

기대의 법칙은 세 가지 조언을 들려준다. 첫째, 모든 상황에서 기회를 찾아라. 흔히들 중국어로 위기는 두 글자로 되어 있다고 말한다. 하나는 '위험(危)'을 의미하고 다른 하나는 '기회(機)'를 뜻한다. 따라서 위기는 '위험한 기회'라고 생각해도 좋다. 이 아이디어를 적절히 활용할 줄 아는 사람은 위기를 유리하게 이용하고 빨리 도약할 수 있다.

쉬운 예를 들어보자. 많은 사람이 구조 조정, 인수 합병, 해고로 일자리를 잃는다. 일반적으로 실직은 파괴적인 영향을 미친다. 어떤 사람들은 마음을 추스르고 노동 시장에 복귀하기까지 몇 달이 걸리기도 한다. 하지만 미국에서 크게 성공한 대다수 사람은 성공하기 전에 예상치 못한 실직의 위기를 먼저 경험했다. 더욱이 자수성가한 백만장자 중에는 옛일을 돌아보면서 예전 직장에서 해고된 것을 두고 하늘이 도왔다며 감사하는 사람도 많다. 예전 직장에 계속 있었더라면 결코 성공할 수 없었을 것이라 생각한다. 그들은 주어진 상황에서 좋은 것을 찾음으로써 위기를 전화위복의 기회로 바꿀 수 있었다. 당신도 할 수 있다.

두 번째 조언은 신이 인간에게 선물을 줄 때 언제나 문제라는 포장지로 싸서 준다는 것이다. 이는 많은 사람에게 영감을 주었던 작가 노먼 빈센트 필(Norman Vincent Peale)이 생전에 한 말이다. 필은 선물이 클수록 그것을 싸고 있는 문제도 크다고 말했다. 성과가 낮은 사람은 문제에 집중하는 경향이 있는 반면에, 높은 성과를 내는 사람은 대체로 문제 자체에 현혹되지 않고 그 안에 있을 수 있는 선물이나 기회를 찾는다. 여기서 놀라운 사실은 무엇이든 우리가 찾는 것을 반드시 찾을 거라는 점이다. 좋은 것이나 선물이나 기회를 찾아라. 그러면 틀림없이 찾을 것이다.

마지막 조언은 충분히 오래 기대하면 기대하는 것을 얻는다는 것이다. 자연은 우리가 원한다고 말하는 성공을 얼마나 간절히 원하는지 알아보려고 우리를 시험하는 것 같다. 그 시험이 바로 역경과 좌절이다. 대다수 사람들은 잠시라도 상황이 나빠지면 무너진다. 이는 자신이 원하는 성공을 이룰 수 있다고 진심으로 믿지 않는다는 증거를 자신의 행동으로 보여주는 것이다.

하지만 높은 성과를 내는 소수의 사람들은 다르다. 그들은 베스트 시나리오를 계속 기대할 뿐 아니라 모든 어려움에서 좋은 무언가가 나타날 거라는 기대도 멈추지 않는다. 그리고 장기적으로 볼 때 그들이 실망하는 경우는 거의 없다.

기회의 법칙

운을 부르는 다섯 번째 법칙은 기회의 법칙(law of opportunity)이다. 쉽게 말해 가장 큰 가능성은 가장 보편적인 상황에서 나온다는 말이다. 기회를 먼 곳에서 찾거나 기회가 우연히 찾아오는 놀라운 행운이라고 생각하는 사람이 많다. 사실일까? 대부분의 기회가 아주 가까이에 있을 것이다. 가령 자신의 배경과 경험, 교육과 훈련, 회사나 산업에서 기회가 자주 나타난다. 또 더러는 찾아 헤매는 기회가 자신의 현재 관심사와 취미에 있을 수도 있다. 기회는 십중팔구 우리의 기존 재능과 능력을 활용하게 되어 있다. 이뿐만 아니라 자신의 일에서 벌어지는 가장 단순한 것들을 둘러봄으로써 기회를 찾을 때도 아주 많다.

기회의 법칙과 관련해 가장 먼저 하고 싶은 말은 대부분의 기회가 일이라는 옷을 입고 있으며 완전히 만개한 상태로 찾아오는 기회는 거의 없다는 사실이다. 일반적으로 기회는 성공이 보장되지 않은 고생으로 가장하고 있는 것 같다. 가끔 사람들은 새로운 일자리나 부수입의 기회를 제안받을 것이다. 그런데 자신은 큰 기회를 기다리고 있으며 그때를 대비해 손발을 묶고 싶지 않다는 이유로 그 기회를 거절할 수도 있다. 책이나 오디오 프로그램을 추천받으면 종종 사람들은 그 속에 자신을 부자로 만들어줄 아이디어가 있을 줄은 꿈에도 모른 채 읽거나 듣는 것을 거부하기도 한다.

기회의 법칙이 들려주는 두 번째 조언은 지혜로운 사람은 찾아내는 것보다 직접 만드는 기회가 더 많다는 사실이다. 한술 더 떠서 그들은 일상적인 평범한 사건들에 전념함으로써 기회를 붙잡고 다른 누구도 알아보지 못하는 기회를 창조한다.

미국의 최고 부자 중 한 사람이 텍사스주와 오클라호마주에 있는 폐유전에서 새로운 가능성을 보았다. 그는 이미 고갈된 그러한 얕은 유전의 수백, 수천 미터 아래에 형성된 커다란 웅덩이에 석유가 매장되어 있다는 생각을 하게 되었다. 그는 석유 광구권을 저렴하게 샀고 구걸하거나 빌릴 수 있는 마지막 한 푼까지 이 모험을 위해 투자했다. 결과적으로 그의 예측이 맞았다. 그는 누구보다 더 깊이 시추해 막대한 양의 석유를 발견했고 검은 황금 덕분에 미국을 넘어 세계 최고의 부자 명단에 이름을 올렸다. 그는 사람들이 그곳에 이미 석유가 고갈되었다고 말할 때 스스로 기회를 만들었다.

기회의 법칙과 관련해 마지막으로 하고 싶은 말은 기회란 버스와 같다는 것이다. 이번 버스가 떠나고 나면 언제나 다음 버스가 오고 있다. 또한 이것은 자신이 편안하지 않은 속도로 쫓기듯이 서둘러 행동할 필요가 없다는 뜻이기도 하다. 모든 것을 잃을 위험을 감수하느니 차라리 이번 기회가 지나가게 두고 다음 기회를 기다리는 편이 더 나은 경우가 많다. 장기적으로는 결국 인내하는 사람이 돈을 번다.

능력의 법칙

운이 따라오는 여섯 번째 법칙은 능력의 법칙(law of ability)이다. 즉, 운이란 준비와 기회가 만나는 것이라는 의미이다. 따라서 어떤 분야든 능력이 뛰어날수록 그 영역에서 더 많은 운을 경험한다.

얼 나이팅게일은 스스로 준비되지 않은 기회가 찾아올 때 그 기회를 붙잡으려 애를 쓰면 바보처럼 보일 뿐이라고 말한 적이 있다. 끌어당김의 법칙을 기억하라. 무엇이든 능력을 길러두면 결국 그 능력을 최대한 활용하는 기회를 얻게 된다. 당신은 먼저 능력부터 키워야 한다. 또한 언젠가 때가 되었을 때 목표를 달성하는 데 도움이 될 만한 모든 종류의 정보를 최대한 습득해야 한다. 그리고 나서 기다리면 머잖아 기회를 갖게 된다.

더불어 능력의 법칙과 관련해서는 적절한 시간에 적절한 장소에 있는 것만으로는 충분하지 않다는 것을 알아야 한다. 반드시 적절한 시간에, 적절한 장소에 있는, 적절한 사람이 되어야 한다. 얼핏 운이 좋아서 중대한 돌파구를 찾은 것처럼 보이는 사람들도 찬찬히 뜯어보면 한 가지가 뚜렷해진다. 몇 주간, 몇 달간, 종종 몇 년간 힘들게 공부했기에 기회의 문이 열렸을 때 준비가 되어 있었고 그리하여 돌파구를 찾을 수 있었다는 사실이다.

통합적 복잡성의 법칙

일곱 번째는 통합적 복잡성의 법칙(law of integrative complexity)이다. 이것은 어떤 분야든 가장 폭넓은 지식과 기술을 보유한 사람이 그 분야에서 최고의 행운아가 되는 경향이 있다는 법칙이다. 어떤 상황이든 가장 많은 정보와 지식을 통합해 일관성 있게 의사 결정을 하고 행동하는 사람이 최종 승자가 될 것이다. 때로는 단지 정보 하나를 더 아는 것이 인생의 전환점이 될 수도 있다.

미국의 남북 전쟁 중에 북버지니아군을 지휘하던 로버트 E. 리(Robert Edward Lee) 장군이 이런 식의 사고방식을 지녔다고 알려져 있다. 리 장군은 북부군과 남부군을 통틀어 모든 장군 중에서 통합적 복잡성 수준이 가장 높았다 덕분에 북부군의 어떤 상군을 만나든 백전백승이었다. 그는 딱 한 가지가 정말 두렵다고 말했다. 에이브러햄 링컨이 이끄는 북부군이 자신보다 더 빨리, 더 좋은 생각을 할 수 있는 장군을 꼭 찾을 거라는 사실이었다. 율리시스 S. 그랜트(Ulysses Simpson Grant; 1869년 제18대 미국 대통령에 취임했다.—옮긴이)는 리 장군과 전투를 벌인 북부군 장군 중에서 통합적 복잡성 수준이 그와 비견되는 유일한 인물로 여겨졌다. 그랜트 장군은 1864년 3월 북부군의 총사령관에 임명되었다. 그리고 1년 뒤 남부 연합은 무너졌고 남부군이 패배했으며 드디어 남북 전쟁이 막을 내렸다.

지식을 계속 축적하는 한 통합적 복잡성 수준은 점점 높아질 수 있다. 이 법칙에서는 두 가지만 알면 된다. 첫째는 더 많이 알수록 더 성장한다는 것이다. 사실 많이 배울수록 더 많이 배우게 된다. 마음은 쓰면 쓸수록 더 나아지고 더 강해진다.

둘째, 그물을 더 넓게 펼칠수록 더 많이 잡을 수 있다. 계속해서 지식을 수집한다면 통합적 복잡성의 법칙이 활성화되어 상황을 유리하게 반전시키도록 해주는 특정 정보나 통찰력을 보유할 가능성이 커진다. 두려움은 예나 지금이나 인류의 가장 큰 적이다. 두려움을 정복해야만 마음이 주변의 모든 가능성을 활용할 수 있다.

가정의 법칙

여덟 번째 운의 법칙은 가정의 법칙(law of assumption)이다. 앞서 설명했듯이 부정확한 가정이 모든 실패의 근원이다. 무언가를 진실이라고 가정할 때마다 그것이 어느 정도의 예측 타당성이 있다고 가정하는 셈이다. 그 가정을 토대로 행동하면 특정 목표를 달성할 수 있을 것이라고 말이다.

부정확한 가정이 모든 실패의 근원이다.

기대하는 것을 얻지 못할 때 가장 먼저 자신의 가정에 의문을 제기해야 한다. 이는 가정의 법칙에서 첫 번째 원리로 이어진다. 자신이 완전히 틀릴 수도 있다고 계속 가정하는 것이 그 일을 완벽히 올바르게 할 수 있는 비결이다. 내가 좋아하는 인용구 중 이와 관련된 명언이 있다. 17세기 대영제국의 호국경 올리버 크롬웰(Oliver Cromwell)은 의원들이 당시 상황을 둘러싼 다양한 가능성과 설명에 마음을 열게 만들려고 의회 연설에서 읍소했다. "그리스도의 자비를 빌어 간청합니다. 여러분이 틀렸을 수도 있음을 생각해주십시오."

불행하게도 정신적인 안전지대에 갇혀 경직된 사고를 하는 사람이 많다. 하지만 운은 특정 상황에서 마음을 열고 모든 가능성을 자유롭게 탐색하는 데서 나온다. 자신이 지금 하고 있는 것과 정반대로 하는 것이 옳을 수도 있다고 생각하라. 운은 종종 그러한 가능성에 마음을 열고 자신의 가정에 도전할 때 찾아온다.

이 법칙의 두 번째 원리는 가정에 의문을 제기하면 꿈꾸지도 못했을 가능성을 볼 수 있다는 것이다. 이는 적응성이 뛰어나고, 낙천적이며, 유연한 사람의 전매특허이다. 이런 사람은 확산적 사고(divergent thinking; 발산적 사고)를 한다. 이런 사람은 깊이 숙고할 뿐 아니라 제 안을 낼 때는 기꺼이 유치해지고 심지어 우스워지는 것도 서슴지 않는다. 우리가 할 수 있는 최고의 질문 중 하나는 "왜"이다. "나는 왜 이런 식으로 하고 있는가?" "더 나은 방법이 있을까?" "나는 정말 그것을 해야 할까?" "더 나은 방법이 있다면 무엇일까?"

타이밍의 법칙

아홉 번째 법칙은 타이밍의 법칙(law of timing)이다. 이는 셰익스피어의 희곡 《율리우스 카이사르》에서 나오는 대사에 가장 잘 요약되어 있다. "인간사에는 밀물과 썰물이 있고 밀물이 들어올 때 잡으면 행운으로 이끄는 법이오."

시기는 운이나 기회의 근본적인 측면이다. 모든 인간사에는 너무 빠른 때도, 너무 늦은 때도 있다. 운이 좋다고 여겨지는 사람은 너나 없이 적절한 때를 포착해 민첩하게 행동하며 이를 통해 간혹 몇 달, 몇 년어치의 고된 수고로움을 아낀다.

이 법칙의 첫 번째 원리는 타이밍이 전부라는 것이다. 또한 끌어당김의 법칙 때문에 우리는 준비되기 전이 아니라 준비되었을 때 자격을 얻는다고 규정한다.

이 법칙의 두 번째 원리는 우디 앨런(Woody Allen; 미국의 유명 영화감독, 배우, 작가, 코미디언이다. - 옮긴이)의 어떤 발언에서 빌린 것이다.

"삶의 80퍼센트는 일단 얼굴을 들이미는 것이다." 성공한 많은 사람은 적절한 때에 적절한 장소에 있을 확률을 높이고자 습관적으로 최대한 많은 장소에 나타난다.

마지막으로 더 자주 시도할수록 승리할 가능성이 높아진다는 사실을 알아야 한다. 특정 목표를 달성하려고 시도하는 횟수를 늘리면 평균의 법칙(law of average; 통계학에서 많이 사용되는 용어로 어떤 사건이 발생할 확률이 장기적으로 고르게 분포된다는 원리를 말한다. - 옮긴이)이 도와줄 것이다.

에너지의 법칙

운을 부르는 열 번째 법칙은 에너지의 법칙(law of energy)이다. 에너지와 열정이 클수록 운을 포착하고 그것에 반응할 가능성이 높아진다. 에너지가 충만한 사람일수록 운 좋은 일을 경험할 확률이 커진다. 운을 차지하려면 기회도 있어야 하지만 그 기회에 빨리 반응해야 하는데 빨리 반응하려면 에너지도 필요하기 때문이다.

이 법칙이 말하는 첫 번째 원리는 각성된(alertness) 상태에서는 남들이 가시를 보는 데서 장미를 알아볼 수 있다는 것이다. 휴식하고 재충전하고 각성되었을 때, 몸과 마음이 건강할 때, 거의 모든 사람이 놓치는 가능성을 포착할 확률이 훨씬 높다.

이 법칙의 두 번째 원리는 마음이 현재에 완전히 집중하고 빠르게 행동함으로써 평범한 사건을 성공의 디딤돌로 바꿀 수 있다는 것이다. 기회가 나타났을 때 신속하게 붙잡아 인생 역전 드라마를 쓴 사람이 많다. 어떤 때는 신중하게 생각했고 또 어떤 때는 반사적으로 반응했지만 확실한 것은 기회가 나타났을 때 그들은 에너지가 충만했고 행동이나 말이 빨랐다는 사실이다.

거듭된 실패와 실망을 경험한 뒤에 행운이 깃든 커다란 평화를 맞이하는 경우는 비일비재하다. 확률의 법칙에 따르면 불운한 사건을 연이어 겪은 사람은 행운을 가질 자격이 있다. 밀물이 들어오면 신속하게 밀물을 타고 움직일 수 있도록 썰물이 밀물로 바뀌는 순간을 대비하고 기다려라.

에너지의 법칙에서 세 번째 원리는 밤이 가장 어두워지면 별이 나타난다는 것이다. 최악의 상황처럼 보일 때도 시련의 시간을 견디며 기회를 기다린다면 가끔은 기회가 나타날 것이다. 그러니 기회를 붙잡고 기민하게 반응할 준비를 하라.

제2차 세계 대전 당시 가장 암울했던 시기에 영국의 내각 각료들이 윈스턴 처칠 총리에게 아돌프 히틀러와 평화 협정을 맺으라고 촉구했다. 처칠은 내각의 제안을 거부하면서 그저 충분히 오래 버티면 미국이 참전하게 만드는 상황이 벌어질 거라고 주장했다. 1940년 루스벨트 대통령이 유럽에서 벌어지는 또 다른 전쟁에 미국이 절대 참전하지 않겠다는 공약을 내걸고 재선에 성공했지만 처칠은 여전히 충분히 오래 버티면 모든 것을 바꿀 무언가가 일어날 거라고 믿었다.

1941년 12월 7일 지구 반대편에 위치한 일본이 미국의 진주만을 기습 공격했다. 아돌프 히틀러는 그 소식을 들었을 때 한 장군에게 "진주만이 어디에 있냐"고 물어볼 정도로 태평양 지리에 무지했음에도 불구하고 미국과의 전쟁을 선포했다.

루스벨트 대통령은 의회에 나가 일본과의 전쟁을 선포하자고 요청했다. 아울러 독일이 먼저 선전포고를 했으므로 독일과도 전쟁을 선포해야 한다고 주장했다. 전쟁을 선포하는 순간부터 미국은 영국을 지원하게 될 터였다. 이로써 윈스턴 처칠이 옳았음이 또다시 입증되었다. 그에게 역전의 운이 찾아왔다.

관계의 법칙

열한 번째는 관계의 법칙(law of relationships)이다. 이것을 운에 적용하면 당신이 아는 사람과 당신을 아는 사람의 숫자가 당신의 운을 결정하는 하나의 주요 요인이라는 뜻이다. 이 법칙에 따르면 무엇보다 대부분의 운은 다른 사람들과의 상호 작용과 당신을 도우려는 그들의 욕망과 결정에서 비롯한다.

대부분의 운은 다른 사람들과의 상호 작용에서 나온다

또한 누군가가 무심코 내뱉는 우연한 말이 당신 삶의 방향을 바꿀 수도 있다. 운은 종종 당신이 오다가다 만나는 친절한 낯선 이의 말속에 담겨 있다. 때로는 누군가가 내놓는 의견이나 건네는 사실 하나가 당신이 해결하고 싶은 퍼즐의 결정적인 조각이 되기도 한다.

마크 트웨인(Mark Twain)은 어떤 글에서 자신의 인생이 완전히 바뀐 순간에 대해 썼다. 십 대 소년이었던 트웨인이 미주리주 해니벌의 길을 걷는데 종이 한 장이 우연히 날아와 다리에 걸렸다. 종이를 집어 보니 짧은 글 한 편이 적혀 있었고 그 글이 그의 인생을 영원히 바꾸어 놓았다(그것은 프랑스의 전쟁 영웅 잔 다르크(Jeanne d'Arc) 위인전의 일부였고 훗날 마크 트웨인은 잔 다르크에 관한 역사 소설을 출간했다.—옮긴이).

때로는 누군가가 당신에게 책이나 강좌를 권하고 때로는 어떤 이를 소개해주겠다고 제안할 수도 있다. 이러한 권유나 제안에 특히 관심을 기울여야 한다. 당신이 원하는 것이 당신을 원한다는 사실을 명심하라. 운은 흔히 낯선 사람으로 위장하고 나타나기도 하니 말이다. 종종 운은 짓궂은 장난꾸러기 같고 당신이 전혀 예상하지 못한 방향에서 농담처럼 찾아온다는 사실을 잊지 마라. 늘 열린 마음으로 우연한 사건을 적극적으로 찾아라.

운에 적용되는 관계의 법칙에서 마지막 원리는 학생이 준비를 마치면 스승이 나타날 것이라는 점이다. 이것은 끌어당김의 법칙, 기대의 법칙, 인과의 법칙을 비롯해 많은 법칙을 증명하는 또 다른 사례이다. 성스러운 불만(divine discontent)을 품고 삶을 변화시키고 개선하는 것에 진심으로 전념할 때 책, 오디오 프로그램, 강좌, 스승 등의 모습으로 누군가가 나타나거나 무언가가 일어나서 그 순간 당신에게 필요한 결정적인 정보를 줄 것이다.

공감의 법칙

운을 끌어당기는 열두 번째 법칙은 공감의 법칙(law of empathy)이다. 요컨대 상대방의 눈으로 상황을 볼 수 있을 때 이제껏 보이지 않던 가능성을 포착할 수 있다는 의미이다. 이것은 비즈니스, 판매, 인간관계에서 특히 강력한 법칙이다. 스티븐 R. 코비는 "이해하는 것이 먼저고 이해받는 것은 그다음"이라고 말했다. 상황을 상대방의 관점에서 보려고 최선을 다하면 종종 그렇게 하지 않을 경우 놓쳤던 것을 보게 된다.

공감의 법칙이 들려주는 첫 번째 조언은 북미 인디언 원주민의 격언이다. "상대방의 모카신을 신고 1마일을 걸어라." 상대방의 문제, 어려움, 욕구에 깊이 공감할 때 많은 경우 이제껏 누구도 생각하지 못한 방식으로 그들을 만족시킬 수 있는 방법을 알게 될 것이다.

두 번째 조언은 비즈니스 성공의 보증 수표이다. 홍길동의 눈으로 홍길동을 볼 수 있으면 홍길동이 사는 것을 홍길동에게 팔 수 있다. 자신에게 물어라. "이 사람의 관점은 무엇일까?" "이 사람은 무엇을 볼까?" "이 사람은 무엇을 원하고 무엇에 기꺼이 지갑을 열까?"

열두 가지 운의 법칙을 합치면 두 가지 결론이 나온다. '운은 대체로 예측가능하다.' 또한 '삶에서 누리는 행운의 사건을 극적으로 늘릴 수 있다.' 당신은 자연의 힘과 영향력을 한데 버무려 당신이 목표를 달성하도록 돕게 만들 수 있다. 운의 법칙들을 실천하고 성공과 운을 다 가진 사람들이 지닌 자질을 키운다면 당신 삶의 모든 영역에서 운과 행운이 증가할 것이다. 행운을 빈다!

운을 끌어당기는 법칙

확률의 법칙. 관찰과 측정과 경험을 통해 상당히 정확하게 추론할 수 있는 사건이라면 일어날 확률을 수학적으로 계산할 수 있다.

명확성의 법칙. 자신이 무엇을 원하고 그것을 얻기 위해 무엇을 할지 명확히 알수록 행운이 찾아올 가능성이 높아진다.

끌어당김의 법칙. 자신의 지배적인 생각과 조화를 이루는 사람, 아이디어, 상황, 자원을 자신의 삶으로 끌어당기게끔 되어 있다.

기대의 법칙. 운 좋은 일이 일어날 것이라고 계속 기대하면 삶에 더 많은 행운이 찾아올 수 있다.

기회의 법칙. 가장 큰 가능성은 가장 보편적인 상황에서 나온다.

능력의 법칙. 운이란 준비와 기회가 만나는 것이다.

통합적 복잡성의 법칙. 어떤 분야든 가장 폭넓은 지식과 기술을 보유한 사람이 그 분야에서 최고의 행운아가 되는 경향이 있다.

가정의 법칙. 부정확한 가정이 모든 실패의 근원이다.

타이밍의 법칙. 적절한 타이밍은 기회의 문을 여는 열쇠이다.

에너지의 법칙. 에너지와 열정이 클수록 운을 포착하고 그것에 반응할 가능성이 높아진다.

관계의 법칙. 당신이 아는 사람과 당신을 아는 사람의 숫자가 당신의 운을 결정하는 하나의 주요 요인이다.

공감의 법칙. 상대방의 눈으로 상황을 볼 수 있을 때 이제껏 보이지 않던 가능성을 포착할 수 있다.

12장

잠재력을 극대화시키는 자기 성취의 법칙

━━━━━━━ 자신에 대한 가장 큰 책임이자 삶에서 가장 중요한 일이 무엇이라고 생각하는가? 나는 자신이 원하는 어떠한 사람이든 될 수 있고 자신의 잠재력을 충분히 실현하는 일이라고 생각한다. 삶의 모든 영역에서 최대한의 성취를 이루고 다다를 수 있는 최고가 되는 것이라고 말이다. 진정한 행복과 지속적인 만족을 얻을 수 있는 방법은 하나뿐이다. 최선을 다해 삶을 살고, 능력을 한계까지 발휘해서 일하고, 어제보다 오늘 더 나은 사람이 되기 위해 있는 힘껏 노력한다고 느낄 수 있어야만 한다.

나는 이 책 앞쪽에서 사실상 삶의 모든 영역에 적용할 수 있는 성공 불변의 많은 법칙과 원리를 다루었다. 이 중 일부는 표현을 달리해서 여러 번 설명했고 각기 다른 영역에 어떻게 적용할 수 있는지도 소개했다. 이러한 법칙은 우리에게 일어나는 일과 일어나지 않은 일을 상당 부분 설명해준다. 인과의 법칙처럼 삶의 거의 모든 영역에 영향을 미치는 보편의 법칙도 일부 있다. 또 일부는 좀 더 구체적이고 종종 돈이나 부의 창출같이 특정한 영역이나 활동 하나에만 한정된다.

지금까지 소개한 가장 중요한 법칙 중 하나는 믿음의 법칙이다. 믿음은 생각에 과도한 영향을 미쳐서 우리는 자신이 보는 것을 크게 믿지 못하고 대신에 자신이 믿는 것을 본다. 믿음은 잠재의식이라는 컴퓨터의 메인 프로그램이다. 따라서 우리가 자신의 능력에 대한 깊은 믿음을 뛰어넘기란 불가능에 가깝다. 다시 말해 자신이 할 수 있다고 생각하는 것보다 더 많이 하거나 자신이 될 수 있다고 믿는 것보다 더 나은 사람이 되는 경우는 극히 드물다.

믿음은 잠재의식이라는 컴퓨터의 메인 프로그램이다

실망하기는 이르다. 자신이 원하는 자기 믿음과 일치하는 행동을 하면 멋진 일이 기다린다. 역반응의 법칙에 따라서 이러한 행동 자체가 자신이 그렇게 믿도록 만드는 역류 효과를 발생시킨다. 이것이 바로 자기 성취의 핵심 원리이다.

기대의 법칙에서 보면 확신을 갖고 기대하는 것은 무엇이든 자기 실현적 예언이 된다. 우리는 거의 언제나 자신의 진정한 기대에 부합하게 말하고 행동한다. 상응의 법칙도 잊지 말자. 외적 세계가 내적 세계를 거울처럼 비추는 경향이 있다. 고로 우리가 삶의 바깥에서 보는 것은 대부분 내면에서 일어나고 있는 일을 반영한다.

가장 강력한 법칙은 우주의 법칙이라 불러도 무방하다. 주인공은 잠재의식적 활동의 법칙이다. 우리는 생각, 계획, 목표, 아이디어를 의식적 마음에 계속 품을 수 있으면 된다. 그러면 잠재의식적 마음이 배턴을 이어받아 그것을 기어코 현실로 만든다. 무언가가 일어날 수 있다고 절대적으로 믿고 이 믿음을 끈기 있게 유지한다면 자신이 선택한 꿈과 목표의 이면에 있는 우주의 모든 힘이 활성화된다. 그런 뒤에는 많은 사람이 평생 걸려 이룬 것보다 단시간에 더 많이 성취할 수 있다.

이제 우리 여정의 마지막 정류장에 이르렀다. 지금부터 자기 성취를 위한 열세 가지 법칙과 이러한 법칙이 삶에서 어떻게 작용하는지 설명하려 한다. 이러한 법칙을 개별적으로 사용해도 좋고 둘 이상을 함께 적용해도 좋다. 어떤 방식이든 확실한 것은 이렇게 하지 않을 때보다 더 많이 갖고, 더 많은 것을 하고, 더 나은 사람이 되는 데 도움이 된다는 점이다.

성장의 법칙

첫 번째 자기 성취의 법칙은 성장의 법칙(law of growth)이다. 이 법칙은 세 마디로 요약된다. '성장하지 않으면 정체한다.' 변화는 삶에서 유일하게 변하지 않는 상수이다. 일하지 않으면 세금을 내지 않을 수 있고, 건강을 잘 돌보면 오랫동안 죽음을 미룰 수 있다. 변화는 다르다. 우리 모두는 지속적인 변화의 소용돌이를 피할 수 없다. 오늘 성공한 사람도, 내일 성공할 사람도 모두 변화의 달인이다. 변화를 환영하고, 수용하고, 변화로부터 끊임없이 성장하는 법을 배워야만 자신이 거의 힘을 쓸 수 없는 변화의 희생양이 되는 위험에서 벗어날 수 있다.

진전과 개선에는 변화가 필수이다. 나는 이 책 전반에서 명확한 목표의 중요성을 강조했는데 부분적인 이유는 목표가 있으면 변화의 방향을 통제할 수 있기 때문이다. 장담하건대 목표가 있는 사람에게는 대부분의 변화가 긍정적이고 건설적일 것이다. 변화가 피할 수 없는 필연이라면 어떤 변화든 그리고 어떻게든 자신에게 도움이 되기를 바라는 것은 인지상정이다. 그러려면 목표가 있어야 한다.

연습의 법칙

자신의 잠재력을 최대한 발휘할 수 있는 두 번째 법칙은 연습의 법칙(law of practice)이다. 쉽게 말해 충분히 자주 반복하면 무엇이든 새로운 습관이 된다는 의미이다. 우리는 이 법칙을 사용해 자신의 운명과 자신이 어떤 사람이 될지 통제할 수 있다. 인간으로서 우리 각자의 진화와 성장은 자신의 성품이 고정되어 있지 않다는 사실에 오롯이 달려 있다. 성품은 유동적이며, 성장하고 발전할 수 있다. 누구나 자신이 되고 싶은 사람이 될 수 있다. 연습하면 아침에 일찍 일어나 하루를 시작하기 전에 철저하게 계획하는 습관을 들일 수 있다. 자기 훈련의 습관도 기를 수 있다. 진취성, 목적 의식 등 자신이 바라는 무엇이든 습관으로 만들 수 있다.

연습의 법칙에서 첫 번째 원리는 정신적 리허설(mental rehearsal)이라고 불리는 성과 극대화 기법이다. 최고의 운동선수와 기업가를 포함해 우리 사회에서 높은 성과를 내는 사람이라면 거의 누구나 이 기법을 사용한다. 정신적 리허설의 원리는 자신이 바라는 활동이나 행동 양식을 그것이 필요한 상황이 오기 전에 마음속으로 반복 연습해 습관으로 만들 수 있다는 것이다. 가령 상사나 은행가와 회의를 앞두고 있다고 하자. 당신은 회의 전체를 마음속으로 시연하면서 처음부터 끝까지 긴장을 풀고 침착하고 자신감 있는 태도를 연습할 수 있다.

이 법칙의 두 번째 원리는 새로운 행동을 시각화할 때 긴장을 풀수록 잠재의식적 마음이 그것을 더 빨리 받아들이고 당신은 더 신속하게 그러한 정신적 이미지와 일치되게 행동한다는 것이다. 연습의 법칙과 깊이 이완된 상태에서 정신적으로 리허설해야 한다는 이 두 가지는 자율 조건화(autogenic conditioning) 또는 자기 암시(autosuggestion)라고 불린다. 아마 이것은 실제로 훈련하지 않고 최고 성과를 낼 수 있는 가장 강력한 기법일 것이다. 이 기법을 사용하기 위해 당신은 한 가지만 하면 된다. 특정 상황이 정확히 어떻게 전개되기를 바라는지 묘사하는 정신적인 영화를 만들면 그만이다. 그 상황에 대비해 미리 머릿속으로 그 영화를 여러 차례 재생하면 실제 상황에서 모든 것이 당신이 상상한 대로 일어나는 경우가 얼마나 많은지 깜짝 놀랄 것이다

연습의 법칙에서 마지막으로 하고 싶은 말은 새로운 습관과 행동을

시작할 때는 단호해야 한다는 것이다. 새로운 습관이 완전히 몸에 배기 전에 절대 예외를 두지 마라. 연습의 법칙을 활용해 기존 행동이나 태도를 억제하거나 대체할 새로운 행동이나 태도를 익히기로 결심한다면 새로운 습관이 확고하게 굳어질 때까지 그 행동이나 태도를 계속하도록 자신을 채찍질해야 한다. 가령 아침 6시에 일어나는 습관을 들이기로 마음먹었다면 그 시간에 저절로 눈이 떠지고 다시 잠을 이룰 수 없게 될 때까지 어떻게든 자신이 그것을 반복하도록 만들어야 한다. 어떤 것이든 그렇게 하기가 쉽지는 않다. 하지만 그렇게 한다면 자기 성취 수준이 몰라보게 달라질 수 있다.

축적의 법칙

자기 성취를 가능하게 해주는 세 번째 법칙은 축적의 법칙(law of accumulation)이다. 앞서 돈을 부르는 법칙의 하나로 이 법칙을 소개했었는데 이를 자기 성취에 적용하면 위대한 모든 삶은 아무도 모르거나 몰라보는 수백, 수천 개의 노력과 희생이 축적된 결과라는 뜻이 된다. 그래서 잠재력을 최대한 발휘하는 삶을 살고 싶다면 이 법칙은 절대적으로 알아두어야만 한다. 우리 모두는 한정된 지식과 자원으로 시작한다. 따라서 눈덩이가 언덕을 굴러 내려가면서 더 커지듯이 우리는 길고 힘든 축적의 과정을 통해서만 자신을 차곡차곡 발전시켜 비로소 자신의 열망을 실현할 수 있게 된다.

위대한 모든 삶은 수백, 수천 개의 노력과 희생의 총합이다

또한 축적의 법칙에 따르면 가치 있는 노력이나 희생은 결코 헛되지 않는다. 이 과정의 결과가 나타나기까지 몇 주, 몇 달, 심지어 몇년 동안 노력해야 할 수도 있다. 그렇지만 당신이 하는 좋은 모든 것과 당신이 하는 추가적인 모든 노력은 축적되어 당신의 성품과 미래의 일부가 되어 간다.

시간 전망의 중요성에 대해서는 앞서 설명했다. 다시 말하면 삶에 대해 장기적인 시각을 갖고 장기적인 이득을 위해 단기적인 희생을 하라. 당신의 의욕을 꺾고 포기시키려 하고 이러한 노력을 뒤로 미루고 현재를 즐기라고 부추기는 사람이 종종 있을 것이다. 당신은 그들을 무시해야 한다. 어떻게든 버티며 묵묵히 해나가야 한다. 축적의 법칙은 성공과 자기 성취의 또 다른 철칙이다. 이 법칙을 위반하는 사람은 자신의 능력에 훨씬 못 미치는 삶을 사는 것으로 대가를 치른다.

점진적 개선의 법칙

자기 성취를 위한 네 번째 법칙은 점진적 개선의 법칙(law of incremental improvement)이다. 축적의 법칙의 하위 법칙인 이것은 어떤 분야에서든 숙달과 탁월함은 오래 시간에 걸친 무수한 자기 계발 노력의 결과라는 것이다. 자기 계발과 전문성 향상 또는 직업적 발전을 위해 무

수한 시간을 쏟아 노력해야 비로소 커다란 보상을 즐기는 지점에 도달할 수 있다. 어디서 시작하든 점진적 개선의 법칙이 활성화되기 때문에 당신의 미래 잠재력은 무한하다. 삶에서 행복은 목적지가 아니라 여정이기에 이 법칙은 자기 성취를 이루는 핵심 요소이다.

앞서 말했듯이 행복은 가치 있는 이상을 한 단계씩 점진적으로 실현하는 것이다. 자신에게 중요한 무언가를 향해 성장한다는 기분은 삶에 대한 동기부여와 열정과 설렘을 제공하는 원천이다.

축적의 법칙에서 첫 번째 원리는 어느 거장 음악가의 발언에서 나온다. 일각에서는 폴란드의 총리를 지낸 위대한 피아니스트 이그나치 얀 파데레프스키(Ignacy Jan Paderewski)가 이 발언의 주인공이라고 말하고, 바이올린의 전설로 불리는 야샤 하이페츠(Jascha Heifetz)가 먼저 말했다고 주장하는 사람도 있다. 누구의 말이든 이 거장 음악가는 왜 계속 연습하느냐는 질문을 받았을 때 고전적인 답변을 들려주었다. "딱 하루 연습하지 않아도 내 자신이 그 차이를 알죠. 이틀 연습을 쉬면 비평가들이, 사흘 연습하지 않으면 청중이 그 차이를 압니다."

당신이 점진적 개선이라는 지속적인 이 과정을 실천하고 있는지 아닌지는 누구든 단박에 알 수 있다. 코미디언이자 배우였던 조지 번스(George Burns)는 이십 대에 보드빌(vaudeville; 노래, 춤, 촌극 등을 섞은 오락 목적의 공연물로 19세기 중반에서 20세기 초까지 미국에서 큰 인기를 끌었다.—옮긴이) 공연을 하던 시절부터 시작해 수십 년간 이어온 본인만의 루틴이 있었다. 번스는 정기적으로 큰 무대에 올랐다. 그럼에도 매번 공연을 하기 전에 분장실에서 꼬박 한 시간 동안 홀로 연기를 점검하고 리허설했다. 수천 번은 아니더라도 족히 수백 번 같은 공연을 했음에도 말이다. 번스는 어떻게든 참신함을 유지하고 개선하기 위해 연기 공부를 게을리하지 않았다.

점진적 개선의 법칙에서 두 번째 원리는 내가 시인 헨리 워즈워스 롱펠로(Henry Wadsworth Longfellow)의 이름을 빌려 '롱펠로의 법칙'이라고 부르는 것이다. 이것은 롱펠로가 남긴 불멸의 시구에서 나온다. "위대한 사람들이 도달하고 지키는 정상은 갑자기 날아오른 곳이 아니다. 동료들이 잠자는 동안에도 한 발씩 힘들게 올라간 곳이다."

자기 계발의 법칙

다섯 번째는 자기 계발의 법칙(law of self-development)이다. 어떤 사람이 되고 싶든, 그렇게 되기 위해 알아야 하는 것을 배우기만 하면 그 사람이 될 수 있다. 다른 사람의 성취를 부러워할 필요가 없다. 당신이 진심으로 하고 싶은 일을 다른 누군가가 했다면 당신도 충분히 오래 열심히 노력해 그것을 하는 법을 배울 수 있다. 얼마나 높은 곳을 원하든 자기 계발의 법칙을 통해 본인의 힘으로 오를 수 있다.

자기 계발의 법칙을 훈련하는 쉬운 방법이 있다. 시간을 앞당겨 미래로 가보자. 당신이 가장 원하는 사람, 일, 물질적인 것에 둘러싸여 이상적인 삶을 사는 자신의 모습을 그려보라. 정신적인 이 관점으로 현재를 돌아보고 원하는 그곳에 도달하기 위해 어떤 단계를 밟고 어떤 것을 배워야 할지 상상해보라. 이 훈련은 당신이 앞으로 무엇을 해야 하고 어떤 사람이 되어야 하는지 명확히 하는 데 놀랄 정도로 효과적이다. 미래에 가고 싶은 곳이 어디든 그곳에 가기 위한 여정을 오늘 당장 시작하라. 그냥 한번 해보라.

재능의 법칙

자기 성취의 여섯 번째 법칙은 재능의 법칙(law of talents)이다. 쉽게 말해 가장 큰 기회는 자신의 선천적인 재능과 능력을 발전시키고 활용하는 것에 있다. 당신은 다른 사람이 되거나 새로운 능력을 개발할 필요가 없다. 그저 자신의 잠재력이라는 금광을 깊이 파고들기만 하면 원하는 삶을 살기에 충분한 황금을 손에 쥘 것이다.

재능의 법칙에는 네 가지 원리가 있다. 첫 번째는 내가 인간 잠재력에 관한 하워드 E. 가드너의 연구 결과를 빌려 '가드너의 관찰'이라고 명명한 것이다. 이것은 단 두 마디로 요약된다. '당신은 천재이다.' 인간 뇌의 독특한 구조 덕분에 당신은 자신의 활동에 완벽히 몰두할 만큼 관심이 아주 큰 영역에서 탁월한 성과를 낼 수 있는 능력이 있다.

가드너는 최소 일곱 가지의 주요 지능이 있고 우리 각자는 신의 은총으로 이러한 다양한 지능을 골고루 지닌다고 주장했다. 이러한 지능을 적절히 사용하는 사람은 멈출 수 없는 존재가 될 수 있다.

두 번째 원리는 재능에 관한 예수 그리스도의 말씀에서 알 수 있다.

"착하고 충성된 종아 네가 적은 일에 충성하였으매 내가 많은 것을 네게 맡기리니(마태복음 25장 21절)." 이것은 자신이 이미 가진 재능과 능력을 최대한 발휘할 때 그것들을 더 많이 사용할 풍부한 기회를 얻는다는 뜻이다.

또 알아야 하는 원리는 성공 철학의 대가 짐 론(Jim Rohn)의 명언에서 비롯하므로 '론의 추천'이라고 부르자. 론은 "재능을 발전시키면 재능이 당신에게 길을 열어줄 것이다"라고 말했다. 이는 재능의 법칙과 관련 있는 환상적인 진리이다. 이미 발견한 자신의 선천적인 능력을 개발하면, 능력이 확장하기 시작할 뿐 아니라 당신으로 하여금 온갖 종류의 기회를 받아들이도록 해준다.

마지막 원리는 내가 1대 로스차일드 남작(Baron de Rothschild, Nathaniel Mayer Rothschild)의 이름을 따서 '로스차일드의 수정'이라고 명명한 것이다. 그는 비즈니스 생애에서 특정 원칙들을 실천한 덕분에 세계 최고 부호 중 한 명이 되었다. 로스차일드 남작의 본래 규칙은 "쓸모없는 지인을 만들지 마라"였는데 내가 이것을 약간 고쳤다. "쓸모없는 공부를 하거나 기술을 배우지 마라." 당신이 정말로 거래해야 하는 것은 시간뿐이다. 당신은 당신의 소중한 시간과 미래를 언젠가 즐길 삶과 맞교환한다. 단순히 재미있고 즐겁다는 이유만으로 무언가를 배우는 데에 몇 시간도, 몇 주도 쓰지 마라. 대신에 그 시간을 재능과 능력을 발전시키고, 개인적으로 직업적으로 자신을 개발하며, 축적의 법칙과 전진적 개념의 법칙을 활성화시켜 탁월한 사람이 되는 데에 사용하라.

탁월함의 법칙

일곱 번째 자기 성취의 법칙은 탁월함의 법칙(law of excellence)이다. 삶의 질에 가장 큰 영향을 미치는 요인은 '탁월해지기 위해 얼마나 헌신하느냐'이다. 위대한 삶의 토대는 자신에게 중요한 무언가를 탁월하게 잘하는 것이다.

삶의 질은 탁월해지기 위해 얼마나 헌신하느냐에 달려 있다

자신의 일을 정말로 잘할 때에만 승리감, 커다란 자부심, 높은 자기 존중감과 자기 성취감을 다 즐길 수 있다. 반대로 그저 평균적이거나 평범한 방식으로 일을 해서는 자신에 대해 그다지 좋은 감정을 가질 수 없다.

목표는 자신이 하는 중요한 일을 특출나게 잘하는 것이어야 한다. 가령 판매업에 종사한다면 자신의 분야에서 상위 20퍼센트에, 이미 그 자리에 있다면 소득 기준으로 상위 10퍼센트에 들어가는 것을 목표로 해야 한다.

탁월함의 법칙과 관련해서는 세 가지 조언을 들려주고 싶다. 첫 번째는 많은 사람에게 영감을 주었던 철학자 에밀 쿠에(Émile Coué)의 유명한 자기 암시에 바탕을 두어 말하고자 한다. "나는 날마다 모든 면에서 점점 더 좋아지고 있다." 나는 여기에 살을 약간 붙였다. 이제부터 자신에게 말해보자. "나는 내가 선택한 분야에서 날마다 모든 면

에서 점점 더 좋아지고 있다." 만약 점점 더 나아지고 있지 않다면 삶을 재정비해서 그렇게 될 때까지 책을 읽고 강좌에 나가고 오디오 자료를 들어라.

탁월해지기 위해 새겨들어야 하는 두 번째 조언은 내셔널스피커스뷰로(National Speakers Bureau; 전 세계 기업과 단체 등에 강연자를 공급하는 업체이다.—옮긴이)를 설립한 존 팔머(John Palmer)의 발언이다. 팔머는 경쟁 분야에서 앞서 나가기 위해 무엇이 필요하냐는 질문을 받았을 때 환상적인 대답을 들려주었다. "잘하고, 더 잘하고, 최고가 되세요. 최고의 자리보다 못한 것에는 절대 만족하지 마세요." 미식축구 감독 레드 샌더스(Henry Russell Red Sanders)의 말도 명심하자. "승리는 전부가 아니다, 유일한 것이다."

세 번째 조언은 위대한 미식축구 감독 베어 브라이언트(Paul William Bear Bryant)가 한 말로 설명할 수 있다. "중요한 것은 이기겠다는 의지가 아니다. 누구나 이기고자 하는 의지는 있다. 준비하겠다는 의지가 중요하다." 여러 우승팀을 지도하면서 브라이언트는 사실상 모든 선수가 모든 경기에서 이기고 싶어 하지만, 정작 승리하기 위해 필요한 준비를 철저히 할 만큼 간절히 이기고 싶어 하는 선수는 극소수에 불과하다는 사실을 깨달았다. 누구나 최고가 되고 싶어 하지만 최고가 되기 위해 필요한 노력을 기꺼이 하려는 사람은 극히 드물다. 최고가 되기로 결심하고 거기에 노력까지 더한다면 아무것도 당신을 멈추게 할 수 없다.

기회의 법칙

여덟 번째는 기회의 법칙(law of opportunity)이다. 자기 성취에 적용되는 기회의 법칙은 나폴레온 힐에게서 나온다. 힐은 평생을 바쳐 성공을 연구한 뒤에 모든 실패나 장애물 안에는 이와 동등한 혹은 더 큰 혜택이나 기회의 씨앗이 있다는 결론을 얻었다. 또한 가장 성공한 사람들이 이 법칙을 따르며 모든 실패를 더 많이 노력하게 만드는 자극제로 받아들인다는 사실도 발견했다.

기회의 법칙에서 첫 번째 원리는 자신감 수준과 관련 있다. 쉽게 말해 자신의 궁극적인 성공 능력에 대한 자신감이 클수록 기회가 나타났을 때 기회를 활용하려 더 대담하게 행동한다. 마음의 주파수를 성공에 맞추고 번영 의식을 기를 때, 풍요의 법칙을 자신의 주변 세상에 적용하기 시작할 때, 자신이 활용할 수 있는 것보다 더 많은 기회가 나타날 것이다. 자신이 하는 모든 것이 자신이 목표를 향해 나아가도록 해준다는 자신감이 있으면 주변 사람들보다 더 많은 진전을 이룰 수 있을 것이다.

이 법칙의 두 번째 원리는 역반응의 법칙을 소환한다. 감정이 생각과 행동을 지배하는 것과 마찬가지로 행동은 역류 효과를 일으켜 생각과 감정을 촉발시킨다. 열정적인 사람이 되고 싶으면 이미 열정적인 사람이 된 것처럼 행동하라. 그러면 이런 태도가 조만간 열정을 일으키게 된다. 기회를 발견할 거라고 기대하는 사람처럼 행동하는 것만으로 자신도 놀랄 만큼 더 많은 기회를 알아보게 될 것이다.

용기의 법칙

아홉 번째는 앞서 소개했던 용기의 법칙(law of courage)이다. 자신이 두려워하는 것에 정면으로 맞서면 두려움이 확실히 죽는다는 뜻이다. 자기 성취를 방해하는 가장 큰 단일 장애물은 예나 지금이나 같다. 무지와 결합된 두려움이다. 실패, 비판, 가난, 패배, 반대에 대한 두려움을 포함해 온갖 종류의 두려움은 자신이 원하는 사람이 되는 것에 제동을 건다.

리더십의 자질을 갖춘 사람은 자신이 두려워하는 것에 당당히 맞서고 이를 통해 두려움을 제압한다. 그들은 두려운 상황이나 사람을 절대 피하지 않는다. 그들은 두려움이란 회피하거나 무시하는 것이 아니라 도전하고, 맞서고, 상대해야 하는 적이라고 생각한다.

용기의 법칙에 관한 첫 번째 조언은 라틴어의 격언 '카르페 디엠(carpe diem)'이다. 이것은 "현재를 잡아라(seize the day)" 또는 "현재를 즐기라"는 뜻이다.

두 번째로 들려줄 조언은 실패하는 것이 불가능한 것처럼 행동하면 실패하지 않는다는 것이다. 마음 깊은 곳에서는 용기가 없을 때도 용기 있게 행동하도록 자신을 훈련하는 것만으로도 자신을 멈출 수 없는 존재로 만들어주는 용기를 기를 수 있다. 낯선 사람들의 반대에 당당히 맞서려는 의지와 전진하는 능력 사이에는 직접적인 관계가 있는 듯하다.

만약 독신이고 사귀고 싶은 매력적인 이성을 본나번 부삭싱 나가가

서 자신을 소개하라. 만약 세일즈 분야에 종사한다면 많은 세일즈맨의 발목을 잡는 두려움을 극복할 수 있는 좋은 방법이 있다. 두려움이 사라질 때까지 억지로라도 새로운 잠재 고객을 찾아나서라. 어떤 상황에서도 두려움에 정면으로 맞서고 꿈을 향해 자신 있게 나아갈 때 스스로를 훨씬 더 긍정적으로 생각하게 될 것이다.

적용된 노력의 법칙

자기 성취를 가능하게 해주는 열 번째 법칙은 적용된 노력의 법칙(law of applied effort)이다. 요컨대 열심히 노력하는 일은 위대한 모든 성취의 선행 조건이자 후행 조건이다. 다른 말로 먼저 열심히 노력해야 위대한 성취를 이룰 수 있고 이러한 성취에는 노력이 수반된다. 부자학의 권위자 토머스 스탠리가 수천 명의 미국 부자들의 생활 방식을 연구한 결과에 따르면 사실상 그들 모두가 성공 비결로 남들보다 더 열심히 일하는 능력을 꼽았다.

적용된 노력의 법칙에서는 두 가지를 꼭 알아야 한다. 첫째는 당대세계 최고 부자였던 진 폴 게티(Jean Paul Getty; 미국의 석유 재벌 기업인으로 게티석유(Getty Oil Company)의 설립자이다.—옮긴이)의 이름을 빌린 '게티의 원리'이다. 게티는 스물세 살에 백만장자가 되었고 20년 후 억만장자의 반열에 올랐다. 어떤 기자가 그의 성공 비결을 물었을 때 게티는 단 세 마디로 대답했다. "더 열심히 노력하세요." 그 기자가 그 방법이 통하지 않으면 어떻게 하겠냐고 되묻자 게티는 이번에도 아주 간략하게 대답했다. "여전히 더 열심히 노력하겠다"고 말이다. 열심히 노력해서 안 되는 일은 거의 없다.

원하는 결과를 얻지 못한다면 무조건 더 열심히 노력하라. 최고의 판매가 "가장 힘든 하루의 끝에, 가장 긴 길의 끝에, 마지막으로 만난 사람에게서 나온다"는 말이 있다. 모두의 기대보다 훨씬 더 잘하면 자기 만족감이 최고조에 이를 뿐 아니라 실제로 결실을 얻기 시작한다.

적용된 노력의 법칙에서 두 번째 측면은 아주 단순하다. 일할 때는 매 순간 일만 하라. 직장을 사교 공간이나 놀이터로 생각하지 마라. 일에 진심이어야 한다. 일을 하는 동안에는 세탁물을 맡기지도, 마트에 가지도, 세차도 하지 마라. 친구와 가족과 사적인 전화를 하지 말고, 탕비실에서 노닥거리지도 마라. 대신에 일하는 시간에는 늘 일하는 사람이라는 평판을 구축하라. 한번 해보고 어떻게 되는지 보라. 놀라운 결과를 얻을 것이다.

베풂의 법칙

열한 번째 자기 성취의 법칙은 베풂의 법칙(law of giving)이다. 성경은 이 법칙을 "주는 것이 받는 것보다 복이 있다(사도행전 20장 35절)"고 말한다. 게다가 주는 것이 받는 것보다 더 이익이다. 오늘날 삶의 주인공은 자신의 목적을 이루기 위해 '얻어내는 사람(go-getter)'이 아니라

'아낌없이 주는 사람(go-giver)'이다. 우리 주변에는 주는 사람도 있고 받는 사람도 있다. 주는 사람은 자신이 하는 모든 일에서 자신이 가는 모든 곳에서 가장 인기 있고 가장 성공한다는 것은 불변의 진리이다.

베풂의 법칙은 봉사의 법칙과 관련 있다. 봉사의 법칙에 따르면 우리는 어떤 식으로든 사람들에게 봉사한다는 기분을 느끼는 정도까지만 진정한 의미와 목적을 찾을 수 있다.

우리는 어떤 식으로든 사람들에게 봉사한다는 기분을
느끼는 정도까지만 진정한 의미와 목적을 찾을 수 있다.

이 법칙의 첫 번째 원리는 줄 가치가 있는 유일한 선물은 주는 사람이 포함된 선물이라는 것이다. 모든 선물을 가치 있게 만드는 것은 당신이 그 선물에 담는 당신의 일부이다. 아이에게 좋아하는 돌을 주는 것이 의무감에서 혹은 성의 없이 주는 어떤 것보다 훨씬 더 중요한 선물이다.

이 법칙의 두 번째 원리는 보상을 바라지 않고 자신을 더 많이 줄수록 종종 가장 기대하지 않은 데서 더 큰 보상을 받는다는 것이다. 십중팔구는 자신을 사람들에게 내주었을 때 가장 예상치 못한 방향에서 좋은 일이 돌아왔던 경험이 있을 것이다.

당신이 돕는 사람과 당신에게 돌려주는 사람이 다르다는 것은 상식이다. 보통은 당신이 도와주는 사람이 아닌 제3자가 다른 때와, 다른 장소에서, 다른 방식으로 당신을 도와준다. 하지만 도움이 필요할 때 누군가가 당신을 돕도록 만든 이러한 에너지의 역장을 생성시킨 것은 애초에 당신이 자신을 기꺼이 주고자 했던 의지였다.

또한 이 법칙에는 상호성의 원리도 작용한다. 즉, 당신이 상대방에게 좋은 무언가를 주거나 좋은 행동을 할 때마다 그 사람의 마음에 보답하고 싶은 욕망을 일으킨다. 누군가에게 빚진 기분을 원하는 사람은 없으므로 어떤 사람이 우리를 위해 좋은 일을 하면 우리는 그 보답으로 그 사람에게 좋은 일을 해야 한다고 생각한다. 똑똑한 사람은 늘 다른 사람을 위해 무언가를 할 수 있는 방법을 찾는다. 그 선물이 반드시 돌아오며 때로는 자신이 준 것보다 훨씬 더 크게 돌아올 거라는 사실을 잘 알아서이다.

베풂의 법칙에서 마지막 원리는 타이밍과 관련 있다. 적절한 순간에 주는 장미 한 송이가 너무 늦게 주는 장미 열두 송이만큼의 가치가 있을 수 있다. 내가 좋아하는 명언 중에 이런 말이 있다. "나는 이 세상을 한 번만 지날 뿐입니다. 그러므로 내가 할 수 있는 어떤 좋은 일이든 내가 주변 사람에게 보여줄 수 있는 어떤 친절이든 지금 할 수 있게 하소서. 나는 이 세상을 다시 지나가지 않을 터이니 내가 이것을 미루거나 게을리하지 않도록 하소서."

확언의 법칙

———

자기 성취의 지름길로 안내하는 열두 번째 법칙은 확언의 법칙(law of

affirmation)이다. 스스로에게 충분히, 자주 반복해서 말하는 것은 무엇이든 잠재의식적 마음이 사실로 받아들이고 하나의 믿음으로 굳어질 것이다. 꿈, 바람, 목표로 긍정 확언을 반복할 때 결국 당신은 그 확언을 믿고 그 확언이 무조건 이루어진다고 생각하게 된다. 그 순간 확언 자체가 힘을 가지며 당신이 그것을 향해 움직이고 그것도 서로를 향해 움직이게 만든다.

확언의 법칙은 세 가지 'P'에 바탕을 둔다. 첫 번째 P는 "나는 할 수 있다, 나는 할 수 있다, 나는 할 수 있다"는 '긍정적인(positive) 자세'를 가리킨다. 두 번째 P는 '개인적(personal)'이라는 의미를 나타낸다. 당신이나 우리나 그들이 아니라 항상 나를 주어로 말하라는 의미이다. "나는 내가 좋아, 나는 내가 좋아, 나는 내가 좋아." 세 번째 P는 '현재(present)'를 말한다. 확언은 반드시 현재 시제로 표현해야 한다. 예를 들어 "나는 내일 기분이 최고일 거야"가 아니라 "나는 지금 기분이 최고야"라고 말하면 된다. 긍정적인 내용을 1인칭 현재 시제로 작성한 것만 잠재의식적 마음에 들어갈 수 있다.

자기 확언에 관해 가장 먼저 알아야 하는 것은 '가장 강력한 말은 자신에게 들려주고 자신이 믿는 말'이라는 사실이다. 더 자주, 더 감정을 실어 확언할수록 그것이 사실이라는 믿음이 강해진다. 확언을 더 믿을수록 그것이 우리의 생각과 행동에 더 큰 영향을 미칠 것이다.

또한 확언의 법칙에서는 가장 강력한 확언이 시각화라는 것을 알아야 한다. 마음속으로 시각화하고 그 정신적 이미지에 욕망의 감정을 더할 때마다 의식적 마음은 신속하게 잠재의식적 마음에 그것을 명령

한다. 그리고 그 명령을 받은 잠재의식적 마음이 끌어당김의 법칙, 기대의 법칙, 상응의 법칙을 포함해 많은 법칙을 활성화시킨다. 이제 당신은 내면에서 보는 것을 외부에서 경험하기 시작한다. 아마 그것은 인간에게 허락된 가장 놀라운 힘일 것이다.

이 법칙의 세 번째 원리는 말과 시각화로 확언하면 우리의 잠재력은 무한하다는 것이다.

낙관주의의 법칙

자기 성취를 이루는 열세 번째이자 마지막 법칙은 낙관주의의 법칙 (law of optimism)이다. 이는 긍정적인 마음가짐이 사실상 삶의 모든 영역에서 성공과 밀접하게 관련 있다는 법칙이다. 더 긍정적이고 낙관적일수록, 생각과 행동이 더 건설적일수록, 자신이 시도하는 모든 것에서 위대한 성취를 이룰 가능성이 높아진다.

낙관주의의 법칙에서는 두 가지를 알면 된다. 첫째, 당신이 스스로에게 경험과 사건을 설명하는 방식 때문에 당신이 그렇게 생각하고 느끼고 행동한다는 것이다. 현재 상황을 자기 생각대로 해석해서 자신에게 말하는 방식은 당신이 얼마나 긍정적인가에 지나칠 정도로 많은 영향을 미친다. 무심코 부정적인 혼잣말을 시작하면 자신의 성격 전체에 암울한 그림자를 드리울 것이다. 그러니 자신의 말과 내적 대화를 예의 주시하라. 주변 사선에 대에 끼 신이 어떤 기분인지 말하는 방식과 대화에 면밀하게 주의를 기울여라.

둘째, 자신의 모든 생각, 감정, 말, 행동은 자신이 전적으로 책임져야 하는 자신의 선택이다. 아무도 자신을 대신해서 생각하고 결정할 수 없으므로 자신의 생각에 따른 결과는 오롯이 자신이 책임져야 하는 몫이다. 자신의 내적 대화를 제어할 수 있는 사람은 자신뿐이다. 따라서 낙관적인 태도와 행복은 자신이 생각하고 싶은 것을 생각하고, 자신이 되고 싶은 사람과, 이루고 싶은 것에 생각을 계속 집중하는 데서 시작한다.

이제 나는 한 가지 중요한 당부로 우리 여정의 대미를 장식하려 한다. 이 중 많은 법칙에는 예외가 있다. 가끔은 이들 법칙이 단기적으로 전혀 효과가 없는 것처럼 보인다. 생각이나 행동의 변화가 불가피할 수도 있는 법칙의 경우 사람들은 예외적인 상황을 가리키며 그 법칙이 틀린 증거라고 주장하면서 의문을 제기하기 십상이다. 안타깝게도 이것은 삐딱한 사고방식이다. 게다가 이것은 종종 자신이 세운 목표를 달성하기 위해 알아야 하고 실천해야 하는 것에서 되레 멀어지게 만들기 때문에 해롭기도 하다.

정신적 웰빙과 행복의 문을 여는 열쇠는 통제감과 통합성이며 이둘은 밀접하게 관련되어 있다. 통제감의 수준은 삶에서 일어나는 모든 결과의 원인으로서 자신의 완전한 책임을 받아들이는 것에 달려있다.

이러한 법칙은 생각이 삶에 미치는 결정적인 영향력을 설명해준다.

따라서 결론은 하나이다. 당신이 운전석에 앉아야 한다. 당신이 생각을 통제하고 생각이 삶을 통제하므로 당신이 자기 운명의 주인이다. 삶을 조직하는 가장 좋은 방법은 이러한 법칙을 따르고 이러한 법칙이 끊임없이 작용한다고 자신 있게 가정하는 것이다.

이제 당신은 우주의 법칙들과 시공을 초월하는 성공 불변의 이치를 알게 되었다. 스스로 마음을 정하고 그 결심을 행동으로 옮긴다면 당신은 무엇이든 할 수 있고 어떤 사람이든 될 수 있다.

The Laws of Power

잠재력을 극대화시키는 자기 성취의 법칙

성장의 법칙. 성장하지 않으면 정체한다.

연습의 법칙. 충분히 자주 반복하면 무엇이든 새로운 습관이 된다.

축적의 법칙. 위대한 모든 삶은 아무도 모르거나 몰라보는 수백, 수천 개의 노력과 희생이 축적된 결과이다.

점증적 개선의 법칙. 어떤 분야에서든 숙달과 탁월함은 오랜 시간에 걸친 무수한 자기 계발 노력의 결과이다.

자기 계발의 법칙. 어떤 사람이 되고 싶든, 그렇게 되기 위해 알아야 하는 것을 배우기만 하면 그 사람이 될 수 있다.

재능의 법칙. 가장 큰 기회는 자신의 선천적인 재능과 능력을 발전시키고 활용하는 것에 있다.

탁월함의 법칙. 삶의 질에 가장 큰 영향을 미치는 요인은 '탁월해지기 위해 얼마나 헌신하느냐'이다.

기회의 법칙. 모든 실패나 장애물 안에는 이와 동등한 혹은 더 큰 혜택이나 기회의 씨앗이 있다.

용기의 법칙. 자신이 두려워하는 것에 정면으로 맞서면 두려움이 확실히 죽는다.

적용된 노력의 법칙. 열심히 노력하는 것은 위대한 모든 성취의 선행 조건이자 후행 조건이다.

베풂의 법칙. 주는 것이 받는 것보다 복이 있다. 또한 주는 것이 받는 것보다 더 이익이다.

확언의 법칙. 스스로에게 충분히, 자주 반복해서 말하는 것은 무엇이든 잠재의식적 마음이 사실로 받아들이고 하나의 믿음으로 굳어질 것이다.

낙관주의의 법칙. 긍정적인 마음가짐이 사실상 삶의 모든 영역에서 성공과 밀접하게 관련 있다.

브라이언 트레이시
성공 불변의 법칙

초판 1쇄 인쇄 2025년 6월 9일
초판 1쇄 발행 2025년 6월 12일

지은이   브라이언 트레이시
옮긴이   김정혜
펴낸이   박수길
펴낸곳   (주)도서출판 미래지식
책임편집 정은아
편집   박선영
디자인   최치영

주소   경기도 고양시 덕양구 통일로 140 삼송테크노밸리 A동 3층 333호
전화   02)389-0152
팩스   02)389-0156
홈페이지   www.miraejisig.co.kr
전자우편   miraejisig@naver.com
등록번호   제 2018-000205호

ISBN 979-11-93852-35-4 (03190)

미래지식은 좋은 원고와 책에 관한 빛나는 아이디어를 기다립니다.
이메일(miraejisig@naver.com)로 간단한 개요와 연락처 등을 보내주시면
정성으로 고견을 참고하겠습니다. 많은 응모바랍니다.